Leseräume – Wörterträume
Der Südtiroler Lesefrühling

Elfi Fritsche | Helga Hofmann |
Elisabeth Nitz | Maria Theresia Rössler (Hrsg.)

Autonome Provinz Bozen-Südtirol
Amt für Bibliotheken und Lesen

Pädagogisches Institut
für die deutsche Sprachgruppe

Folio Verlag

Herausgeber:

Autonome Provinz Bozen – Südtirol.
Abteilung Deutsche Kultur und Familie
Amt für Bibliotheken und Lesen

Pädagogisches Institut für die deutsche
Sprachgruppe. Bozen

In Zusammenarbeit mit:

Landesarbeitsgemeinschaft Schulbibliotheken
in Hessen e. V. mit freundlicher Unterstützung
durch das Hessische Kulturministerium

Umschlag, Layout und Illustrationen:
Hermann Battisti, Bozen

Druckvorstufe:
Typoplus, Frangart

Printed in Italy

© Pädagogisches Institut für die deutsche
Sprachgruppe, Bozen, und Amt für Bibliotheken
und Lesen, Bozen

Für die Buchhandelsausgabe
© Folio Verlag, Wien/Bozen
1. Auflage 2008
ISBN 978-3-85256-456-2
Italien: ISBN 978-88-6299-007-3

Bildnachweis:
o = oben, m = Mitte, u = unten,
l = links, r = rechts, a = außen

Alto Adige Fotoarchiv: S. 8
Autonome Provinz Bozen - Südtirol/Amt für Bibliotheken: S. 6, 7 (A. Pertl), 8 (beide A. Pertl), 31, 63, 64 o, 150, 152, 153 l, 153 ro, 153 m
Bergmann, Margret: S. 35 u, 36
Bibliothek „Tresl Gruber" St. Christina, Gröden: S. 16
Bilddatenbank Fotosearch: S. 12, 13
Chizzali, Monika: S. 84
Egger, Sabine: S. 105, 106, 108, 109, 110, 111
Fachoberschule für Soziales „M. Curie" Meran, Lese- und Informationszentrum: S. 23 u, 72, 73, 88 u, 155 ru
Fritsche, Elfi: S. 56, 57, 126
Folio Verlag: S. 85 r
Gapp, Maria: S. 17, 18, 20, 57 u, 57 r
Grundschule Auer: S. 81 ru, 81 mr
Grundschule Geiselsberg: S. 61 u, 120, 121
Grundschule „A. Schweitzer" Meran: S. 151
Grundschule „F. Tappeiner" Meran: S. 89 lo
Grundschule Schenna: S. 29 l
Grundschule St. Ulrich Gröden: S. 97 o
Grundschule „K. Domanig" Sterzing: S. 55 l, 55 u, 69 r
Grundschule Terenten: S. 29 r, 30
Handelsoberschule „F. Kafka" Meran: S. 71 ro, 80 l, 83
Handelsoberschule Bruneck, KIWI - Mediothek: S. 129, 130, 155 ol, 155 or, 161 l
Handelsoberschule „H. Kuntner" Bozen: S. 77 ru, 125, 153 ml
Humanistisches Gymnasium „W. v. d. Vogelweide" Bozen: S. 155 lu
Humanistisches Gymnasium Bruneck: S. 87
Jugendhaus Kassianeum Brixen: S. 95 u, 96
Kamelger, Elisabeth: S. 138
Kindergarten Aldein : S. 146, 147
Kindergarten Gossensaß: S. 55 ro
Kindergarten Jenesien: S. 162 l
Kindergarten, „Erzherzog Eugen" Lana: S. 67 m
Kindergarten Mals: S. 48
Kindergarten Meran Untermais: S. 40, 41
Kindergarten Niederrasen: S. 42 u, 44, 45, 46
Kindergarten Reinswald: S. 53 ro, 53 ru
Kindergarten St. Walburg: S. 66
Kindergarten Tiers: S. 42 o
Kindergartendirektion Brixen: S. 77 o, 77 m
Kindergartendirektion Bozen: S. 54
Kindergartendirektion Meran: S. 53 l
Kindergartendirektion Schlanders: S. 47
Lehranstalt für Wirtschaft und Tourismus Schlanders: S. 124
Lehranstalt für Wirtschaft und Tourismus „P. Mitterhofer" Meran: S. 23 o, 163
Mayr, Walter: S. 123
Mittelpunktbibliothek Überetsch St. Michael/Eppan: S. 67 u, 92
Mittelschule „A. Egger Lienz" Bozen: S. 33
Mittelschule „O. v. Wolkenstein" Brixen: S. 37, 38, 88 lo, 88 m
Mittelschule „Josef Röd" Bruneck: S. 50 o, 50 m, 74, 115
Mittelschule Eppan: S. 131 o
Mittelschule Kaltern: S. 112
Mittelschule Lana: S. 86, 131 u
Mittelschule Ritten: S. 64 u
Mittelschule St. Martin in Thurn/Gadertal: S. 11, 21
Mittelschule Wolkenstein Gröden: S. 80 r, 81 l, 81 m
Mock, Helga: S. 52
Nössing, Christa: S. 67 o, 68, 69 l
Oberschule für Landwirtschaft Auer: S. 89 ro, 90, 157
Öffentliche Bibliothek Auer: S. 91
Öffentliche Bibliothek Flaas: S. 145
Öffentliche Bibliothek Gais: S. 28 u
Öffentliche Bibliothek Innichen: S. 153 ru
Öffentliche Bibliothek Jenesien: S. 137, 144
Öffentliche Bibliothek Kaltern: S. 34, 35 o
Öffentliche Bibliothek Mals: S. 82
Öffentliche Bibliothek Naturns: S. 61 o, 113, 114, 159
Öffentliche Bibliothek Partschins: S. 71 m, 71 u
Öffentliche Bibliothek Ritten: S. 39, 70, 118
Öffentliche Bibliothek Sexten: S. 26, 27, 28 o, 161 r
Öffentliche Bibliothek Stilfes: S. 98 lo
Öffentliche Bibliothek Stilfs: S. 98 ul, 98 ur
Öffentliche Bibliothek Terlan: S. 140
Öffentliche Bibliothek Tscherms: S. 142
Öffentliche Bibliothek Vahrn: S. 143
Öffentliche Bibliothek Schluderns: S. 162 r
Öffentliche Bibliothek Montan: S. 164
Palma, Irene: S. 50 u
Pädagogisches Gymnasium „J. Ferrari" Meran: S. 22, 116, 117, 118 l
Provincia Autonoma di Bolzano - Alto Adige/Ufficio educazione permanente, biblioteche e audiovisivi: S. 78, 85 lu, 122
Prünster, Hartmut: S. 166, 167 ul, 167 ur, 168
Realgymnasium Schlanders: S. 99, 100, 101
Schloss Runkelstein: S. 19
Schulsprengel Brixen/Milland: S. 58, 59, 60 lo
Silbernagl, Martin: S. 14
Stadtbibliothek Brixen. S. 119
Stadtbibliothek Meran: S. 60 u, 94, 95 m
Steiner, Margit: S. 167 ro
Strobl, Edith: S. 158
Südtiroler Archäologiemuseum: S. 102
Südtiroler Kulturinstitut, Jugend- und Kinderbuchzentrum: S. 127
Südtiroler Kulturinstitut, Sprachstelle: S. 160

Inhalt

Vorwort
Zum Buch … 6
Leseräume – Wörterträume … 8

Lesezeit
Bookstart – Babys lieben Bücher … 13
Welttag der Poesie – 21. März … 15
Welttag des Buches – 23. April … 17
Lesezeit ist angesagt … 24
Lesezeit verschenken … 33

Verpackt und unterwegs
Lass die Bücher los … 38
Leselotte … 40
MP3-Player an, Buchseiten auf … 49
Auf die Verpackung kommt es an … 52
Das längste Fotorello … 56
Literarische Spaziergänge … 58
Märchen- und Sagenwanderungen … 61
Der Bibelwanderweg … 62
Alt und Jung im Rittner Bahnl … 63

Inszenierungen
Das sprechende Bilderbuch … 66
Ein Bild vor Augen – Eine Geschichte im Ohr … 67
Bücher auf dem Laufsteg … 69
Bookslam … 70
Klapp mich auf – Ich bin ein Buch … 71
part of art … 71
Bücherskulpturen … 72

Bücherpräsentation
Wer liest, hebt ab … 76
Children's corner – Mostra di libri d'artista … 78
Bücher präsentieren sich im Internet … 79
B wie Brillen und Bücher … 80
Bücher für Senioren … 82
Ein Buch für dich – Ein Buch für mich … 83
Kulinarisches … 86

Es war einmal
Tausend und ein Märchen ... 94
Die Sagenwelt des Vinschgaus ... 99
Bücher spannen Bögen ... 102

Lesepraktikum
„Ich hatte ein wunderbares Gefühl" ... 104
„Wir waren die Herren der Bühne" ... 107
Lesen – eine Kunst ... 112
Von Lesekönigen und... ... 116
Krepsknödl und Mandl Durten ... 119
Selbst gemacht ... 120
Il libro parlante ... 122

Wettbewerbe
Wörterträume ... 124
Zwischenspiel im Außensitz ... 125
Ein Pinguin kommt nach Südtirol ... 126
Wer liest, gewinnt ... 128
Vorlesen lohnt sich ... 130
Dabei sein ist alles ... 131
Sogar das Glück braucht Geduld ... 133
Blick durch die Linse ... 134
Alto Adige. Scopri e gioca la terra delle montagne ... 136

Ein Dorf liest
... und alle machen mit (Olang) ... 138
Nicht nur Literaturkakao (Terlan) ... 140
Elfchen am Marlinger Waalweg (Marling) ... 141
Ein Führerschein, aber nicht fürs Auto (Tscherms) ... 141
Abheben in den Geschichtenhimmel (Vahrn) ... 143
Festlicher Leseschmaus fürs ganze Dorf (Jenesien) ... 144
Mit Vollgas in die Welt der Bücher (Aldein) ... 146

Begegnungen mit Autorinnen und Autoren
Lesewochen in Südtirol ... 150
Tiroler Literaturwoche an Südtirols Oberschulen ... 154
Leben, um davon zu erzählen ... 156
Crime Tour ... 158
„Afghanistan" und „77 Wertsachen" ... 160
Und noch mehr Lesungen ... 161
Immagini di un territorio in parole e musica ... 164

Expertinnen und Experten zum Thema ... 165

Danke/Grazie ... 166

Vorwort

Lesen bereichert unser Leben und bietet Atempausen in einer immer hektischer werdenden Welt; ganz abgesehen davon, stellt das Lesen eine wichtige Kulturtechnik dar, die notwendig ist, um auch in der Medienvielfalt und Medienflut bestehen zu können.

Die Idee eines Südtiroler Lesejahres erregte vor über zehn Jahren große Aufmerksamkeit. Lesen in all seinen Facetten wurde ein Jahr lang in den Mittelpunkt gestellt und im Rahmen von kleinen und großen Aktionen umgesetzt.

Im letzten Jahr wurde die Initiative wegen aufgegriffen. Unter dem Motto „Leseräume - Wörterträume" wurden im Südtiroler Lesefrühling knapp 600 Veranstaltungen organisiert. Lesefeste auf Schlössern, Lesenächte, Lesen im Zug, lesende Dörfer, Bücher, die in die Freiheit „entlassen" wurden, das sind nur einige wenige Beispiele aus einer Vielzahl von Aktionen.

Getragen und vorbereitet wurde die Initiative in erster Linie vom Deutschen Pädagogischen Institut, dem Amt für Bibliotheken und Lesen in der Kulturabteilung des Landes und dem Kinder- und Jugendbuchzentrum im Südtiroler Kulturinstitut. Mitgewirkt haben zudem die Einrichtungen der Jugendarbeit und der Weiterbildung, das italienische Bibliotheksamt sowie die ladinische Kulturabteilung. Die eigentlichen Akteure waren jedoch die Schulen, die Bibliotheken, die Jugendzentren, die Buchhandlungen, die Kindergärten, die Bildungsausschüsse und die Seniorentreffs vor Ort, die mit ihren kleinen und großen Aktionen das Anliegen „Lesen" umgesetzt haben.

So wie im Vorfeld des Lesefrühlings eine Publikation Appetit auf den Lesefrühling machen sollte und kleine und große Veranstaltungen in Form einer Speisekarte vorgestellt hat, werden in diesem Band gelungene Veranstaltungen des Lesefrühlings dokumentiert und beschrieben.

Der Einsatz für das Lesen braucht einen „langen Atem". Lesen gehört selbstverständlich in unseren Alltag. Dazu sind Kooperationen wichtig und hilfreich. Der Lesefrühling hat gezeigt, dass das Lesen in den Kindergärten, in den Schulen - ergänzt durch außerschulische Leseangebote in den vielen öffentlichen Bibliotheken des Landes - sowie andere Leseangebote eine große Breitenwirkung erzielt haben.

Wir haben an dieser Stelle auch Dank zu sagen, und zwar den vielen Kindergärten und Schulen, den Bibliotheken vor Ort, den Bildungs- und Jugendeinrichtungen im ganzen Land, die diese Initiative zu der ihren gemacht und die bereitwillig ihre Erfahrungen und dokumentierten Ergebnisse für die vorliegende Publikation zur Verfügung gestellt haben. Ein Dank geht auch an unsere Mitarbeiterinnen Elfi Fritsche, Helga Hofmann und Elisabeth Nitz, die gemeinsam mit Maria Theresia Rössler als Herausgeberinnen dieser Publikation zeichnen.

Wir würden uns freuen, wenn die Akteure vor Ort in der vorliegenden Sammlung von Aktivitäten des Südtiroler Lesefrühlings viele neue Anregungen und Tipps finden würden, die sie in ihrem täglichen Einsatz für das Lesen ein- und umsetzen können.

Der Direktor
des Pädagogischen Instituts
Dr. Rudolf Meraner

Der Direktor
des Amtes für Bibliotheken und Lesen
Dr. Volker Klotz

Zum Buch

Leseräume – Wörterträume – so der Titel des Projektes, das im Frühjahr 2007 in Südtirol durchgeführt wurde. Mit diesem Buch liegt nun die Dokumentation dazu vor. Unvollständig zwar, aber mit vielen spannenden und interessanten Leseaktionen. Die Beteiligung am Projekt war so groß, dass es unmöglich gewesen wäre, alle Veranstaltungen und Lesefeste an dieser Stelle beschreiben zu wollen. Es hätte jeden Rahmen gesprengt. Deshalb haben wir in der Redaktion eine Auswahl getroffen und hoffen, dass Sie, liebe Leserin, lieber Leser dafür Verständnis haben.

Die Auswahl war nicht einfach. Wir haben eine schier unüberschaubare Menge an Materialien, Beschreibungen und Fotos bekommen. Das hat uns sehr gefreut, wenngleich die Stapel, die gesichtet, geordnet und diskutiert werden mussten, täglich größer wurden.

Bei der Auswahl der Aktionen und Veranstaltungen haben wir uns schließlich auf jene konzentriert, von denen wir glauben, dass sie als Anregung dienen können und sich zur Nachahmung eignen. So kann dieses Buch nicht nur als Dokumentation gesehen werden, sondern auch als Fundgrube für die Arbeit in der Leseförderung.

Motto: Lesen geht uns alle an – und dadurch eine gemeinsame Lesehaltung erkennen ließen.

Sicherlich werden Sie beim Lesen der einzelnen Beiträge unterschiedliche Schreibstile wahrnehmen. Das kommt daher, dass sie nicht aus ein und derselben Feder stammen. Wir haben die Schreibarbeit aufgeteilt.

Die einzelnen Beiträge stammen von Elfi Fritsche und Elisabeth Nitz (beide arbeiten beim Pädagogischen Institut für die deutsche Sprachgruppe), von Helga Hofmann (Mitarbeiterin beim Amt für Bibliotheken und Lesen) und von Maria Theresia Rössler (Leiterin des Jugend-Kinderbuchzentrums im Südtiroler Kulturinstitut).

Wir möchten uns im Namen der Veranstalter bei allen bedanken, die sich am *Südtiroler Lesefrühling* mit einer Aktion beteiligt haben, und bei all jenen, die uns ihre wertvollen Unterlagen – vor allem aber ihre Ideen – für eine Veröffentlichung zur Verfügung gestellt haben. Ohne sie wäre diese Dokumentation nicht möglich gewesen.

[Die Herausgeberinnen]

Maria Theresia Rössler (MThR), Elfi Fritsche (EF), Elisabeth Nitz (EN) und Helga Hofmann (HH) bei der Redaktionsarbeit (v. l. n. r.)

Besonders positiv aufgefallen ist uns, dass viele Veranstaltungen nicht von Einzelpersonen organisiert wurden, sondern dass sie Gemeinschaftsprojekte verschiedener Menschen aus unterschiedlichen Bereichen sind. Dadurch entstanden immer wieder neue Netzwerke, die sich nicht nur auf Schule oder Bibliothek konzentrierten, sondern die den Blick nach außen öffneten – ganz nach dem

Leseräume – Wörterträume

Leseräume – Wörterträume
Der Südtiroler Lesefrühling 07

29. Jänner 2007. Seit Tagen ziehen Männer durch die Fußgängerzone – von Kopf bis Fuß in Grün und Orange getaucht. Sie fallen auf im Grau der Stadt und erregen die Aufmerksamkeit der Passanten. Was ist los?

Auffallend langsam sind ihre Bewegungen. Sie scheinen Zeit zu haben und Muße. Und sie haben ein Buch dabei, in dem sie immer wieder lesen. Dazu setzen oder legen sie sich schon mal auf die Straße oder lehnen sich an die Laterne am Platz.

Immer wieder bewegen sie sich auf die Passanten zu und verteilen Blumen. Blumen aus Seide, jede einzelne ein Unikat. Manche amüsieren sich und nehmen die Blume dankend an, andere weichen zurück, Hunde bellen irritiert.

Die Blumen geben einen ersten Hinweis. Lesefrühling 07 steht auf einem Blütenblatt, dazu ein Datum, eine Uhrzeit und ein Ort. Eine Einladung?

Die Eröffnung

Am 1. Februar 2007 war es dann soweit. Im Exil, einer Bar am Bozner Kornplatz, wurde das Geheimnis gelüftet. Viele Menschen waren den bunten Männern gefolgt und fanden vor der Bar, unter freiem Himmel, ein Lesewohnzimmer vor, ganz in Grün und Orange gehalten. Die Lesesofas waren grün und orange überzogen und in den orangefarbenen Regalen standen grüne Bücher.

Grün und orange – die Farben des Lesefrühlings also!

Die bunten Männer moderierten die Eröffnung und gaben das Mikrofon an die Rednerinnen und Redner weiter. Außerdem hatten sie einen Wecker dabei, den sie klingeln ließen, wenn die Redezeit überzogen wurde. Schließlich sollte noch gefeiert und gelesen werden.

Berta Linter, damals Direktorin des Ressorts für Familie, Denkmalpflege und deutsche Kultur, eröffnete den *Südtiroler Lesefrühling*. Sie versprach den geladenen Gästen, den Medienvertreterinnen und -vertretern sowie den vielen anwesenden Jugendlichen, dass in der Zeit vom 1. Februar bis 31. Mai im ganzen Land mehr als 500 Leseveranstaltungen umgesetzt und viele *Wörterträume* wahr werden würden.

Luigi Gigolla, italienischer Kulturlandesrat, verwies auf die Multikulturalität und auf die Zusammenarbeit zwischen dem deutschen und italienischen Kulturressort bei dieser Veranstaltung.

Schulamtsleiter Peter Höllrigl hob die Vielfältigkeit des Lesefrühlings hervor und Rudolf Meraner, Direktor des Pädagogischen Instituts, war sich sicher, dass der Lesefrühling eine Bereicherung für alle Teilnehmerinnen und Teilnehmer sein würde.

Handgefertigte Stoffblumen kündigten den Lesefrühling an.

Die Idee

Zehn Jahre nach dem erfolgreichen *Südtiroler Lesejahr* sollte wieder ein Zeichen für das Lesen gesetzt und das Lesen in den Mittelpunkt gerückt werden. Zudem galt es, 30 Jahre Autorenbegegnungen zu feiern.

Über die Gründe musste also nicht diskutiert werden. Das Amt für Bibliotheken und Lesen und das Pädagogische Institut für die deutsche Sprachgruppe übernahmen gerne die Trägerschaft. Bei der Organisation neu mit dabei waren das Jugend-Kinderbuchzentrum im Südtiroler Kulturinstitut – kurz Jukibuz genannt – und die Drehscheibe, der Arbeitskreis für Kinder- und Jugendliteratur.

Die vier genannten Institutionen hatten sich 2004 mit anderen Einrichtungen zur Leseförderung zum *Südtiroler Leseforum* zusammengeschlossen, um dem Lesen im Lande mehr Gewicht zu geben. Der *Südtiroler Lesefrühling* sollte das erste gemeinsame Projekt werden. Darüber hinaus beteiligte sich auch das Amt für Jugendarbeit an der Organisation.

Mit den Erfahrungen des *Südtiroler Lesejahres* im Gepäck, wussten die Veranstalter, dass es zunächst einmal darum ging, viele Institutionen, Einrichtungen, Schulen, Kindergärten, Vereine, Bildungshäuser und Medien über das Vorhaben zu informieren und zur Mitarbeit einzuladen. Je mehr sich am Projekt beteiligten, desto erfolgreicher würde es werden.

Der Titel

„Lese(t)räume" hieß das *Südtiroler Lesejahr* vor zehn Jahren, „Leseräume – Wörterträume" lautete der Titel des *Südtiroler Lesefrühling*s. Das ist kein Zufall. Es zeigt eine gewisse Kontinuität, die den Veranstaltern sehr wichtig war.

Wichtig waren aber auch die *Wörterträume*. Während im *Südtiroler Lesejahr* vor allem das Lesen im Mittelpunkt stand, sollte im *Südtiroler Lesefrühling* auch das Sprechen eine besondere Rolle spielen.

Die bunten Männer zogen viel Aufmerksamkeit auf sich.

Das Logo

Ein Logo mit Wiedererkennungswert war den Veranstaltern sehr wichtig. Deshalb flatterte auch im Lesefrühling wieder eine Eule durch Südtirol, nur eben in einem bunteren und lebhafteren Kleid.

Die Publikationen

Die erste Publikation zum *Südtiroler Lesefrühling* erschien bereits im Oktober 2006. Ruth Oberrauch hatte darin 125 Ideen zur Leseförderung gesammelt, aufgelistet bzw. neu erdacht und machte damit **„Appetit auf Lesen"**. Für den Kindergarten wurde eine Sammlung von Ideen vom Kindergarteninspektorat des Deutschen Schulamtes herausgegeben. Sinn und Zweck dieser Publikationen war es, Ideen für mögliche Veranstaltungen im Lesefrühling zu liefern. Jeder, der Lust hatte aktiv am Lesefrühling teilzunehmen, konnte je nach Geschmack und Lesehunger aus einem reichhaltigen Angebot wählen: Vom Bücherbuffet oder Lesepraktikum, über die Landkarte eines Buches bis hin zum Literaturmenü oder zum Erzähl- und Vorlesemarkt.

Wie sehr das Buch angenommen und genutzt wurde, fiel ganz deutlich beim Lesen des **Veranstaltungskalenders** – der zweiten Publikation – auf. Viele der 498 Aktionen, die im Veranstaltungskalender angekündigt wurden, waren auf eine Idee aus dem Buch *Appetit auf Lesen* zurückzuführen. Von wohlschmeckender Lektüre und Literaturmenüs war darin die Rede, von Lyrik im Park und Freiluftpoesie, von einem Bibelquiz und von Großeltern, die Lesezeit verschenken, von Büchersculpturen und von Sagenwanderungen, von ganzen Dörfern, die lesen, vom Lesen im Liegestuhl, von Krimilesungen und von Er-Lesenem bei Musik und Wein.

Neben dem gedruckten Veranstaltungskalender gab es natürlich auch einen Online-Kalender, der täglich aktualisiert und ergänzt wurde.

Beworben wurde der *Südtiroler Lesefrühling* auch mit eigenen Plakaten und Lesezeichen. Den einzelnen Veranstaltern vor Ort standen außerdem Plakate für ihre eigenen Aktionen zur Verfügung.

[Die Herausgeberinnen]

Lesezeit

Alle Leseaktionen in diesem Kapitel bildeten eine Bühne, auf der sich die unterschiedlichsten Bücher, Texte, Gedichte, Figuren … tummelten und das Publikum einfach mitrissen.

Viel Aufmerksamkeit wurde den
Jüngsten geschenkt, und zwar mit dem Projekt
„Bookstart – Babys lieben Bücher".

Bookstart
Babys lieben Bücher

Was steckt hinter dieser Initiative? „Bücher für so kleine Kinder? Die können ja nicht lesen!" Deutlich war den Journalistinnen und Journalisten ihr Staunen anzusehen. Sie waren zur Pressekonferenz gekommen, auf der das Projekt *Bookstart – Babys lieben Bücher* erstmals der Südtiroler Öffentlichkeit vorgestellt wurde.

Natürlich stimmt es, dass Kleinkinder nicht lesen können, sie können aber von Geburt an sprachliche Impulse und Bilder wahrnehmen und profitieren später von diesen frühen Erfahrungen.

In Großbritannien nahm man diese wissenschaftliche Erkenntnis schon vor mehr als einem Jahrzehnt zum Anlass, um das Lesen mit Babys anhand eines Pilotprojektes auch ganz praktisch zu erforschen: Die Aktion *Bookstart* startete 1992 in England mit Buchgeschenken an Familien und wurde begleitend evaluiert. Die Ergebnisse waren erstaunlich: Es zeigte sich, dass sich die Haltung zu Büchern und zum Lesen in den *Bookstart-Familien* verändert hatte. Bücher nahmen einen zentralen Stellenwert im täglichen Leben ein, alle Familienmitglieder genossen das Vorlesen und das gemeinsame Lesen. Die Kinder zeigten ein großes Interesse an Büchern und hörten sehr konzentriert zu, wenn ihnen vorgelesen wurde.

Die Untersuchung wurde dann auf etwas ältere Kinder ausgedehnt, die inzwischen die Schule besuchten. Hier zeigten die *Bookstart-Kinder* ebenfalls eindeutig bessere Leistungen – sowohl in der Lese-/Sprachentwicklung als auch in der schreibtechnischen, mathematischen und sozialen Entwicklung.

Diese Erfahrungen überzeugten.

Mehrere Länder in Europa fördern nun ähnlich erfolgversprechende Projekte zur frühkindlichen Sprachförderung und investieren damit in die Bildung ihrer Bürgerinnen und Bürger.

Bookstart in Südtirol Der *Südtiroler Lesefrühling* war ein passender Anlass, das Projekt *Bookstart* auch in Südtirol umzusetzen. Nach intensiver Vorarbeit konnte *Bookstart – Babys lieben Bücher* der Öffentlichkeit vorgestellt werden. Alle Väter und Mütter von Babys, die nach dem 1. Jänner 2007 in Südtirol geboren wurden und werden, haben nun die Möglichkeit, an diesem Projekt teilzunehmen.

Es genügt, in der Geburtsabteilung der Krankenhäuser eine Anforderungskarte auszufüllen und abzugeben. Wenn das Baby ca. sechs Monate alt ist, wird der Familie das erste Buchpaket zugesandt, das zwei Bilderbücher, einen Leseleitfaden für die Eltern und eine Broschüre mit Leseempfehlungen enthält.

Im Frühjahr 2008 geht *Bookstart – Babys lieben Bücher* in seine zweite Phase, d. h., die zweiten Buchpakete werden verteilt. Die Eltern bekommen eine Erinnerungskarte, mit der sie das zweite Paket in der Bibliothek ihrer Gemeinde abholen können. Es enthält wiederum zwei Bilderbücher, eine Leselatte, über hundert Leseempfehlungen sowie eine Informationsbroschüre, die den Eltern praktische Tipps gibt und zum gemeinsamen Lesen mit dem Kind ermutigt.

Das Projekt hat in Südtirol großen Anklang gefunden. Bereits im ersten Jahr (2007) nahmen über 75 % aller Familien mit einem Neugeborenen an der Aktion teil. Das liegt sicher auch an der großen Unterstützung des Projektes von vielen Seiten: Die Geburtsabteilungen der Krankenhäuser, die Bibliotheken, die Mütterberatungsstellen, die Kinderarztpraxen, die Tagesmütter, die Kindertagesstätten und Kinderhorte, die Eltern-Kind-Zentren und andere Einrichtungen sind wichtige Partner in diesem Projekt.

[Gudrun Schmid/Helga Hofmann]

Veranstalter: Autonome Provinz Bozen – Südtirol/Familienbüro in der Abteilung Deutsche Kultur und Familie, gemeinsam mit dem deutschen und italienischen Amt für Bibliotheken, Bozen

Das deutschsprachige Buchprojekt für die Zweijährigen

Was Eltern zu dieser Initiative sagen:

„Wir haben heute Post mit Büchern für unseren Sohn bekommen. Ich bin selbst begeisterte Leserin und wurde von meinen Eltern stets zum Lesen ermutigt und mit Büchern beschenkt. Deshalb bin ich von dieser Aktion sehr begeistert und habe mich über die tollen Bücher gefreut – Damian natürlich auch! Ich hoffe, dass es mir gelingt, meinem Sohn die Freude am Lesen und zum Buch weiterzugeben. Ein großes Lob an alle Akteure des Projektes Bookstart und natürlich ein ebenso großes Dankeschön!"

"Complimenti per la fantastica iniziativa!"

„Meinem Sohn Nicholas habe ich begonnen vorzulesen, als er knapp drei Monate alt war. Ich hatte bemerkt, dass er sich beim Vorlesen beruhigte. Schreien und Unruhe legten sich, wenn er meine Stimme und vor allem den ‚Vorlese-Tonfall' hörte. Mit ungefähr sechs, sieben Monaten reagierte er auf die Ankündigung: ‚So, Nicholas, jetzt wird vorgelesen!', mit Lachen und Füßestampfen – sozusagen als Zustimmung. Mittlerweile ist er fast ein Jahr alt und wir haben das Vorlesen auf die Zeit des Zubettgehens verlegt. Bei der Gute-Nacht-Geschichte steht er im Kinderbett, hört mir zu und schaut sich die Zeichnungen im Buch an."

"Un sentito ringraziamento per aver reso possibile a mio figlio la partecipazione a questa innovativa e speciale iniziativa."

„Meine Tochter ist eine richtige Bücherratte. Ich kann ihr gar nicht genug ‚Lesestoff' anbieten. Sie blättert, zeigt und plappert drauflos und ist gar nicht mehr zu bremsen, wenn ich mit ihr in die Buchhandlung gehe. Deshalb finde ich das Projekt Bookstart wirklich sehr wichtig und einfach genial!"

Welttag der Poesie
21. März

Der UNESCO „Welttag der Poesie" am 21. März will den Stellenwert der Poesie, die Vielfalt des Kulturgutes Sprache und die Bedeutung mündlicher Traditionen betonen. Dies war einigen Bibliotheken und Schulen Grund genug, diesen Tag anderen Menschen auf angenehme Weise bewusst zu machen bzw. ins Gedächtnis zu rufen.

Poesie in der Stadt

„Ein Gedicht für dich!" – Gedichte von Erich Fried, Rainer Maria Rilke, Heinrich Heine, Eugen Roth, Rose Ausländer, Marie Luise Kaschnitz und anderen Autoren fanden Bürgerinnen und Bürger sowie Gäste zum Welttag der Poesie in Meran und Umgebung. Bunte und mit den Farben des Frühlings geschmückte Gedicht-Flugblätter wurden in der ganzen Stadt verteilt, an Fahrräder gehängt oder in Briefkästen geworfen. Mit dieser Aktion der Stadtbibliothek Meran wurden einerseits Menschen mit einer dichterischen Botschaft erfreut, andererseits wurde auf den „Welttag der Poesie" aufmerksam gemacht.

Die Bibliothek verwandelte sich am 21. März in eine *poetische Zone*. Sie bot ihren kleinen und großen Leserinnen bzw. Lesern die Möglichkeit, sich einmal an ein Gedicht heranzuwagen. Bei der Ausleihe stand ein Korb mit Gedicht-Geschenken, aus dem sich alle Besucher frei bedienen konnten – nicht nur am 21. März, sondern eine ganze Woche lang. Und wer sich noch etwas mehr in die Lyrik vertiefen wollte, fand am *Büchertisch für Poesie* Anthologien und Gedichtbände für Erwachsene und Kinder.

Die Idee zu dieser Aktion kam von der Bibliotheksratspräsidentin und wurde von den Mitarbeiterinnen und Mitarbeitern begeistert aufgegriffen und weiterentwickelt. Auch eine Buchhandlung beteiligte sich daran. Ziel war, die Menschen auf der Straße, daheim oder in der Bibliothek mit einem Gedicht zu erfreuen. Als Erstes galt es, passende Gedichte für alle zu finden: in Deutsch, in Italienisch, für Erwachsene, für Kinder. Um die Vorbereitung zu erleichtern, beschränkte sich das Organisationsteam auf zwanzig Gedichte pro Sprachgruppe. Die Gedichte sollten auf Anhieb gefallen, unterhalten, einen Denkanstoß geben, ein kleiner Leckerbissen sein. Und sie durften nicht zu lang sein.

Als nächstes wurden die farbigen Flugblätter mit den Gedichten für die Erwachsenen gedruckt. Die Gedichte für die Kinder bekamen einen ovalen Rahmen, wurden auf farbiges Papier kopiert, eingerollt und mit Bast umwickelt.

Am 21. März wurden die Büchertische mit der Lyrik-Literatur hergerichtet, Studentinnen und Studenten übernahmen die flächendeckende Verteilung der Gedichte.

Die positiven Reaktionen der Finder führten dazu, dass eine Neuauflage dieser Aktion bereits angekündigt wurde. [EN]

Veranstalter: Biblioteca civica – Stadtbibliothek Meran, in Zusammenarbeit mit der Buchhandlung Poetzelberger

Poesie am Bahnsteig

Lyrische Botschaften erhielten die Reisenden ab dem 21. März im Algunder Bahnhof. Eine Woche lang wurden sie täglich mit einem neuen Gedicht verwöhnt. Die Gedichte hatten die Schülerinnen und Schüler der 3 A der Mittelschule Algund unter der Anleitung ihrer Deutschlehrerin geschrieben. Es waren ihre ersten Versuche, sich in der Sprache der Lyrik auszudrücken.

Die Reisenden waren begeistert von den Werken, bewunderten die jungen Autorinnen bzw. Autoren und freuten sich über die willkommene Abwechslung. Auch auf Seiten der Schülerinnen und Schüler war die Freude groß, da eine breite Öffentlichkeit von ihrem kreativen Schaffen Notiz nahm und ihre Arbeit wertschätzte. [EN]

Veranstalter: Mittelschule Algund

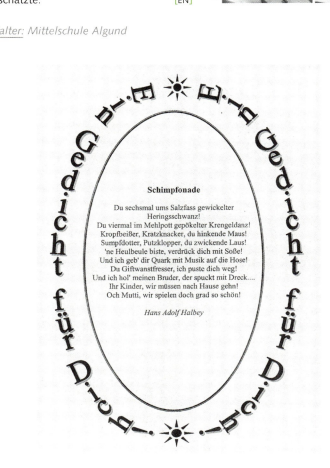

Poesie in der Leitung

"Rufen Sie uns an!", hieß es am 21. März in der Grundschule „F. Tappeiner" in Meran Einen ganzen Vormittag lang lief die Telefonleitung heiß. Jeweils zwei bis drei Schülerinnen und Schüler der fünften Klassen nahmen im Turnus von zehn Minuten im Telefonzimmer die Anrufe entgegen. Aber es wurde nicht geplaudert, sondern es wurden ausschließlich Gedichte vorgetragen: selbst verfasste oder von verschiedenen Dichterinnen und Dichtern. Nach der Rezitation wurde der Hörer wieder aufgelegt – so war es vereinbart. Eine aufregende Sache, der sich die Kinder mit Begeisterung widmeten. Besonders stolz waren sie auf ihre eigenen Gedichte und trugen sie den Hörern am Telefon gerne vor. Die Kinder hatten schon im Herbst mit dem Schreiben und Sammeln von Gedichten angefangen, um für den „Welttag der Poesie" gerüstet zu sein.

Mehr als neunzig Anrufe kamen in der Stunde, denn selbstverständlich hatte man im Vorfeld kräftig die Werbetrommel gerührt. Aber nicht nur Eltern und Verwandte meldeten sich, auch andere Interessierte waren neugierig auf die Gedichte in der Leitung. Die Kinder erlebten das als großen Erfolg und die Freude darüber war entsprechend. Unvergessen blieb ihnen die angenehme und tolle Atmosphäre am Telefon und man hörte später noch oft: „Erinnerst du dich, wie toll das mit den Gedichten am Telefon war?" [EN]

Veranstalter: Grundschule „Franz Tappeiner", Meran

„Das Schneeglöckchen klein und fein ..."

Lange und kurze, unterhaltsame und besinnliche, sachliche und gefühlvolle Gedichte zierten ab dem 21. März 2007 die Fenster, Wände und Regale der Bibliothek „Tresl Gruber" in St. Christina im Grödnertal. Die Autorinnen und Autoren der Gedichte waren die Kinder der dritten Klasse der Grundschule. Sie hatten während des Schuljahres in den drei Sprachfächern Deutsch, Italienisch und Ladinisch verschiedene Gedichte und Gedichtformen kennengelernt. Nun versuchten sie sich, angeregt von ihren Lehrerinnen, als Dichterinnen und Dichter.

Autoren am Werk Zum Thema *Frühling* probierten die Schülerinnen und Schüler die unterschiedlichsten Gedichtformen aus: Bekannte Gedichte wurden umgearbeitet, in Gemeinschaftsarbeit entstanden ein dreisprachiges Frühlings-ABC und ein Countdown, Wachsgedichte, Elfchen, Ich-Gedichte und Akrostichen wurden geschrieben. Die Entwürfe bearbeiteten die jungen Autorinnen und Autoren am Computer und illustrierten sie mit viel Liebe fürs Detail.

Gedichte präsentieren Nun galt es, die Ausstellung vorzubereiten und alle Werke so zu positionieren, dass sie gut lesbar zur Geltung kamen. Am Welttag der Poesie wurde die Ausstellung in der Bibliothek eröffnet. Zur Eröffnungsfeier hatten die Schülerinnen und Schüler ihre Eltern, den Direktor der Schule, den Präsidenten des Bibliotheksrates, die Bibliotheksleiterin und die Mitarbeiter der Bibliothek eingeladen. Sie begrüßten die Gäste mit einem Lied und jedes Kind trug ein Gedicht seiner Wahl vor. Die Besucher waren nicht nur vom Vortrag, sondern auch von der optischen Präsentation sehr angetan, freuten sich über das kreative Schaffen und bewunderten die kleinen Künstler. [EN]

Veranstalter: Bibliothek „Tresl Gruber", Grundschule St. Christina, Gröden

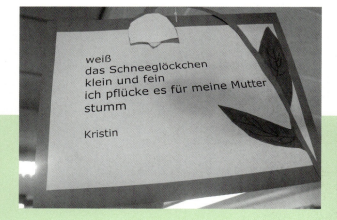

Welttag des Buches
23. April

Ein Schloss voller Geschichten

Die Stimmen der vielen Kinder und Jugendlichen verstummten, als der Marktschreier in sein Ziegenhorn blies und den großen *Erzähl- und Vorlesemarkt* im Hof von „Schloss Runkelstein" eröffnete. Über 400 Gäste hatten sich im Schloss eingefunden: Von Kindergartenkindern bis zu Oberschülern – alle wollten in die Welt des Erzählens und Zuhörens eintauchen. Alle waren schon neugierig auf die Geschichten, die in dunklen Stuben, in wunderschönen Sälen, in kuscheligen Ecken oder beim Backofen auf der Wiese vor dem Schloss auf sie warteten.

Für jeden war etwas dabei! Die Geschichten waren so unterschiedlich wie die Menschen, die sie erzählten oder vorlasen: Da gab es Liebesgeschichten, vorgetragen im Saal der Liebespaare in englischer Sprache, oder Rittersagen, deren Abbildungen auf den Fresken der Bilderburg zu entdecken waren; man konnte ein Puppenspiel miterleben, sich in die Welt von Ötzi entführen lassen oder bei Abenteuergeschichten, Sagen oder Märchen knisternde Spannung spüren. In der Wachstube des Schlosses wurden Schachtelgeschichten aus dem Koffer gezaubert und in der Schloss-Schenke wartete eine Truppe von Jugendlichen mit einer szenischen Lesung auf.

Erzählen und Vorlesen will gekonnt sein! Geschichten zu erzählen oder vorzulesen macht vielen Spaß, darum kamen die Erzählerinnen und Erzähler aus ganz verschiedenen Bereichen und waren ganz unterschiedlichen Alters (vom Grundschulkind bis zum Mann im hohen Alter). Sie hatten sich auf das Abenteuer, andere mit Geschichten zu erfreuen, eingelassen und waren in das Schloss gekommen: Allen voran der professionelle Geschichtenerzähler Claus Claussen aus Deutschland, der gleich sechs verschiedene Zuhörergruppen in seinen Bann zog, die Sachbuchautorin Gudrun Sulzenbacher, die ihre Erzählungen atmosphärisch in die historischen Räume Runkelsteins einfügte, die Englischlehrerin Nora Curtin, die ihren Vortrag mit gestalterischen Zutaten untermalte, die Mittelschullehrerin Hildegard Haas, die die Zuhörer auf eine Sagenwanderung mitnahm, die Oberschullehrerin Irene Terzer, die die Kleinen mit ihrer Bilderbuchgeschichte zu begeistern verstand, die Grundschullehrerin und Theaterpädagogin Christl Widmann, die die Kinder in die Welt der Märchen entführte,

Der Marktschreier erklärt die Marktregeln.

oder Mitarbeiterinnen des Schlosses, die von Tristan und Isolde oder von Garel erzählten.

Mit Überzeugung und gut vorbereitet durch Vorlese-Kurse zeigten drei Schülerinnen der Grundschule und drei Jugendliche ihr Können im Vortragen.

Aber auch Personen, die sich sonst mit ganz anderen Dingen beschäftigen, boten ihre Erzähl- und Vorlesekünste an: zum Beispiel der Leiter der Tessmann-Bibliothek Johannes Andresen, der künstlerische Leiter der Vereinigten Bühnen Bozen Thomas Seeber, der Schulamtsleiter Peter Höllrigl oder die ehemalige Radiosprecherin Waltraud Staudacher. Etwas ganz Besonderes hatten Gernot Nagelschmied und Rita Hofer mit ihrem Puppenspiel sowie die Sing- und Theaterwerkstatt Bruneck unter der Leitung von Agnes Öttl mit ihren Instrumenten und szenischen Einlagen zu bieten.

Im Schlosshof Nach den Erzählungen konnten sich die Kinder und Jugendlichen nach Lust und Laune auf dem Markt im Schlosshof vergnügen, das Gewicht eines Schwertes schätzen oder sich an einem Quiz beteiligen. Sie konnten am Steinkreis ihren Eindruck zum Fest kundtun, sich am Proviantstand versorgen oder *das längste Fotorello* bewundern (siehe auch S. 56). Wer ein Erinnerungsfoto schießen wollte, dem standen mittelalterlich gekleidete Personen zu Verfügung, die entweder das Foto machten oder sich mit fotografieren ließen.

„Ich schätze, das Schwert ist 3,3 kg schwer!"

„Wie wird Schloss Runkelstein noch genannt?"

„Beim Fotorello war unsere Klasse auch dabei!"

Quiz?

Erzähl- und Vorlesemarkt Schloss Runkelstein
23. 04. 2007
Grundschule

1. Wie heißt der Südtiroler Lesefrühling?
A) Leseräume – Wörterträume
B) Wörterräume – Leseträume
C) Leserräume – Leseträume
…
5. Runkelstein liegt in der unmittelbaren Umgebung von Bozen am Eingang welchen schluchtartigen Tales?
A) Eggental
B) Eisacktal
C) Sarntal

Vorbereitung Damit ein Lese-Schlossfest mit so vielen Beteiligten auch für alle zu einem Erlebnis werden konnte, musste es von langer Hand und bis ins Kleinste vorbereitet werden. Eine Arbeitsgruppe kümmerte sich um Planung, Organisation, Beschaffung von Materialien und die konkrete Durchführung, ein ganzer Stab von Freiwilligen half auf Schloss Runkelstein bei der Umsetzung.

Schloss gesucht! Nachdem die Idee geboren war, galt es eine Burg oder ein Schloss zu finden, das nicht nur für alle erreichbar war, sondern auch über geeignete Räumlichkeiten verfügt. Bozen liegt zentral und Schloss Runkelstein schien der geeignete Ort zu sein. Die Idee, ein Lesefest auf der Burg zu organisieren, stieß sofort auf offene Ohren. Der Hausherr und Verwalter Armin Torggler half sogleich bei der Bewältigung der bürokratischen Hürden mit und sprach bei der Gemeinde Bozen vor.

Lokalaugenschein Schon beim ersten Treffen auf der Burg wurden beim Gang durch die wunderschönen Räume, Säle sowie die Hof- und Gartenanlagen die ersten konkreten Umsetzungsmöglichkeiten überlegt: Welche Geschichten passten wohl in welchen Raum? Bald war klar, dass jede Gruppe eine zusätzliche Aufsichtsperson brauchen würde, um die historisch wertvollen Räume einerseits nutzen zu können und andererseits zu gewährleisten, dass nichts zu Schaden kommt.

Wer erzählt und wer hört zu? Zunächst mussten geeignete Erzählerinnen und Erzähler gefunden, kontaktiert und engagiert werden. Geschichten, passend zu den Personen und Räumen wurden vereinbart.
Und weil Geschichtenerzähler Zuhörer brauchen, wurde kräftig die Werbetrommel gerührt. Das Handbuch zum Lesefrühling *Appetit auf Lesen* war die erste Informationsquelle für Interessierte in den Schulen, Kindergärten und Bibliotheken. In den vielen Fortbildungen, die es zum Lesefrühling gab, wurde ebenfalls auf diese Veranstaltung aufmerksam gemacht. Die ersten Interessenten meldeten sich bereits im Herbst an. Newsletter und Homepage des Pädagogischen Instituts erinnerten an das Lesefest und machten auf die aktuellen Daten aufmerksam.

Erzähl- und Vorlesemarkt
am 23. April 2007
auf Schloss Runkelstein in Bozen
Ein Geburtstagsfest
zum Welttag des Buches

Nicht vergessen!

Wegbeschreibung für Fußgänger, Parkplatz für Busse, Fahrtzeiten der öffentlichen Verkehrsmittel!
Rollstuhlfahrer!

Alle sollen und wollen über den Ablauf des Festes informiert sein!

1. Die Lehrkräfte, Schüler, Schülerinnen und Aufsichtspersonen kommen mindestens 10 Minuten vor Beginn an:
   Beginn:
   1. Turnus: 09.00 bis 10.30 Uhr
   2. Turnus: 11.00 bis 12.30 Uhr
   3. Turnus: 14.15 bis 15.45 Uhr

2. Die **Klassen** versammeln sich nach ihrer Ankunft im Schlosshof und suchen ihre Begleitperson. (Sie trägt ein Schild mit dem Namen der Klasse und der Schule.)

3. Eine Viertelstunde vor Lesungsbeginn geht der **Marktschreier** über den Hof und verkündet für alle anwesenden Klassen die Marktordnung:
um 09.00 Uhr
um 11.00 Uhr
um 14.15 Uhr

Der **Marktschreier weist auf die Marktstände und die Verhaltensregeln** auf dem Markt hin.

4. Die Aktionen auf dem Markt sind freiwillig!
Für den Markt im Schlosshof sollte eine ¾ Stunde bis 1 Stunde eingeplant werden.

5. Abschluss am Nachmittag:
- Um 16.15 Uhr wird der Marktschreier den Erzähl- und Vorlesemarkt offiziell beenden.

Achtung für Rollstuhlfahrer: Kleine und leichte Rollstühle können mit dem Auto zur Burg gebracht werden, bei Treppenaufgängen innerhalb der Burg müssen die Rollstuhlfahrer und die Rollstühle allerdings getragen werden.
Für den diesbezüglichen Fahrdienst und Hilfe beim Tragen wird gesorgt, bitte aber vorher anmelden!

[EF]

Vorlese-Plan und 1. Turnus
9.00 Uhr: Einführung im Schlosshof durch den Marktschreier

Zeit	Klasse	Lehrperson	Leser/in	Thema	Ort	Betreuung
9.15 – 9.45	2 A-Kl. MS Franziskaner BZ	Karin Larcher	Thomas Seeber	Abenteuergeschichte	Badestube	Fabio Casati
	2. Kl. GS Untermais (14 K)	Ingeborg Bacher	Claus Clausen	Schachtelgeschichten	Wachstube	Elisabeth Nitz
	2. Kl. GS Untermais (13 K)	Ingeborg Bacher	Rita Hofer/Gernot Nagelschmied	Puppenspiel	Trinkstube	Mathilde Aspmair
	1 E-Kl. HOB Meran	Gerda Corazza	Nora Curtin	Liebesgeschichte (englisch)	Saal der Liebespaare	Irene Terzer
	4. Kl. Liceo classico (24 K)	Brigitte Widmann	Irma Reiner	Sage (Tristan)	Tristanzimmer	Marion Karadar
	2 A-Kl. MS Jenesien	Karin Unterholzner	Ulrike Buhl	Rittersage (Garel) (italienisch)	Garelzimmer	Helga Hofmann
	2. Kl. MS – Lana (20 Sch.)	Karla Morandell	Gudrun Sulzenbacher	Abenteuer aus der Steinzeit	Turniersaal	Ingrid Gregori

9.45–10.00 Pause (Wechsel in den anderen Raum)

Veranstalter: Pädagogisches Institut für die deutsche Sprachgruppe, Bozen

Vor dem Nachhausegehen legte jeder einen Stein – je weiter in die Mitte, desto besser hatte es gefallen! Am Ende fragten viele: „Wann gibt es den nächsten Erzähl- und Vorlesemarkt?"

Von Leserallye bis Lese-Werbeslogan

Die Mittelschule St. Martin in Thurn ist, wie alle Schulen in den ladinischen Orten und Tälern, eine mehrsprachige Schule. Der Unterricht findet in Deutsch, Italienisch und Ladinisch statt.

Unterricht in Stationen Aufgrund dieser speziellen Situation ist die integrative Sprachförderung den Lehrkräften ein besonderes Anliegen. Der „Welttag des Buches" war ein willkommener Anlass, ein sprachübergreifendes Vorhaben zu starten. Die Lehrkräfte entschieden sich für eine offene Unterrichtsform, d. h. für einen Unterricht in Stationen für alle Klassen. Alle nutzbaren Räume, Nischen und sogar die Turnhalle wurden für diesen Tag zu Lern- und Arbeitsorten umgestaltet. Alle Klassenverbände wurden aufgelöst und eine Vielfalt an Leseangeboten und interessanten Aufgabenstellungen bereitgestellt.

Entdeckungsreise in die Welt der Bücher Voller Freude und Eifer wanderten die Schülerinnen und Schüler von Station zu Station: manche in kleinen Gruppen, einige paarweise oder sogar ganz alleine, aber in die Tätigkeit versunken. Es herrschte eine anregende Stimmung im ganzen Schulgebäude. Mithilfe von Sachbüchern, Nachschlagewerken, Karten und Bildern wurden Lese-Werbeslogans gezeichnet, Lesezeichen gebastelt, Leserallyes zu Sachbüchern zusammengestellt, eine fiktive Weltreise unternommen, sprachübergreifend gelesen oder neue Bibliotheksbücher vorgestellt.

Lesewerkstatt In einer Lesewerkstatt mit 19 verschiedenen Stationen konnten die Schülerinnen und Schüler ihre Lesefertigkeit testen und verbessern. Die Stationen waren, wie es sich für ein Training gehört, in der Turnhalle aufgebaut. Die Teams oder Tandems bewältigten die Arbeitsaufgaben selbstständig, suchten eigenständig Lösungswege und bewiesen (manchmal auch durch Versuch und Irrtum) ihre Fähigkeiten im Lesen und Denken. Dank der verschiedenen Schwierigkeitsgrade kamen alle Kinder trotz unterschiedlicher Lernniveaus auf ihre Kosten.

Die einzelnen Stationen:
1. Sinnerfassendes Lesen
2. Lückentext
3. Check it
4. Falsche Wörter im Text/Geheimschrift lesen
5. Wortfeldrätsel
6. Puzzlequiz
7. Lesescreening
8. Lesetest
9. Konzentrationsübungen
10. Spiegelverkehrtes Lesen
11. Texte vergleichend lesen
12. Frage und Antwort verbinden
13. Satzhälften zusammenfügen
14. Alphabetisch ordnen
15. Lesen im Telefonbuch
16. Lesedetektiv
17. IQ-Training

Nicht nur für die Schülerinnen und Schüler war dieser Tag befriedigend und erfolgreich. Auch die Lehrkräfte können mit Genugtuung auf diese gelungene Veranstaltung zurückschauen. Zwar war die Vorbereitung und Organisation anstrengend und aufwendig, aber die Mühe hat sich gelohnt. Die Gäste des Projektes, Eltern und Kollegen aus anderen Schulen sowie der Schulamtsleiter, äußerten sich ebenfalls lobend über die Schülerinnen und Schüler, die mit vollem Einsatz bei der Sache waren. Die Vergabe einiger interessanter Preise war am Ende Ansporn und Belohnung zugleich. [EN]

Veranstalter: Mittelschule St. Martin in Thurn, Gadertal

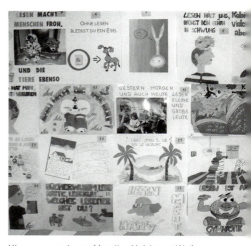

Hier waren emsige und kreative Meister am Werk.

Der „Welttag des Buches"

Sogar in der Turnhalle wurde gelesen.

Sinnliche Reise rund um die Welt

Der „Welttag des Buches" stand in der Schulbibliothek des Pädagogischen Gymnasiums Meran unter dem Motto *Rund um die Welt – Bücher öffnen Welten*. Deshalb wurde zusätzlich zum neu erworbenen Globus Literatur zu diesem Thema angekauft. Außerdem suchte man unter den Schülern eifrig nach Mitstreitern.

Die Vorbereitung Drei Klassen des Bienniums, die Klassen 1 A, 2 B und 2 D, meldeten sich und wollten sich, zusammen mit ihren Lehrern, an der Gestaltung dieses Tages beteiligen und für die anderen an der Schule Beteiligten eine sinnliche Ausstellung vorbereiten. Mit ihren Ideen kamen sie zur Bibliotheksleiterin, die die Aktion mit viel Erfahrung koordinierte und den Organisatoren unterstützend unter die Arme griff. Sie achtete bei der Auswahl der Länder und Inhalte darauf, dass das Programm vielfältig ausfiel, es keine Überschneidungen bzw. Wiederholungen gab und stellte ausreichend Material zur Verfügung. Regelmäßig arbeiteten die Schülerinnen und Schüler in der Vorbereitungsphase in der Bibliothek an den Themen *Europa*, *Die Länder Asiens* und *Die Pflanzenwelt Südamerikas*. Dabei nutzten die Jugendlichen alle Hilfsmittel einer multimedialen Bibliothek: Sie stöberten in Büchern, durchforsteten den Zeitschriftenbestand, studierten CD-ROMS und suchten im Internet. Voller Engagement wurde die bis ins kleinste Detail vorbereitete Ausstellung in der Aula der Schule aufgebaut. Keine Anstrengung war zuviel, denn man wollte alle Sinne ansprechen und ganzheitlich einen Ausschnitt aus einer anderen Kultur vorstellen.

Früchte aus Südamerika

Tag der Präsentation Am 23. April war es soweit. Am Eingang stimmte eine Collage von Familienbildern aus sechzehn Ländern auf die Präsentation ein. Wer die Aula betrat, fand sich in einer bunten, fast verwirrenden Welt wieder, die unwillkürlich an einen farbenfrohen orientalischen Bazar denken ließ. Landkarten, Flaggen, Pflanzen, Früchte, Getränke, Speisen, Kleidung und Gebrauchsgegenstände aus aller Welt trafen hier zusammen. Übersichtlich gestaltete Plakate stellten die Themen vor; Filme und Powerpoint-Präsentationen ergänzten die Vorträge. Einige Schülerinnen und Schüler zeigten typische Tänze, andere servierten in landestypischer Kleidung die verschiedensten Gerichte

Geografie-Quiz „Rund um die Welt – Bücher öffnen Welten"

und luden zum Verkosten ein. Ein Tisch voller bunter Früchte und kaum bekannter Gemüsesorten, duftender Gewürze, exotischer Pflanzen und die daraus zubereiteten Lebensmittel regten zum Schauen und Fragen an. Die Besucher wurden von den Jugendlichen in die verschiedenen Themen eingeführt, sie konnten Fragen stellen, ungewohnte Speisen verkosten, Rätsel lösen und auf diese Weise einen Eindruck von der Vielfalt und Unterschiedlichkeit der Länder unserer Erde erhalten.

Geografie-Quiz In der Mitte der Aula stand der neue Globus, der fast symbolhaft zu vermitteln schien, dass dieses farbenprächtige Gemisch der vorgestellten Länder und Völker zu einem großen, runden Ganzen gehört. Wer mit offenen Augen und Ohren die Ausstellung besichtigt und erlebt hatte, konnte zum Schluss seine Kenntnisse und Erkenntnisse bei einem Quiz selbst testen. Wer alle Quizfragen richtig beantwortet hatte, nahm automatisch an der Verlosung zweier Schülerduden *Geografie* teil.

[Margareth Ebner/Elisabeth Nitz]

Veranstalter: Pädagogisches Gymnasiums „Josef Ferrari", Meran

In asiatischen Gefilden

In ähnlicher Weise wurde auch in der Lehranstalt für Wirtschaft und Tourismus in Meran gearbeitet. Dort verwandelte sich die Bibliothek in einen wahren *Kräutergarten*. Die Schülerinnen und Schüler der zweiten Klassen gestalteten eine Ausstellung duftender Kräuterprodukte für Küche und Körperpflege.

In der Handelsoberschule in Bozen begaben sich die Schülerinnen und Schüler der 3 C-BW, 3 B-EU und der 3 A-SP mit ihren Lehrerinnen auf eine Reise nach Indien. Sie organisierten einen *India Day*. Für den Einstieg sorgte Siegi Gostner, der als Kenner des Landes den rund 200 Besuchern in der Aula Magna einen beeindruckenden Einblick in die Lebensweise der indischen Bevölkerung gab. Die Englischlehrerin erzählte in der Bibliothek von ihren Reiseerlebnissen in Indien, Iuri Vonmetz berichtete über ein Wasser-Hilfsprojekt der Caritas.

Den Höhepunkt bildete das *Indian Concert* mit Max Kastlunger, einem ehemaligen Schüler, und seinen Musikerkollegen, die auf indischen Instrumenten spielten. Zum Abschluss wurde natürlich indisch gespeist. Zwei indische Frauen der Organisation „Nissá" kochten Gerichte ihrer Heimat. [EN]

Veranstalter: Lehranstalt für Wirtschaft und Tourismus „Peter Mitterhofer", Meran; Handelsoberschule „Heinrich Kuntner", Bozen

Zahlenteufel, Fahrplan und Perlentaucherin

In der Aula der Fachoberschule für Soziales in Meran gab es am Vormittag des 23. April (Welttag des Buches) ein besonderes Highlight: Lehrerinnen und Lehrer der Schule zeigten ihre Lust am Lesen und stellten ihre Lieblingstexte bzw. ihre Alltagslektüre vor. In der dritten und vierten Stunde wurden abwechselnd die unterschiedlichsten Lesestoffe vorgetragen. Es muss ja nicht immer ein Roman sein, aus dem vorgelesen wird, sondern auch ein Chemiebuch oder die Zeitung bieten Spannendes.

Lektüre? So kam es, dass ein Lehrer aus dem Fahrplan der italienischen Eisenbahn die Abfahrts- und Ankunftszeit für eine Zugfahrt nach Verona vorlas. Dabei nannte er alle Haltestellen und auch die Orte, an denen der Zug nicht hält. Er las sogar das Kleingedruckte vor – all die notwendigen Hinweise und Zeichenerklärungen über die unterschiedlichen Dienstleistungen und Ausnahmeregelungen, die für diesen Zug gelten. Erst danach nahm er die Jugendlichen mit auf eine literarische Reise an den „Meeresrand", und zwar mit dem Buch von Veronique Olmi. Ein anderer machte die Zuhörerinnen und Zuhörer mit dem Gewerkschaftsblatt bekannt und die Lehrerin für Leibeserziehung las Texte aus „canzoni italiane del 70" vor – die italienischen Liedtexte mit sozialpolitischem Inhalt stammen aus der Feder von „cantautori italiani". Der Mathematiklehrer Toni Prossliner gab den „Zahlenteufel" zum Besten und die Biologielehrerin Sigrid Schlechtleitner tauchte mit Jeff Talarigo in die Welt der „Perlentaucherin" ein.

Von einem Buch zum nächsten switchen
Die Lesungen dauerten nicht lange: nur acht bis zehn Minuten, sechs Lehrer in einer Stunde. Die Schülerinnen und Schüler mussten aktiv mithören und sich vor allem schnell in die stets wechselnden Leseschauplätze hineinfinden. Den beteiligten Klassen machte es viel Spaß und sie erlebten, dass sich Lesen nicht nur auf die Schule beschränkt. Die Aktion fand bei allen Beteiligten großen Anklang und das LIZ kommt dem Wunsch nach einer Wiederholung gerne nach. [EN]

Veranstalter: LIZ – Lese- und Informationszentrum der Fachoberschule für Soziales „Marie Curie", Meran

Kräutergarten in der Bibliothek

Patrizia Ferrari liest italienische Liedtexte.

Heini Rondelli liest aus „Magellan" von Stefan Zweig.

Lesezeit ist angesagt
Lesewochen, Lesetage, Lesenächte

Und jeden Tag ein bisschen jünger – 20 Jahre Bibliothek Toblach

Wirklich jung und fit zeigte sich die öffentliche Bibliothek von Toblach, die den Lesefrühling mit vielen bunten Aktionen auf ganz besondere Weise zelebrierte. Neben der landesweiten Aktion gab es noch einen ganz speziellen Grund zum Feiern, und zwar den zwanzigsten Geburtstag der Bibliothek am 27. April 2007. Zu diesem wichtigen Anlass wurde natürlich eine angemessene Jubiläumsfeier organisiert: mit Musik, Theater und einem offiziellen Festakt.

Spannendes für Jung und Alt Am 30. April lud das Bibliothekshexenteam Kinder und Jugendliche zur Walpurgisnacht ein und versprach Gruselig-Schauriges innerhalb der Bibliotheksmauern. Bald darauf brachte Helga Mock vom Amt für Jugendarbeit die FrühlingsGefühleKiste in die Bibliothek (siehe auch S. 52). Anschließend stellte die Südtiroler Autorin Gudrun Sulzenbacher auf lebendige und anschauliche Weise ihr Buch „Vom Büchermachen" vor und lüftete das Geheimnis von Zwiebelfisch und Schusterjunge.
Spannend war auch die Lesung mit Leonie Swann, bei der der Mord an einem Schäfer aufgeklärt wurde (siehe auch S. 158).

Schätze Die Fünftklässler der Grundschulen Toblach und Wahlen begaben sich mit Ruth Schmidhammer und Hildegard Haas, Mitarbeiterinnen der Drehscheibe, auf eine Piratenreise und sahen sich hinterher spannende Bücher zum Thema an. Die Kindergartenkinder kamen einmal im Monat nach *Bibliothekarien* und holten sich einen Schatz, einen Koffer voller bunter Bilderbücher, für ihre Lesereise ab. Auch beim Puppenspiel „Tischlein deck dich", das Gernot Nagelschmidt aufführte, waren die Kindergartenkinder des deutschen und des italienischen Kindergartens begeisterte Zuschauer. Eine Gruppe von Grundschulkindern – unterstützt von ihrer Lehrerin Johanna Kiniger – bezauberte mit der Aufführung der originellen, selbst geschriebenen Kasperltheaterstücke „Der verschwundene Schatz", „Das verlorene Geburtstagsgeschenk" und „Die Süßigkeitenhöhle" Erstklässler und Kindergartenkinder.

Projektgruppe Schon im Herbst 2006 begannen die Mittelschüler mit dem Wahlpflichtfach „Bibliothek" unter Anleitung ihres Lehrers Hermann Rogger, sich mit einem ganz anderen Projekt zu beschäftigen: Sie wollten mithilfe des Grafikers Fritz Gossner die Bibliothek vermessen und zeichnen, Basisdaten über die Bibliothek sammeln und recherchieren. So entstand ein Folder, der viele wichtige Informationen über die Bibliothek und einen Plan enthielt, auf dem die verschiedenen Bereiche farblich gekennzeichnet waren. Anlässlich des Jubiläums wurden auch zwei Preisausschreiben ausgearbeitet, ganz nach dem Motto „Kennst du deine Bibliothek?".

Eine andere Klasse fertigte mit ihrem Lehrer Andreas Walder künstlerische Arbeiten und Plakate für die Ausstellungen in der Bibliothek und im *artcafé* sowie individuell gestaltete Lesezeichen an. Im *artcafé*, einem Forum der Bibliothek, wurden beispielsweise im Mai Bilder der bekannten, aus Südtirol stammenden Illustratorin Linda Wolfsgruber ausgestellt.

Angebote in italienischer Sprache Die italienische und die deutsche Bibliothek sind in Toblach gemeinsam untergebracht, deshalb gab es auch Veranstaltungen in italienischer Sprache. Die erste war „Alto Adige. Scopri e gioca la terra delle montagne" (siehe auch S. 136). Kinder der vierten und fünften Klasse der italienischen Grundschule und die Kinder der ersten und zweiten Klasse der italienischen Mittelschule begaben sich in der Bibliothek mit Maria Martometti auf eine Südtirol-Reise. Den Wanderweg kennzeichnete sie mit den unterschiedlichsten Gegenständen, die die Kinder nacheinander aus einem Sack fischen mussten. All diese Gegenstände hatten etwas zu erzählen. Die Geschichten vermittelten Wissenswertes, aber auch Kurioses über Südtirol und brachten den Kindern und Jugendlichen so Kunst, Geschichte, Geografie und Kultur näher.

Darüber hinaus waren zwei Autorinnen zu Gast: Michela Franco Celani stellte ihr Buch „La stanza dell'orso e dell'ape" vor und Manuela Piovesan führte mit den Kindern der Grundschule ein kleines Literaturprojekt mit dem Titel „Aiuto … ho un fantasma nell'armadio" durch. Da wurde nicht nur vorgelesen, sondern die Kinder konnten in einer Werkstatt auch ihr sprachliches Können kreativ unter Beweis stellen und eine fantastische Figur gestalten. Das Buch „Un fantasma in abito da sera" war dafür Ausgangs- und Bezugspunkt.

Mit dieser bunten Palette von Aktionen setzte die Bibliothek in ihrem Jubiläumsjahr deutliche Zeichen und zeigte, dass sie die nächsten zwanzig Jahre mit Schwung und Präsenz angehen will. [EN]

Veranstalter: Öffentliche Bibliothek, Toblach

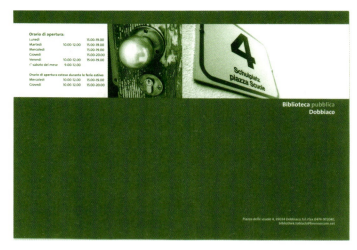

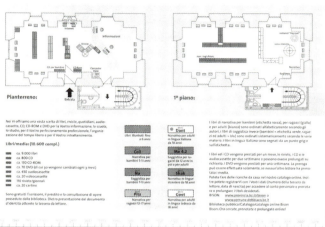

Ruth Oberrauch erzählt eine weltumspannende Geschichte.

Das lang gestreckte Wunder

Erzählt wird die Geschichte eines Mannes, dessen Beine wachsen und wachsen und wachsen ...

> *Es hätte Mai sein können, als sich der Mann in den Garten legte. Der Garten war zwar klein – der Mann stieß am Zaun an, oben mit dem Kopf und unten mit den Füßen –, aber das machte nichts, denn über ihm breitete sich der große Himmel aus, dessen Weite er sichtlich genoss. Doch plötzlich spürte er ein schmerzliches Ziehen in den Beinen. Sie begannen über den Nachbarszaun hinauszuwachsen, sie krochen am Schulhaus entlang, legten sich übers Pult des Lehrers, sorgten für ein großes Verkehrschaos auf den Straßen und strebten auf den Fußballplatz zu, wo sie den Ball ins gegenüberliegende Tor schossen. Die Beine überwanden Grenzpfosten und „fuhren triumphierend ins Nachbarland ein. Und alles, was Füße hatte, lief mit ihnen mit." Sie besuchten die Niagarafälle, die Wüste, den tiefen Ozean, China, den Nordpol ... All dies passierte, während der Mann in den Himmel schaute und sich fragte, wo seine Füße geblieben seien. „Ach, da sind sie ja!", rief er und fasste rasch hinter sich, um die Füße festzuhalten. So lag er eine Weile da, die Füße in der Hand, während die Beine den Erdball umspannten. Und wieder sah er zum Himmel empor, ein schmerzliches Ziehen im Hals. Schon war der Hals etwas länger geworden, sodass der Kopf über dem Gartenzaum schwebte.*

Fernando, Zauberflöte und Apfelbaum – Lesewoche in Sexten

Mit einem bunten Programm rund ums Lesen wartete die Bibliothek Sexten auf:
- „Märchenreise" mit Ruth Schmidhammer, Arbeitskreis für Kinder- und Jugendliteratur „Drehscheibe", für Schülerinnen und Schüler der dritten Klasse der Grundschule
- Figurentheater „Fernando" mit Saskia Valazza und Sabine Hennig vom Theater „Il segreto di Pulcinella" für Schülerinnen und Schüler der ersten bis dritten Klasse der Grundschule
- Schattenspiel „Die Zauberflöte" nach der Oper von Wolfgang Amadeus Mozart mit Saskia Valazza und Sabine Hennig vom Theater „Il segreto di Pulcinella" für Schülerinnen und Schüler der vierten und fünften Klasse der Grundschule und für Erwachsene
- Vortrag „Lesen in der Familie" mit der Präsentation eines Tischtheaters von Ruth Schmidhammer, Arbeitskreis für Kinder- und Jugendliteratur „Drehscheibe", für Eltern und Erzieher
- Vorlesestunde (Wäscheleine) „Der Apfelbaum" (Mira Lobe) mit der Bibliothekarin Manuela Egarter für Kindergartenkinder
- Bilderbuchwerkstatt „Das lang gestreckte Wunder" mit Ruth Oberrauch für Grundschulkinder
- Autorenlesung „Vom Büchermachen" mit Gudrun Sulzenbacher für Schülerinnen und Schüler der fünften Klasse der Grundschule
- Musikgeschichte „Der Josa mit der Zauberfiedel" mit Eva Weiss für Schülerinnen und Schüler der ersten und zweiten Klasse der Grundschule

Eine dieser Aktionen wird hier ausführlicher von der Referentin beschrieben:

So der Inhalt des Bilderbuches „Das lang gestreckte Wunder" von Thomas Rosenlöcher und Jacky Gleich.

Und an genau so einem frischen grünen Maitag beginnt in der Bibliothek Sexten die Bilderbuchwerkstatt.

Wie beginnt ein lang gestrecktes Wunder?

Wir beginnen mit dem Titel des Bilderbuches und fragen uns: Gibt es lang gestreckte Wunder? Wie sehen diese aus? Werden eine Rakete oder eine Riesenkarotte einem lang gestreckten Wunder gerecht?

Ich lese die Geschichte vor und hole sie während des Vorlesens aus dem Koffer: Eine Wiese mit Margeriten und einen Gegenstand für jeden Ort oder Kontinent. Es entsteht eine lange Vorlesestraße, anhand der die Geschichte leicht immer wieder erzählt werden kann.

Ich drehe das Bilderbuch um, das als Leporello (harmonikaartig zusammenzufaltender Papierstreifen) gestaltet ist, und die ganze Geschichte breitet sich in Bildern vor uns aus: Mehrere Kinder halten stehend die weltumspannende Geschichte in den Händen. Sie ist mehrere Meter lang.

Da zwei Bücher vorhanden sind, können wir die Geschichte in zwei kleinen Gruppen betrachten. Jedes Kind kann die Geschichte erwandern, an der Geschichte entlanggehen und sie auf sich wirken lassen.

Dann bekommt jedes Kind eine Bilderlupe (ein Quadrat aus Karton mit Guckloch). Damit ausgerüstet, sucht sich jeder ein Bild des Leporellos aus, das ganz genau unter die Lupe genommen wird: Jedes, auch noch so kleine Detail ist wichtig und legt neue Spuren. Jede Frage, die beim individuellen Betrachten auftaucht, wird schriftlich festgehalten – so arbeiten nämlich Bilddetektive. Nah-Sehen im Unterschied zum Fern-Sehen lautet das versteckte Motto.

Das mit der Bilderlupe Entdeckte wird den anderen Gruppenmitgliedern voller Stolz mitgeteilt und wir staunen, was der Gruppe bei genauem Hinsehen noch zusätzlich alles auffällt: Bilder lesen regt zum Fragen, Staunen und Lachen an!

Die Kinder finden es faszinierend, dass sich die Beine des Mannes zum Hügel formen und man darauf Ski fahren kann. Einige Jungen staunen darüber, dass es Füße gibt, die dem fast verlorenen Fußballspiel noch eine Wendung geben und wünschen sich solche auch für ihr Spiel in der Fußballmannschaft. Das Grenzen überschreitende Phänomen der Beine kommt ebenso zur Sprache wie die Reaktion des Bundeskanzlers, der die Beine zur Chefsache erklärt und meterweise verkaufen lässt. Aber all das beirrt die Beine nicht, sie wachsen weiter.

Wie könnte die Geschichte anders enden als im Buch? Das ist an dieser Stelle eine interessante Frage für die 21 Kinder der vierten Klasse der Grundschule.

Ein riesiger Riese rieselt leise vor sich hin
Wir legen uns als Riese in den Garten: Ein Kind legt sich hin, das nächste schließt an die Beine des vorhergehenden an usw. Wir messen nach und erhalten eine Riesenlänge von 28,5 Metern.

Der riesige Riese bleibt im Garten liegen und ich leite eine Fantasiereise mit Frühlingsmusik ein: Du liegst im Garten, schaust verträumt in den Himmel und spürst ein schmerzliches Ziehen. Deine Beine wachsen. Ich erzähle zunächst an der Bilderbuchgeschichte entlang und lade die Kinder schließlich ein, sich selbst ein Land vorzustellen, an dem sie gerne mit den Beinen gelandet wären. Sie malen sich im „Kopfkino" genau aus, wie ihr Land aussieht: die Umgebung, die Menschen, die Farben, Gerüche. Im Kopf spielen sie eine Situation durch.

Ob die langen Beine aneinanderpassen?

Der Riesenmann beginnt zu wachsen.

Wer trifft wen? Was denken, fühlen und reden die Menschen miteinander?

Danach sprechen wir über die gemachten Erfahrungen und legen fest, wer welches Land oder welchen Kontinent malt.

Die gemalte Welt: Ein lang gestrecktes Riesenleporello Die Ideen sprudeln und wollen in Bilder umgesetzt werden: Die Bibliothek Sexten lädt regelrecht dazu ein, das lang gestreckte Wunder der Länge nach auf den Boden zu malen. Ein langer Gang bietet allen Kindern Platz.

Jedes Kind zeichnet mit Bleistift den Verlauf der Beine auf seinen quadratischen, dicken Karton und schaut, dass die Verbindung zu beiden Seiten passend anschließt. Dann bemalen die Kinder ihr Bild mit Acrylfarbe und heben manche Details – wie etwa eine Sonne, eine Wolke oder eine Blume – hervor, indem sie sie aus Karton ausschneiden, aufkleben und ebenfalls bemalen. Dadurch wirkt das Bild dreidimensional.

Die Lehrkräfte und die Bibliothekarin helfen beim Mischen der Farben und beim Klären bildnerischer und inhaltlicher Fragen. Wie gut, dass wir in der Bibliothek arbeiten! Sachfragen zu einem Land können direkt durch Bildbände bzw. Lexika beantwortet werden und fließen in die Gestaltung des Bildes ein.

Im Sitzkreis nehmen wir uns nochmals Zeit für den Schluss der Geschichte: Es geht um den Mann, der die Füße in der Hand hat, die den Erdball umspannen. Und als sein Hals zu wachsen beginnt und über dem Gartenzaun schwebt, da … Die Kinder fabulieren und schon liegt eine neue Geschichte in der Luft.

Doch zurück zu den bemalten Kartonteilen: Sie liegen vor uns, zunächst noch getrennt voneinander, aber schon als gemeinsames Ganzes sichtbar. Wir gehen die lange Bildstraße ab und freuen uns über das gelungene Werk. Als Leporello geklebt, wird die illustrierte Geschichte noch besser begehbar.

Eine Kleingruppe schreibt inzwischen einen Text zu den Bildern. Somit kann auch der Text erwandert werden, der mit Klebefolie auf den Boden geklebt wird, passend zu den Bildern.

Dieses lang gestreckte Leporello-Wunder lädt ein, zwischen Text und Bild spazieren zu gehen. Mit seiner weltumspannenden Geschichte finden hier auch Kinder einen Platz, die aus anderen Kulturen kommen und von ihrer Heimat zeichnen und berichten können – als wichtiger, bereichernder Teil des Ganzen. [Ruth Oberrauch]

Veranstalter: Öffentliche Bibliothek „Klaus Gatterer", Sexten

Hexen, Geister und das Pfeifer Huisele – Lesewoche in Schenna

In der Woche vom 21. bis 25. Mai hat die Grundschule Schenna zusammen mit der öffentlichen Bibliothek ihr Hauptaugenmerk auf das Lesen gerichtet.

Am Montag las Pfarrer Hermann Senoner den Kindern der 1.–3. Klasse die Geschichte von Jona vor.

Am Dienstag lauschten alle Schülerinnen und Schüler der Mundartdichterin Mariedl Innerhofer aus Marling. Mit Freude trug die 86-jährige Schriftstellerin aus ihren verschiedenen im Dialekt geschriebenen Werken vor.

Am Nachmittag desselben Tages durften sich die Kinder die Eintrittskarten für das Lesekino am nächsten Tag abreißen. Jede Lehrkraft hatte sich ein Buch ausgesucht, das Titelbild fotokopiert und auf einen Karton mit Abreißkärtchen geklebt.

Am Mittwoch verließen die Kinder um 9.50 Uhr ihre Klassenräume und suchten den Leseort auf, der auf ihrer Eintrittskarte angegeben war. Dort trafen sich nun jeweils zehn Schülerinnen und Schüler, bunt gemischt durch alle Altersgruppen, und lauschten gespannt den Geschichten, die die Lehrer vorlasen. Vorgelesen wurden Bilderbücher in deutscher, italienischer und englischer Sprache.

Der Höhepunkt der Aktionswoche fand **am Donnerstag** statt: ein Leseabend im Schulgebäude für die Kinder der 1.–3. Klasse. Den Kindern der ersten Klasse wurden zuerst spannende Hexengeschichten vorgelesen, danach erschien eine *Hexe* und verzauberte die Kinder in kleine *Ferkel, Hennen* und anderes Getier. Nach einem heftigen Regenguss unternahmen sie eine kurze Lesewanderung durch das Dorf. Unterwegs wurde immer wieder Halt gemacht und häppchenweise die Geschichte „Mama Muh lernt Rad fahren" erzählt. Zurück in der Schule backten die Kinder Waffeln und Pizza bzw. bereiteten Brötchen und Obstspieße vor.

Lange Beine – lange Reise

In der Bibliothek Gais zeigten und erklärten die beiden Puppenspielerinnen Saskia Vallazza und Sabine Henning ihre selbst gefertigten Figuren für das Figurentheater „Fernando, der Stier".

Dazwischen lockerten Lesespiele und Märchenpuzzles den Leseabend auf.

Die Kinder der zweiten Klasse unternahmen im Schulhof eine Schatzsuche: Der Schatz bestand aus drei Märchenbüchern. Das Thema Märchen zog sich durch den ganzen Abend, so wurden Märchenmandala gemalt, Märchen von Schülern und Lehrern vorgelesen und gespielt. Bei leckerer Pizza und frischem Obstsalat klang der Leseabend aus.

Die Kinder der dritten Klasse arbeiteten an verschiedenen Stationen zum Thema Märchen. Anschließend nahmen sie im Hotel Ifinger das Abendessen ein, zu dem sie eingeladen worden waren. Höhepunkt des Abends war für die Drittklässler eine spannende Schatzsuche im Schulgebäude. Um 21.30 Uhr traf man sich am Lagerfeuer, wo noch eine Weile gemeinsam gesungen wurde.

Pfeifer Huisele im Spiel

Für die Kinder der 4. und 5. Klasse war an diesem Abend eine Lesewanderung von Verdins bis zur Naifenkapelle geplant. Ein heftiges Gewitter zwang aber zur kurzfristigen Umgestaltung des Programms. Alle Beteiligten trafen sich bei strömendem Regen um 17.00 Uhr in Verdins und wurden dann kurzerhand von den anwesenden Eltern nach Schenna in die Grundschule gefahren. Dort begannen die geplanten Aktionen. Ein in Puzzleteile zerschnittenes Sagenbild musste von den Kindern, die in kleine Gruppen aufgeteilt worden waren, zusammengestellt und mit dem richtigen Titel versehen werden. In der Zwischenzeit hatten einige Lehrerinnen im Keller des Schulgebäudes die Lesung einer Geistergeschichte mit Geräuschen und gruseligen Accessoires vorbereitet. Da sich das Wetter in der Zwischenzeit gebessert hatte, konnte die Wanderung in die Naif doch noch stattfinden. In St. Georgen führte die Klasse 5 b zwei Geschichten um das Pfeifer Huisele auf, bei der Pension Mühlhaus stellte die Klasse 5 a ein Bilderbuchkino vor, das sie mit kunstvoll gemalten Bildern gestaltet hatte. Anschließend wanderten alle bis zur Naifkapelle, wo zum Abschluss eine kurze Andacht gehalten wurde. Mit einer kleinen Feier, zu der einige Eltern Brötchen, Pizza und Getränke beigesteuert hatten, wurde die Lesewoche beendet.

[Maria Unterthurner/Christine Weger]

Veranstalter: Grundschule Schenna, Öffentliche Bibliothek Schenna

Lesemaxi und Bücherkinder – Lesewoche in Terenten

Die Woche vom 12. bis 19. März stand in der Grundschule in Terenten ganz im Zeichen des Lesens. Das Lesen, Vorlesen und Erzählen sollte die Schülerinnen und Schüler in neue und ganz unterschiedliche Welten entführen.

Nach einer ersten Ideensammlung wählte jede Lehrerin ein Thema nach ihren Neigungen und Interessen und suchte sich im Schulhaus oder auf dem Schulgelände einen geeigneten Raum fürs Vorlesen oder Erzählen. Jede Lehrerin suchte eine zum Thema passende Lektüre, stattete den Raum entsprechend aus und schuf eine ideale Erzählatmosphäre. Im Schulhaus entstanden so eine unheimliche Geisterhöhle, ein herziges Liebesnest, eine gefährliche Piratenecke, ein orientalisches Märchenzelt und viele andere Leseorte.

Lesemaskottchen Hilfe bei der Orientierung bot der Lesemaxi, eine Figur aus einem Bild von Selda Marlin Soganci. Dieses *Vogeltier* wurde nachgezeichnet und begleitete die Kinder als Maskottchen durch die Lesewoche. Man begegnete ihm überall im Schulhaus: auf dem Boden als Wegweiser zu den einzelnen Leseräumen, auf dem Lesepass für diese Woche, an der Wand als Pappmascheefigur auf einer Präsentationstafel von 1,20 x 1 m. Eine Lehrerin der Schule hatte für diesen Lesemaxi das Pinocchio-Lied umgetextet – nun hatte die Schule sogar einen Lesesong.

Dieses Lied wurde jeden Tag zur gleichen Zeit von den Kindern und Lehrkräften im Vorraum der Schule gesungen. Danach führten die Lehrkräfte die Kinder in die verschiedenen Leseräume, wo sie ihnen Geschichten vorlasen.

Lesepass von Nadja

Lesemaxi

Die Gruselgeschichten las die Vampirbraut Waltraud vor.
„In der Gruselhöhle war es dunkel. An der Wand hingen viele Kostüme, Gespenster und Skelette. Waltraud las uns die Geschichte von der Geisterstadt vor. Es war sehr spannend."

> **Lesemaxi-Lied**
>
> *Lesemaxi*
> *Lesemaxi,*
> *Diese Woche in der Schule,*
> *wird gelesen und erzählt.*
> *Und was man da alles erfährt,*
> *macht richtig Spaß.*
> *Uns begleitet ein Maskottchen,*
> *ist ganz verrückt und kunterbunt,*
> *ist keine Katze und kein Hund,*
> *ein Vogeltier!*
> *Lesemaxi*

Die italienischen Geschichten lasen die Piratinnen Nancy und Susanna.
„Nancy und Susanna erzählten von einem Piraten, der zwei besondere Waffen hatte: das Kitzeln und eine stinkende Socke. Die Geschichte war sehr unterhaltsam."

Bücher und Kinder Damit sich die Kinder aktiv mit der Lektüre auseinandersetzten, wurde auch selbst getextet, inszeniert, gemalt, gestaltet und gesungen. So entstanden eigene Bücher und Texte, sogar eine Präsentation am Computer. Auch das Literaturmenü aus dem Pädagogischen Institut war im Angebot. Die Kinder fanden es interessant, auf diese Art Bücher kennenzulernen. Sie fühlten sich neu motiviert und waren der Meinung, dass sie im Laufe der Woche zu wahren Bücherkindern geworden waren. Ihre Begeisterung über die Angebote der Lesewoche spricht aus den nebenstehenden Kommentaren. [EN]

Veranstalter: Grundschule Terenten

Die Orientalischen Märchen las die Haremsdame Roswitha vor.
„Wir haben im Werkraum das Zelt aufgestellt und Zwiebeltürme gemalt. Isaak hat ein Kamel mitgebracht, Olivia Muscheln und Laura einen Duft. Roswitha hat sich als orientalische Märchenerzählerin verkleidet und uns die Geschichte vom kleinen Muck erzählt."

Die Sagen hat die sagenhafte Marianna vorgelesen.
„Die Idee, die Sagen im Weidenhaus zu erzählen war toll! Marianna erzählte uns die Sage vom Lauterfresser und auch Sagen vom alten Oberleitner von Terenten."

Die Tiergeschichten las die tierisch gute Margit vor.
„Der Raum glich einer dunklen Höhle. Dort waren auch viele Kuscheltiere. Margit erzählte uns die Geschichte von einem Zoowärter. In dieser Geschichte ging ein Nashorn in die Eisdiele und ein Tiger in ein Fotostudio. Am Ende musste man überlegen, ob der Zoowärter geträumt hatte oder ob alles wirklich passiert war."

Auftritt der Buchmonster – Lesenachmittag zweier Zwergschulen

Am 13. Februar waren alle Kinder der Grundschulen Innerpflersch und Außerpflersch sehr aufgeregt. Sie hatten ihre Eltern, Großeltern, Tanten, Onkel und älteren bzw. jüngeren Geschwister in die Bibliothek nach Innerpflersch eingeladen. Sie wollten ihre selbst gebastelten *Bücherfresser* mit ihren Geschichten vorstellen. Gebastelt hatten die Kinder die Bücherfresser aus alten Schachteln, Abfallprodukten und Pappmaschee. Sie wurden zum Leben erweckt, indem die Kinder ihnen einen Namen ins Ohr flüsterten. Die großen Pappmascheefiguren mochten eines am allerliebsten: Bücher. Aber nicht alle bevorzugten dasselbe Futter: Die einen mochten Tierbücher, die anderen Märchenbücher, wieder andere waren ganz auf Abenteuerbücher versessen oder nahmen nichts als Krimis zu sich. „Mein Buchmonster heißt Delfinchen, weil es am liebsten Delfinbücher frisst", erklärte Johannes. Jedes Kind wusste genau, wie sein Bücherfresser zu füttern war. Nach diesem Nachmittag blieben die Bücherfresser in der Bibliothek, denn dort gab es schließlich jederzeit und ausreichend Nahrung für sie.

Das bunte Programm wurde mit einem von einer Klasse vorbereiteten *Lesekino* fortgesetzt. Dazu waren die vergrößerten und ausdrucksstark gestalteten Seiten eines Bilderbuches aneinandergeklebt und um einen Stiel gewickelt worden. Bei der Aufführung teilte sich die Klasse in zwei Gruppen: Die einen waren die Filmvorführer, die den Filmstreifen Szene für Szene abrollten und die anderen die Erzähler, die die Geschichte vortrugen. Die Schülerinnen und Schüler hatten sich in Vorbereitung auf diesen Nachmittag im Vortragen von Texten geübt: Sie hatten ihre Aussprache, die Betonung, die korrekte Atmung und den Blickkontakt mit dem Publikum geschult. Gekonnt führten sie das Märchen vom Ursprung aller Geschichten (ein Märchen des nordamerikanischen Indianerstammes der Seneca) vor und ernteten großen Applaus.

Eine andere Klasse erheiterte und unterhielt die Gäste mit *Scherzfragen*, die diese nicht immer gleich zu beantworten wussten. Wer weiß denn schon auf Anhieb, welcher Arm der lauteste ist? – Der Alarm natürlich! Die Kinder hatten sich bereits bei der Suche nach solchen Scherzfragen mächtig ins Zeug gelegt und fleißig Bücher und Zeitschriften gewälzt. Mit ihren Karten, auf denen sie die Fragen notiert hatten, stellten sie sich mutig vors Publikum und forderten zum Knobeln auf. Kamen die Gäste gar nicht weiter, gaben sie ihnen einen Hinweis.

Zum Abschluss erzählte die Bibliothekarin eine *Schachtelgeschichte*, auf die die Kinder schon neugierig warteten. Alle Augen hingen gebannt an der Schachtel. Welches Geheimnis, welche Figuren waren wohl darin verborgen? Es herrschte vollkommene Stille. Langsam öffnete die Erzählerin die Schachtel: Ein Hasenkind wurde lebendig, tauchte auf und schon ging die Geschichte los. Alle fühlten sich in die Welt des kleinen Hasen versetzt, das seine Karotten nicht fressen wollte. Alle zitterten mit, als das Hasenkind dem Fuchs begegnete, auch wenn alle mit einem guten Ausgang rechneten. Die Spannung hielt bis zum Schluss der Geschichte an.

[EN]

Veranstalter: Grundschulen Inner- und Außerpflersch, Öffentliche Bibliothek Pflersch

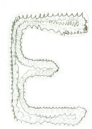

Literatur mal vier – Literaturnächte nach bewährtem Konzept

Bereits zum siebten Mal gab es die Literaturnächte im Jugend- und Kulturzentrum UFO in Bruneck, ein Projekt, das gemeinsam mit der Stadtbibliothek und der Musikschule sowie mit Unterstützung des Buchladens am Rienztor durchgeführt wurde. Man konnte also auf Erfahrungen bauen und machte dieses verflixte siebte Jahr auch gleich zum Thema der ersten von vier aufeinander folgenden Literaturnächten.

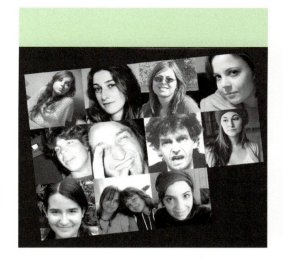

Di/Ma, 20.02., 20.30 Uhr
Literaturnacht I
Das verflixte siebte Jahr
mit Christine Lasta, Toni Taschler &
Helga Plankensteiner, Michl Lösch

Di/Ma, 27.02., 20.30 Uhr
Literaturnacht II
Schaurig, schiache Stodllieder
Dietmar Gamper & Igo Lanthaler

Di/Ma, 06.03., 20.30 Uhr
Literaturnacht III
Alois Hotschnig

In lockerer Atmosphäre wurde die Welt der Literatur erlebbar. Der Konzertsaal wurde zu einem Caféhaus mit vielen kleinen Tischen, an denen man in Ruhe sitzen, ein Glas trinken und Literatur genießen konnte. Wobei der Begriff „Literatur" bei diesen vier Veranstaltungen sehr weit gefasst war: Hier traf hohe auf schräge Literatur. Es bot sich ein kunterbuntes Programm – Literatur in Kombination mit Musik bzw. Tanz oder auch szenischen Darstellungen.

Siebtes Literaturfestival „Literatur ist nicht nur Abenteuer im Kopf, man muss schon wieder ins UFO." Mit diesem Motto lockte man die Besucher zur IV. Literaturnacht. Das Literaturfestival bildete den Abschluss und zugleich den Höhepunkt dieser Veranstaltungsreihe. An diesem Abend bekamen junge Autorinnen und Autoren die Möglichkeit, dem Publikum selbst verfasste Texte zu präsentieren. Fünfundzwanzig junge Leute hatten sich mit ihren Gedichten und Essays gemeldet. Die Mitarbeiterinnen und Mitarbeiter der Veranstalter hatten eine Auswahl getroffen und die Programmfolge festgelegt. Am Abend des 13. März traten dann neben jungen Autorinnen und Autoren aus der Mittel- und Oberschule auch bekannte Schriftstellerinnen und Preisträger auf, und zwar Anna Heiss, Brigitte Knapp, Albina Kritzinger, Selma Mahlknecht, Lukas Marsoner, Wolfgang Nöckler, Josef Oberhollenzer, Lissy Pernthaler, Maria Thöni, Marion von Zieglauer, Viktoria Volgger und Freia Maria Ruegenberg.

Lang wurde die Nacht, auch wenn den Vortragenden nur wenig Zeit zur Verfügung stand. Fast 200 Personen waren gekommen, um den Auftritt der Südtiroler Jungliteraten mitzuerleben. Sie folgten interessiert und wohlwollend ihren Ausführungen. Neben diesem literarischen Genuss gab es auch noch etwas Feines fürs Ohr – zwei Ensembles der Musikschule Bruneck, *Streichmaß* und *Ragen Percussion*, umrahmten die Veranstaltung – und für den Gaumen das Buffet der Landesberufsschule Bruneck.

Für Interessierte, die nicht dabei sein konnten, wurden die Texte in der Literaturzeitschrift „UHURA" veröffentlicht; die eigens für das Festival von Reinhold Giovanett herausgegeben worden war.

[Gunther Niedermair/Elisabeth Nitz]

Veranstalter: Stadtbibliothek Bruneck,
Jugendzentrum UFO, Musikschule Bruneck

Lesezeit verschenken
Lesen für andere

Jugendliche lesen vor – Senioren hören zu

„Übers Lesen begegnen sich Jung und Alt" – so steht es in der Ideensammlung *Appetit auf Lesen*. Diese Aussage nahmen Lehrkräfte und Jugendlichen der Klasse 1 A der Mittelschule „Albin Egger Lienz" wörtlich und wollten mit alten Menschen in Kontakt treten. Sie taten das unter dem Motto: „Wer hat Lesezeit zu verschenken?"

Textauswahl Am Anfang galt es, passende Texte zu finden. Es begann eine Zeit der eifrigen Lektüre. Die Wahl fiel schließlich auf drei Texte, die man mit verteilten Rollen lesen wollte. Die Schülerinnen und Schüler entschieden sich dafür, ihre Abschnitte auswendig zu lernen. Die Rollen wurden verteilt, das sinnbetonte Vortragen geübt und die Requisiten beschafft.

Theaterproben Die inzwischen zu kleinen Theaterstücken herangereiften Lesestücke wurden emsig geprobt. Außerdem wurden noch zwei Lieder einstudiert – als zusätzliche Überraschung für die Zuhörer. Eine gute Gelegenheit zur Generalprobe war der Besuch der Grundschüler der 5. Klasse aus St. Jakob. Spontan entschied die Klasse, die Vorführung der Stücke ins Programm aufzunehmen. Da der Musiklehrer an diesem Tag nicht dabei war, übernahm ein Schüler mutig die Aufgabe des Chorleiters.

Premiere im Altenheim Nach der positiven Erfahrung bei der Generalprobe fieberten die Schülerinnen und Schüler dem Tag der Premiere des Stückes im Altenheim von St. Pauls entgegen. Im Altenheim war alles für die Aufführung vorbereitet: Im Innenhof standen Tische, Bänke und Stühle, die Aufstellung des Chores wurde geprobt. Die Zuschauer wurden mit Handzetteln über das Programm informiert.

Jung und Alt Schauspieler und Sänger genossen ihren öffentlichen Auftritt. Sie freuten sich, dass ihre Texte und Lieder als Geschenk angenommen wurden.
Danach verweilten Jung und Alt bei einer gemeinsamen Jause noch ein bisschen im Innenhof. Nach anfänglichem Zögern verloren die Jugendlichen ihre Scheu und gingen auf die alten Menschen zu. Dabei ergaben sich lebhafte und erstaunlich ungezwungene Gespräche. [EN]

Veranstalter: Mittelschule „Albin Egger Lienz", Bozen, Altenheim St. Pauls

Das Sams erzählt von einem seiner Erlebnisse.

„Die Proben waren nicht anstrengend. Im Gegenteil: Sie machten Spaß."
Fabian

„Bei den Proben und auch beim eigentlichen Auftritt war es sehr schwer, ganz laut zu sprechen. Es war toll, danach mit den Leuten ein bisschen zu reden."
Nadine

Lesefrühling
Die Klasse 1A der Mittelschule „Albin Egger Lienz" aus Bozen/Haslach ist im Altenheim von St. Pauls zu Besuch.

Wir freuen uns!

Programm:
Das Sams in der Schule
(Paul Maar: Eine Woche voller Samstage)

Der vergnügte Beistrich (Rudolf Gigler)

Lied: Mein kleiner grüner Kaktus

Wer zuletzt lacht, lacht am besten
(eine Eulenspiegelei)

Lied: Banana Boat Song

„Mir hat der Lesefrühling gefallen, auch meine Hauptrolle als Till Eulenspiegel. Ich fand es eine gute Idee, beim Lesefrühling mitzumachen."
Hannes

„Im Altersheim war es sehr lustig. Die Leute waren alle freundlich und kaum stellte man eine Frage, schon fingen sie an, von ihrer Vergangenheit zu reden. Wir ließen uns von ihren Geschichten mitreißen."
Marlene

„Mir gefielen die Gesichter der alten Menschen, wie sie gelacht und sich gefreut haben."
Rodolfo

„Ich bin froh, dass wir den alten Leuten ein bisschen Spaß gebracht haben. Hoffe ich."
Jarno

Schenk mir eine Geschichte – Lesepuzzle im Kindergarten

Zunächst waren da nur eine Leinwand – tiefblau, mit Sternen und Zahlen versehen – und dazu eine geheimnisvolle Kiste mit unbekanntem Inhalt. Das Geheimnis wurde nur langsam gelüftet, jeden Tag ein bisschen, immer zur selben Zeit. Täglich um Punkt neun durfte eines der Kinder in die Kiste greifen und einen Bildteil nebst Bilderbuch hervorholen. 16 Tage dauerte die Aktion. 16 Bilderbücher galt es zu lesen, 16 Bildteile an die Leinwand zu kleben. Die Kinder genossen dieses Ritual und staunten, wie sich ein Bildteil ans andere fügte und schließlich ein großes Ganzes ergab. Zwei mal zwei Meter! Das beeindruckte! „Das ist wie im Kino!", war da schon mal zu hören.

Das Bild – eine Illustration von Ivan Gantschev – zeigte einen Flötenspieler, der auf Wolken schwebend Melodien in die darunterliegende Stadt sandte.

Das Lesepuzzle war im Lesefrühling in verschiedenen Kindergärten der Kindergartendirektionen Bozen und Neumarkt unterwegs und obwohl Leinwand und Riesenillustration immer dieselben waren, wurde es unterschiedlich umgesetzt. Die pädagogischen Fachkräfte passten die Geschichten den Jahreszeiten an. So fanden die Kinder im Kindergarten Steinegg, in dem das Lesepuzzle während der Faschingszeit zu Gast war, in der Kiste auch einen Zauberhut und einen Zauberstab, der die pädagogischen Fachkräfte täglich in neue Lesefeen verwandelte.

In Kaltern stand die große Leinwand hingegen geschützt unter einem Dach im Klostergarten des Zentrums Tau (Franziskaner Kloster). Am Montag, den 5. März, dem ersten Nachmittags-Treff, waren viele Kindergartenkinder und Erstklässler der Grundschule gekommen. Eine Mami wartete schon

Was verbirgt sich dahinter?

Einladungskarte Kaltern

Beeindruckt vom Riesenpuzzle

im Pavillon und las gleich die erste Geschichte aus einem Bilderbuch vor. Anschließend wurde ein Paket, auf dem eine große „1" stand, geöffnet. Darin war das erste Puzzle, das auf das Feld mit der Nummer eins geklebt wurde. „Wann geht es weiter?", wollte ein Kind wissen. Am Donnerstag ging es weiter. Gespannt warteten alle: Welche Geschichte wird dann wohl erzählt werden? Und welches Bildteil wird zum Vorschein kommen?
Den ganzen März über – immer montag- und donnerstagnachmittags – sollten Geschichtenerzähler bzw. Vorleserinnen diese Vorlesereihe mitgestalten. Es meldeten sich Mütter, Väter, Erzieherinnen und Persönlichkeiten des Dorfes beim Organisationsteam, sogar der Autor Manfred Schullian war mit seinem „Kofferfisch" dabei. Als die Liste mit den 16 Vorleserinnen und Vorlesern zusammengestellt war, konnte die Initiative beginnen. Sowohl die Kinder als auch die *Lesepaten* waren mit Begeisterung bei der Sache. Dafür spricht auch der große Andrang: Es waren stets 15 bis 35 Kinder, die sich im Pavillon um eine Vorleserin oder einen Vorleser scharten. Um dieses Vorhaben noch im März abzuschließen, gab es darüber hinaus noch drei zusätzliche Vorlesungen für die Kindergartengruppe und drei Vorlesestunden für die Kinder der ersten Klasse, und zwar an vereinbarten Vormittagen. Bis zum Ende des Monats war das Riesenpuzzle komplett und alle freuten sich über das Bild, aber auch über die schönen Geschichten, die erzählt worden waren. Auch das *Puzzle* der Organisatoren war gelungen: Alle Teile hatten sich wunderbar zusammengefügt und durch die Abschlussveranstaltung war ein ansehnliches Ganzes entstanden. [MThR/EN]

Veranstalter: Kindergartendirektionen Bozen und Neumarkt, Öffentliche Bibliothek Kaltern, Kindergarten und Grundschule Kaltern, Zentrum Tau, Kaltern

Lesen, damit auch andere lesen lernen dürfen

Die Idee, das Lesen mit einer Hilfsaktion zu verbinden, wurde in der Mittelschule „Egger Lienz" in Bozen umgesetzt. Margret Bergmann berichtet: Beseelt vom Wunsch, ein Leseprojekt zugunsten der afghanischen Mädchenschule in Tabqoos durchzuführen, klopfte ich bei unserem Direktor Christian Dapunt an. Dass mir Lesen ein großes Anliegen ist und mir auch die Förderung der Mädchen in Afghanistan sehr am Herzen liegt, wusste er bereits. Er sicherte mir sofort seine Unterstützung zu. Ich suchte und fand zum Glück Sponsoren für diese soziale Leseaktion.

Partnersuche Ich besprach mein Vorhaben mit den Lehrkräften der Mittelschule „Albin Egger Lienz" und der Grundschule „Rudolf Stolz". In beiden Schulen fand ich große Zustimmung für das Projekt. Als die Bibliothekarin der Grundschule „E. F. Chini" davon erfuhr, konnte sie auch die Lehrkräfte dieser Schule für das Vorhaben begeistern. Nachdem ich den Schülerinnen und Schülern von

Viele sichtbare Lese-Beweise

den Unterrichtsverhältnissen in Tabqoos erzählt und Bilder aus Afghanistan sowie von der Schule gezeigt hatte, waren die allermeisten für meinen Plan gewonnen.

Mittun und helfen Für jedes gelesene Buch erhielt die Leserin oder der Leser einen Euro. Den bekam jedoch nicht das Kind selbst, sondern er wurde der Schule in Tabqoos gespendet. Man las also, damit auch andere lesen lernen dürfen! Natürlich sollte dieser Euro ehrlich gespendet sein, das heißt, dass nicht durch Schwindeln Gutes getan werden sollte. Als Beweis dafür, dass sie das Buch auch wirklich gelesen hatten, mussten die Schülerinnen und Schüler deshalb ihre Meinung zum gelesenen Buch abgeben. Den Lehrkräften war es freigestellt, eine Methode auszuwählen, die die Menge der gelesenen Bücher sichtbar machen sollte. So entstanden lange Wäscheleinen, an denen die Bücherzettel hingen, ein Riesennetz, in dem sich die bunten Zettel *verfingen*, Wandtafeln mit Namen und den symbolischen Euromünzen oder Mappen, in denen das *Beweismaterial* gesammelt wurde.

Was bei dieser Aktion herauskam, war beachtlich: An den drei Schulen wurden insgesamt 1517 Bücher gelesen. Somit erhielt die Mädchenschule im zentralafghanischen Hochland 1517 Euro sowie weitere 639 Euro, die einem besonders großzügigen Sponsor zu verdanken sind.

Abschlussfest Bei der Abschlussfeier im Schulhof der Grundschule „R. Stolz" betonte Schulamtsleiter Peter Höllrigl den Wert des Lesens und die Notwendigkeit, sich auch für andere einzusetzen. Christian Dapunt bedankte sich für die Initiative und freute sich, dass die Aktion so erfolgreich war. Die Feier wurde von der Grundschule „R. Stolz" mit Musikstücken und Liedern umrahmt, während Mittelschüler den Dankesbrief von Sima Samar in Englisch und Deutsch vortrugen. Sima Samar ist die Begründerin der afghanischen Organisation SHUHADA, die u. a. 70 Schulen und über 20 Krankenhäuser ins Leben gerufen hat und auch betreut. Am Ende der Feier flogen rund 300 Luftballons gegen Norden, an denen folgende Botschaft hing:

Leseprojekt in Bozen:

Für jedes Buch, das ich gelesen habe, bekommt eine Schule in Afghanistan **1 Euro!**

Ich habe ____ Bücher gelesen.
Somit spende ich ____ Euro.

Ich heiße _____
und besuche die Mittelschule
„A. Egger Lienz"
Kuepachweg 14, 39100 Bozen

Schreibst du mir?

Ermöglicht wurde die Durchführung nicht nur durch die Zuwendung der Sponsoren, sondern auch durch die Begeisterung von Schülern und Lehrkräften, durch den Verein „Bibliotheksdienst Bozen", aus dessen Bibliotheken die meisten der gelesenen Bücher entlehnt worden waren, durch den Stadtviertelrat von Haslach, der das Helium für die Luftballons finanzierte und die Schuldirektion, die mit Apfelsaft dafür sorgte, dass während der Feier die Kehlen nicht trocken wurden.

Veranstalter: Margret Bergmann, Grundschule „Rudolf Stolz", Grundschule „E. F. Chini", Mittelschule „Albin Egger Lienz", Bozen

Feiern Sie mit uns
und freuen Sie sich mit uns,
denn unsere Schüler
und Schülerinnen
haben nicht nur <u>fleißig gelesen</u>,
sie haben vielmehr gezeigt,
dass sie <u>auch an andere denken</u>.

Denn: Sie er-lasen für
jedes bewältigte Buch
1 Euro,
der der Mädchenschule
in Tabqoos, Zentralafghanistan,
zugute kommt.
Die Schule in Tabqoos erhält
durch diese Leseaktion
rund 2000 Euro!

Einladung zum Abschlussfest des Lesefrühling-Leseprojekts

Ich danke allen Schülerinnen und Schülern für das fleißige Lesen,
ich danke den Lehrpersonen für Ihre Unterstützung des Leseprojekts,
ich danke aber v. a. auch den Sponsoren, die durch Ihren Beitrag das Projekt ermöglicht haben

Margret Bergmann

Die Botschaften werden abgeschickt.

Verpackt und unterwegs

Manchmal gehen Bücher in origineller Verpackung auf Reisen. Manchmal sind es die Leserinnen und Leser, die sich auf den Weg machen, um Geschichten zu entdecken.

**Zum Mitnehmen, Lesen und Weiterschenken!
Da prendere, leggere e regalare!**

Lass die Bücher los
Bookcrossing

„Lass die Bücher los", hieß es vom 1. bis 8. März. Alle Südtirolerinnen und Südtiroler, egal welchen Alters oder welcher Sprache, waren eingeladen, ihre Bücher loszuschicken und sie anderen Leserinnen und Lesern zur Verfügung zu stellen. Auf Parkbänken, in Bahnhöfen, am Waltherplatz, in Cafés und anderen öffentlichen Orten konnte man in diesen Tagen Bücher finden, die mit einer grünen Schleife gekennzeichnet waren. Die grüne Schleife – grün war die Farbe des Lesefrühlings – bedeutete: *„Das Buch gehört jetzt dir; du kannst es lesen, du darfst es behalten, du kannst es aber auch wieder weiterschenken."*

Auf der Innenseite der *losgelassenen Bücher* standen der Name des Besitzers, seine Telefonnummer oder seine E-Mail-Adresse. Dadurch war es dem Finder möglich, mit dem Besitzer in Kontakt zu treten und ihm seine Kommentare zum Buch mitzuteilen.

Die Idee – im Jahre 2001 vom Amerikaner Ron Hornbaker entwickelt und inzwischen weltweit als Bookcrossing bekannt – wurde in Südtirol gut angenommen.

Bibliotheken und Schulen griffen die Aktion auf und veranstalteten in ihrem Umfeld eine Bookcrossing-Aktion, so z. B. das „Liz" in Meran, das Realgymnasium „Albert Einstein" in Meran, das „Kiwi" in Bruneck, die Mittelschule „Röd" in Bruneck, die Mittelschule in Prad am Stilfserjoch, die öffentliche Bibliothek von Schluderns, die Grundschule „Dr. Karl Domanig" in Sterzing, die Grundschule Salurn, die Mittelschule „A. Stifter" in Bozen oder der Kindergarten in Aldein.

Auch die Mittelschule St. Ulrich beteiligte sich an der Aktion. Nahezu 100 Bücher wurden mit der grünen Schleife versehen und an besonderen Orten hinterlegt. Die Schülerinnen und Schüler waren begeistert dabei und empfanden die Suche nach den Büchern genauso spannend wie die nach Ostereiern. Kein Buch wartete länger als eine Stunde auf seinen neuen Besitzer.

Unter dem Motto „Nimm und lies mich!" hat sich auch die Schulbibliothek der Mittelschule „Oswald von Wolkenstein" in Brixen an der Aktion beteiligt. Sie hat die Idee des Bookcrossing modifiziert und keine *verstaubten* Bücher auf den Weg geschickt, sondern über 60 neue, mitreißende Bücher im Schulgebäude ausgelegt. Die Bücher wurden von der Buchhandlung Weger in Brixen gesponsert. Am 12. Februar lagen dann erstmals Bücher mit einer grünen Schleife auf Fensterbänken, in der Garderobe, in den Technikräumen oder neben dem Waschbecken. Sie wurden mit nach Hause genommen, gelesen, mit dem eigenen Namen und einem Kommentar zu Inhalt und Gestaltung versehen und wieder an einem Ort in der Schule deponiert. Die Schülerinnen und Schüler waren begeistert und fanden sehr kreative Plätze zum Hinterlegen der Bücher. Dabei war alles erlaubt. Einzige Regel: Jedes Buch musste für eine interessierte Leserin oder einen begeisterungsfähigen Leser erreichbar sein.

Ende Mai kehrten die Bücher wieder in die Bibliothek zurück und die Leseaktion wurde mit einer kleinen Feier beendet.

„Nimm und lies mich!"

„Rittner Bahn bibliophil" hieß es in Klobenstein am Ritten. Die öffentliche Bibliothek hatte die witzige Idee, das 100-jährige Bestehen der Rittner Bahn und das Lesen miteinander zu verbinden.

Anlässlich des Jubiläums nutzten viele Menschen die Gelegenheit, um mit der historischen Rittner Bahn zu fahren und diese Tatsache wiederum nutzte die öffentliche Bibliothek, um gezielt auf sich aufmerksam zu machen.

Schon seit langem gibt es in der öffentlichen Bibliothek einen *Zauberkoffer*. Hinter diesem Wort verbirgt sich die Idee des Bookcrossing. Ein Koffer in der Bibliothek, der ständig geöffnet und mit Zeitschriften und Büchern gefüllt ist, lädt die Besucherinnen und Besucher zum Mitnehmen und Austauschen ein. Ein Angebot, das gerne genutzt wird. Schon mehrmals hat ein Besucher im Zauberkoffer eine Zeitschrift gefunden, die ihm in seiner Reihe fehlte.

Im Lesefrühling wurde die Zauberkofferaktion ausgedehnt, sozusagen aus der Bibliothek ausgesiedelt, hinaus in einen öffentlichen Raum. Dies war – was liegt näher – der Bahnhof der Rittner Bahn in Klobenstein nebst Bahnhofsbar. Alle Medien wurden mit einer grünen Schleife versehen und lagen – mit der Aufforderung zum Mitnehmen, mit den besten Empfehlungen der öffentlichen Bibliothek, einem Hinweis auf ihre Öffnungszeiten und einem frühlingshaften Dekor – auf den Bänken im Bahnhofswartesaal und in der Bar aus. Die Passanten und Zugreisenden waren sehr dankbar und haben alles mitgenommen.

[MThR]

Veranstalter: Pädagogisches Institut für die deutsche Sprachgruppe, Autonome Provinz Bozen – Südtirol/ Amt für Bibliotheken und Lesen

Der Zauberkoffer, eine etwas andere Art des Bookcrossing

Zeitschriften auf der Bahnhofsbank

Die Leselotte
25 Taschen aus Stoff ...

 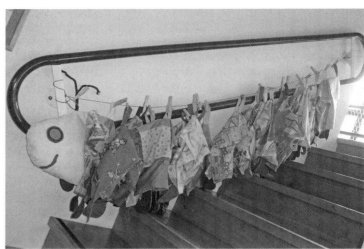

Keine Tasche glich der anderen.

Die Leselotte – eine Bücherraupe aus Stoff – schleppte in ihren 25 Büchertaschen 25 Bilderbücher zu den kleinen Leserinnen und Lesern.
Die Idee zur Bücherraupe stammt aus der Schweiz, wo das Sikjm (Schweizer Institut für Kinder- und Jugendmedien) die Bücherraupe bereits seit mehreren Jahren sehr erfolgreich in den Grundschulen einsetzt. Mit freundlicher Genehmigung des Instituts hat das Jukibuz die Grundidee übernommen, modifiziert und den Bedürfnissen der Kindergärten und Schulen in Südtirol angepasst.

Die Verpackung Das Berufstrainingszentrum für Menschen mit Behinderung in Haslach fertigte aus verschiedenen Stoffresten Taschen an, in denen ein Bilderbuch Platz hatte. Die einzelnen Taschen wurden an den Seiten mit Knöpfen versehen, sodass sie zu einem riesenlangen Stofftier zusammengeknöpft werden konnten. Jede Tasche erhielt kurze Filzbeine und einen Henkel zum Nachhause-Tragen oder zum An-die-Wand-Hängen. Keine Tasche glich der anderen. Vorne angebracht war der Kopf mit Augen, Fühlern und Mund.
In der Tischlerei der geschützten Werkstätte in Kardaun wurden Holzstücke (10 x 5 cm) zurechtgeschnitten und mit einer Kerbe versehen, sodass jede Tasche – wenn sie gefüllt war – auch aufrecht stehen konnte.

*Herstellung der einzelnen Stofftaschen:
Berufstrainingszentrum für Menschen mit Behinderung in Haslach, Schloss Weinegg 1/b,
Tel. 0471 271 669*

Der Inhalt Die 25 Bücher mussten sorgfältig ausgesucht werden. Es sollten vorwiegend Neuerscheinungen sein, die Bücher sollten unterschiedliche Themen behandeln, verschiedene Interessen und Neigungen ansprechen und ein breites Spektrum an Illustrationen abdecken. Mindestens ein Sachbuch gehörte dazu, ebenso vertreten waren Bücher ohne Text.

Der äußere Rahmen Die *Leselotte* verstand sich als schulstufenübergreifendes Projekt. Drei Wochen verweilte sie im Kindergarten eines Ortes, bevor sie in die erste Klasse desselben Ortes weiterzog.
Sechs verschiedene *Leselotten* waren im *Südtiroler Lesefrühling* in Kindergärten und Schulen unterwegs. Die große Nachfrage konnte damit nicht gedeckt werden. In wenigen Tagen waren alle ausgebucht.

Die Leselotte auf dem Weg in die Schule

Es galt eine genaue Reiseroute zu erstellen und die *Leselotte* auf den Weg zu schicken. Begleitet wurde sie von Verena Frasnelli, die den Kindern die *Leselotte* vorstellte, aus einigen Bilderbüchern vorlas und so die Neugierde weckte. Sie war es auch, die die *Leselotte* im Kindergarten oder in der Schule wieder abholte.

Die Weitergabe vom Kindergarten an die erste Klasse der Grundschule eines Ortes erfolgte durch die Kinder selbst. Die Gastgeber bereiteten ihren Lesegästen ein besonderes Fest und gaben ihnen mit vielen guten Wünschen die *Leselotte* mit auf den Weg. Da war schon mal ein Leiterwagen notwendig, um die schwere *Leselotte* überhaupt transportieren zu können oder die Unterstützung der Schüler, die beim Tragen halfen.

Das Ziel Die *Leselotte* sollte vor allem den Ablauf des Kindergarten- bzw. Schulalltags unterbrechen und etwas Besonderes sein. Die Kinder sollten möglichst oft freien Zugang zu den Büchern haben und auch mit dem Stofftier spielen dürfen. So konnten sie erfahren, dass Geschichten Freude bereiten, spannend sind, Gefühle auslösen und Entdeckungen verschiedenster Art erlauben. Kurz: Der Lesegenuss sollte im Mittelpunkt stehen.

Das Reisebegleitbuch Begleitet wurde die *Leselotte* von einem Reisebuch, in das Kinder, pädagogische Fachkräfte, Lehrerinnen und Lehrer, Eltern und Großeltern Eintragungen machen konnten. Jede Gruppe entschied selbst, was gesammelt wurde: persönliche Leseerfahrungen, Kommentare, Beobachtungen, Zeichnungen, Notizen, Fotos und Berichte vom *Leselotte-Fest*, von Lesetagen, vom *Büchertaschentag*, Anleitungen für selbst gebastelte Spiele zu einzelnen Bilderbüchern, Kassetten …
Und natürlich wurde das Reisebegleitbuch von den Kindern kunstvoll gestaltet.

Die Kinder sollten möglichst oft freien Zugang zu den Büchern haben.

Die Ankündigung Eine Woche vor ihrem Eintreffen kündigte sich die Leselotte mit einem Brief bei den Kindern an.

> **Liebe Kinder!**
>
> *Die Leselotte zieht durchs Land!*
> *Sie tritt bald ihre Reise an und wird auch euch besuchen. Drei Wochen wird sie in eurem Kindergarten bzw. eurer Klasse verweilen.*
> *Nun werdet ihr euch fragen: Wer ist die Leselotte? Eine alte Frau? Ein gefährliches Tier? Oder etwa gar ein neues Kind??? Lasst euch ganz einfach überraschen!*
> *Damit sich diese geheimnisvolle Leselotte bei euch auch wohl fühlt, müsst ihr mit ihr auch sehr lieb sein und viel Zeit mit ihr verbringen. Sie freut sich schon auf ihre lange und bunte Reise und auf all die Kinder, die sie dabei kennenlernen wird.*
> *Bis bald*
> *Eure Leselotte*

Jedes einzelne Reisebegleitbuch wurde von den Kindern kunstvoll gestaltet.

Das Rätselraten begann. Wer war diese *Leselotte*, die da schrieb? Ein Dinosaurier, eine Sonne, ein Hase, ein wildes Tier, eine Prinzessin oder gar eine Königin …? Und wie lange dauerte es noch, bis sie endlich kam? Die Spannung stieg von Tag zu Tag. Ebenso die Aufregung.

Im Kindergarten Seis trafen sich die Kinder täglich vor dem Mittagessen im Bewegungsraum, wo auf einer Pinnwand große Kalenderblätter angebracht waren. Täglich sangen die Kinder ein Lied und rissen ein Kalenderblatt ab, bis endlich der ersehnte *Leselotte-Tag* da war. Auch in der Grundschule Hafling fiel den Kindern das Warten auf die *Leselotte* schwer.

Die Zeit mit der Leselotte Die *Leselotte* erhielt einen eigenen Platz, wo sie „wohnen" konnte. Und dieser Platz wurde gemeinsam mit den Kindern gestaltet. Im Kindergarten Lajen war der Eingangsbereich für die *Leselotte* gestaltet worden. Drei Wochen lang traten die Kinder durch ein mit Tüchern geschmücktes Tor in die *Lesewelt* ein. Diese war in verschiedene Bereiche gegliedert, in die sich Kinder und Eltern immer wieder zurückziehen konnten, um gemeinsam Bücher zu betrachten, zu lesen und zu genießen.

Im Kindergarten Kollmann wurde ein *Leselotte-Zimmer* eingerichtet. Mit einem Zelt und einem Himmelbett wurden einladende Plätze geschaffen, die zum Verweilen, Schmökern und Betrachten der Bücher einluden.

Im Kindergarten Hafling klebten die Kinder die Buchstaben der *Leselotte* auf den Boden des Eingangsbereiches. Jeder Besucher wurde auf das Wort aufmerksam. Das Interesse der Familien wurde geweckt. Immer wieder zählten die Kinder die Buchstaben, suchten nach jenen, die auch in ihrem Namen vorkamen und entwickelten ganz unaufgefordert verschiedene Buchstabenspiele.

Um der *Leselotte* zu zeigen, wo sie wohnen würde, haben Kinder der Grundschule Lüsen die Buchstaben in Großformat an die Tür geklebt. Bewegungsräume wurden für die *Leselotte* reserviert, ebenso wie Stiegenaufgänge oder Ausweichräume.

Das Leselotte-Wohnzimmer im Kindergarten Tiers

Das Leselotte-Wohnzimmer im Kindergarten Niederrasen

Freie Lesezeit Zunächst wurden Regeln für einen sorgsamen Umgang mit den Büchern vereinbart. Dann hatten die Kinder zu einer fest eingeplanten Zeit im Stundenplan täglich freien Zugang zu den Büchern der *Leselotte*. Die Kinder nutzten das Angebot sehr oft und zahlreich, dabei entschieden sie selbst, ob sie ihr Buch allein oder in kleinen Gruppen betrachten wollten. „Sie genossen den Aufenthalt sichtlich und kehrten entspannt in die Klasse zurück", schreibt eine Lehrerin.

„Toll war, dass wir, wann immer wir wollten, uns im Bilderbuchplatz gemütlich zwischen Polster kuscheln konnten und das Buch holen durften, das uns gefiel." (Kindergarten Tiers)

Immer wieder wurden auch die Eltern, Großeltern, Geschwister … eingeladen, mit den Kindern zu lesen und die Zeit, in der die *Leselotte* da war, für das gemeinsame Betrachten und Lesen der Bücher zu nutzen.

„Die Eltern gingen gerne auf das Angebot ein und so hatten wir fast täglich einige Mütter und auch Väter hier, die sich ein ruhiges Plätzchen suchten und mehreren Kindern vorlasen. Sogar der Bürgermeister nahm sich die Zeit und las ein Buch vor." (Marienkindergarten Bozen)

Vorlesezeit Regelmäßig wurden von den pädagogischen Fachkräften, den Lehrerinnen und Lehrern und den Eltern Bilderbücher vorgelesen. Dabei ging es in erster Linie um das reine Hörerlebnis.

An mehreren Schulen wurden Pläne für Vorlese- und Schnupperstunden oder Buchvorstellungen entwickelt, in die sich die Kinder täglich eintragen konnten. Viele Kinder haben sich nach dem Vorlesen gerne intensiv mit „ihren" Büchern auseinandergesetzt und sich zum Schreiben eigener Geschichten und zum Gestalten eigener Bilderbücher inspirieren lassen.

Leselotte-Spiele Titelbilder der *Leselotte-Bücher* wurden fotokopiert und auf dem Boden verteilt. Einige Kinder erhielten von der Lehrerin *Sprechblasen*, auf denen der Titel des Buches stand, andere erhielten eine *Karte* mit einem Bild aus einem der Bücher, wieder andere beschäftigten sich mit dem *Klappentext*. Mit großem Spaß versuchten die Kinder Sprechblase, Bildkarte und Klappentext den Titelblättern zuzuordnen.

„Ich lese den Titel eines Buches. Ich suche das richtige Titelblatt. Ich habe lange gesucht, bis ich das richtige gefunden habe." Maximilian

„Ich habe eine Karte mit einem Bild bekommen. Ich schaue das Bild gut an. Nun suche ich das richtige Buch dazu. Manche Bücher kenne ich jetzt schon." Sabrina

Anhand von unterschiedlichen *Arbeitsblättern* konnten sich die Kinder mit einzelnen Büchern auseinandersetzen und ihr Wissen vertiefen. Textstreifen wurden zerschnitten und wieder richtig zusammengesetzt, Lückentexte gefüllt und Kreuzworträtsel gelöst.

Besonders beliebt war das *Bilderbuchkino*. Mithilfe eines Beamers wurden die Bilder an die Wand projiziert. Dass die Kinder beim Betreten des „Kinos" einen Stempel auf die Hand bekamen (Kindergarten Tiers) oder eine Eintrittskarte erhielten, die sie abknipsen mussten (1. Klasse Margreid), bzw. dass sie Popcorn futtern durften (Kindergarten Oberbozen), verlieh dem Ganzen eine besondere Kinoatmosphäre.

Fein war auch das *Titelbildpuzzle*. Die Kinder erhielten Teile des Titelbildes eines Buches und sollten diese zu einem Ganzen zusammenstellen und ins Heft kleben. Schnell wussten die Kinder, um welches Buch es sich handelte. Das Zuhören beim Vorlesen war ein großer Genuss. (Grundschule Oberbozen)

Jedes Schulkind erhielt eine Kopie von der Titelseite eines Buches. Lange betrachteten die Kinder das Bild, bevor sie mit der *Bildbeschreibung* begannen. Es war spannend, wie viele Einzelheiten sie auf dem Bild entdeckten und wie akribisch genau sie ihre Beobachtungen anschließend mithilfe des Computers festhielten. (Grundschule Oberbozen).

Bildausschnitte aus den Titelbildern der Bücher wurden verteilt und auf ein großes Blatt Papier geklebt. Der Rest des Bildes wurde nach eigenen Vorstellungen gestaltet. Natürlich waren die Kinder neugierig, wie das „echte" Titelbild aussieht und ganz gespannt auf den Inhalt des Buches, das selbstverständlich im Anschluss an die Arbeit vorgelesen wurde. (Kindergarten Oberbozen)

Dass die *Leselotte* auch zum *Reimen* anregte, zeigten die Schülerinnen und Schüler der Klasse 1 D der Grundschule „Tschurtschenthaler" in Brixen. Die Kinder aus dem Kindergarten Lajen komponierten ein Lied und die Kinder aus dem Kindergarten Milland schrieben sogar einen Rap – ein Beweis dafür, dass die *Leselotte* sogar zum Komponieren anregte.

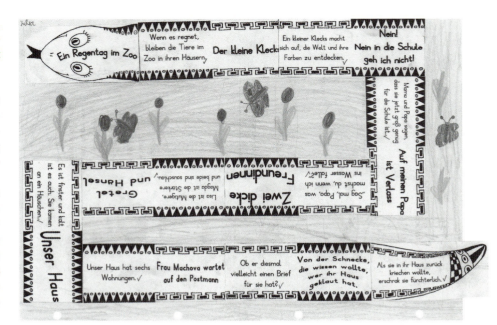

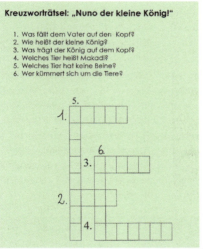

> Liebe Leselotte,
> du bist eine Flotte!
> Du hast bunte Beine
> und Bücher sehr feine.
> Wir haben Geschenke für dich,
> hoffentlich freust du dich.
> Raupe hin, Raupe her,
> beim Tragen warst du schwer.
> Viel Glück auf deiner Reise,
> rufen wir leise.

Viele der Bücher regten zum *Spielen in verteilten Rollen* an. Während die pädagogische Fachkraft aus dem Buch vorlas, spielten die Kinder dazu. Einige begleiteten das Spiel mit Instrumenten.

Alle Kinder des Kindergartens Niederrasen zeichneten am Büchertaschentag zu Hause ein *Bild zum Buch*. Alle Bilder wurden im Kindergarten ausgelegt. Die Kinder wurden angehalten, das Bilderbuch zu dem das Bild angefertigt worden war, zu finden und die entsprechende Stelle im Buch zu suchen.

Heimlich wurde zum Maiausflug ein Bilderbuch aus der *Leselotte* in den Reiserucksack gepackt. Was war das für eine Überraschung, als die pädagogische Fachfrau das Buch aus dem Rucksack holte und im Wald vorlas. Das war die passende Umgebung für das Buch „Wo Fuchs und Hase sich gute Nacht sagen" und eignete sich prima zum Nachspielen.

Lieblingsbuch Natürlich gab es in allen Gruppen ein Lieblingsbuch. Um dieses Lieblingsbuch zu ermitteln, veranstalteten die Kinder eine *Bilderbuchhitparade*. Alle Titelbilder wurden fotokopiert, verkleinert und auf einen Karton geklebt. Jedes Kind erhielt drei Stöckchen, die es verteilen konnte. Manche Kinder hatten ihr Lieblingsbuch schnell gefunden. Sie waren so sehr von ihrer Entscheidung überzeugt, dass sie alle Stöckchen einem Buch gaben. Andere erstellten eine Hitliste und stellten die Lieblingsbücher auf ein Podest.

Das große und das kleine Buch „Nimmt die *Leselotte* alle Bücher mit, wenn sie zu den anderen Kindern zieht?", fragten die Kinder im Kindergarten Milland besorgt. Sie hatten Angst, dass sie all die Bücher, die sie kennen und schätzen gelernt hatten, wieder vergessen würden. Daher entwickelten sie eine Idee. Sie wollten alle Bücher der *Leselotte* nachmachen. Natürlich im Kleinformat und mit eigenen Bildern und eigenen Worten erzählt, sodass sie sich jederzeit wieder an das Buch erinnern und es sich von Mami, Papi oder von der Oma … wünschen konnten.

Leseerfahrungen austauschen In gemeinsamen Erzählstunden wurden die Kinder ermuntert, über ihre Leseerlebnisse mit den Büchern aus der *Leselotte* zu sprechen. Sie wurden auch angeleitet, passende Gegenstände zu einer Geschichte zu sammeln und in der Büchertasche aufzubewahren. Die Gegenstände halfen beim Nacherzählen und wurden als Erzählfaden genutzt. Natürlich konnten die Kinder auch Bücher vorstellen, die sie in der Familie gelesen hatten.

Bücher lassen sich gut nachspielen.

Das Lieblingsbuch des Kindergartens Niederrasen

Das Lieblingsbuch der 1. Klasse der Grundschule Hafling

Der Büchertaschentag Einmal wöchentlich – meist am Freitag – gab es den Büchertaschentag. Die Kinder durften ein Buch in der Büchertasche mit nach Hause nehmen. Für sie war dies ein ganz besonderes Ereignis. In manchen Kindergärten und Schulen erhielten die Kinder eine Büchertasche, ohne das Buch zu kennen. Es sollte eine Überraschung sein. In anderen Kindergärten und Schulen durften die Kinder die Auswahl selbst treffen.

„Die Kinder wählten ganz gezielt ein Buch aus, es wurden sogar Vormerkungen für das nächste Mal getroffen." (Kindergarten „St. Johann", Bozen)
Aber nicht immer lief die Auswahl reibungslos ab.
„Die Auswahl war wohl ein bisschen schwierig, da manche Bücher von allen gewählt wurden. Irgendwie konnten wir das Problem gemeinsam lösen: Manche Kinder besuchten sich am Wochenende gegenseitig und betrachteten die Bücher eben beim Freund oder bei der Freundin." (Kindergarten „St. Maria", Bozen)
„Wir fanden es sehr lehrreich, dass sich die Kinder ausmachen mussten, wer ein bestimmtes Buch mit nach Hause nehmen durfte und falls mehrere dasselbe Buch wünschten, wie es gerecht ausgetauscht werden konnte. Besonders beliebte Bücher wurden dann am Wochenende an Schulkameraden weitergereicht." (Grundschule Oberbozen)
Immer trugen die Kinder ihre Büchertasche voller Stolz nach Hause, genossen es, mit ihrem Buch im Mittelpunkt der Familie zu stehen und gemeinsam mit Eltern und Geschwistern die Geschichte neu zu erleben. Genau so stolz brachten die Kinder ihre Büchertasche am Montag wieder in den Kindergarten oder in die Schule zurück.

Das Übergabefest Es ist ein großes Ereignis für Kindergartenkinder, wenn sie Schulkinder einladen und ihnen ein Fest bereiten können. Da heißt es scharf nachdenken, überlegen, Ideen entwickeln. Zwei Beispiele sollen hier stellvertretend für alle anderen beschrieben werden.
Im Kindergarten Tiers hatten die Kinder ein Bilderbuchkino vorbereitet. Sie hatten selbst Bilder zu einem Buch aus der *Leselotte* gemalt, den Text mit verteilten Rollen gespielt und das Ganze mit der Videokamera aufgenommen. Mit großem Stolz schauten sie gemeinsam mit den Schulkindern den Film an, bevor sie ihnen die *Leselotte* vorstellten. Jeweils ein Kind der ersten Klasse durfte sich ein Bilderbuch auswählen, die Kindergartenkinder und eine pädagogische Fachkraft erzählten kurz den Inhalt, natürlich ohne den Schluss zu verraten. Schließlich sollten die Schulkinder neugierig gemacht werden.
Die Lesegäste hatten als kleines Gastgeschenk selbst gebastelte Lesezeichen mitgebracht, die sie nicht ohne Stolz überreichten. Außerdem luden sie die Kindergartenkinder ihrerseits zu einem Lesefest ein.

Im Kindergarten Niederrasen verfassten die Kinder einen Brief, in dem die *Leselotte* genau beschrieben wurde. Aber vorher galt es, sie zu wiegen, die Knöpfe zu zählen, die Füße und Henkel. Dann erst konnte sie ganz sachgerecht mit „Knüpferli" nachgebaut werden. Der Brief und der Nachbau der *Leselotte* wurden heimlich in die Schule gebracht und an die Tür der ersten Klasse gehängt.
Nun konnten sich die Schulkinder auf die *Leselotte* und die Übergabe im Kindergarten freuen. Dort erhielten sie eine selbst gebackene *Leselotte*, verfolgten eine „Fernsehsendung" und ein Stegreifspiel.

Um die Leselotte exakt beschreiben und nachbauen zu können, braucht man die genauen Maße. Man muss die Bücher wiegen,

... die Knöpfe zählen,

... die Länge feststellen,

... und mit „Knüpferli" nachbauen.

Wir haben es geschafft!

Die Kinder der 1. Klasse werden über die Knüpferli-Leselotte staunen.

Folgende Kindergärten und Grundschulen waren dabei:

Kindergarten „Maria Trost" und die Grundschule „Erckert", Meran-Untermais, Kindergarten und Grundschule in Eggen, Seis, Margreid, Oberbozen, Milland, Lüsen, Lajen, Tiers, Kollmann, Hafling, Kindergarten „St. Johann" und die Klasse 1 C der „Goethe"-Schule, Bozen, Kindergarten „St. Maria" und die Klasse 1 B der „Goethe"-Schule, Bozen, Kindergarten und Grundschule Niederrasen und Oberrasen, Kindergarten „Mozart" und Klasse 1 D der Grundschule „Tschurtschenthaler", Brixen, Kindergarten „Kinderdorf", Kindergarten „St. Georg", Obermais und Grundschule „Oswald von Wolkenstein", Meran, Kindergarten und Grundschule Prad in Zusammenarbeit mit der Bibliothek. [MThR]

Veranstalter: Jukibuz im Südtiroler Kulturinstitut, Bozen

Die Leselotte zum Verspeisen

> Liebe Leselotte,
> mit dir war es sehr schön!
> Wir waren sehr neugierig, als wir in den Kindergarten gingen.
> Wir haben nicht gewusst, wie du aushaust.
> Ah, eine Raupe!
> Mit Büchern!
> So eine Überraschung!
> Wir haben uns sehr gefreut.
> Danke, dass du uns besucht hast!

Text eines Kindes aus Lesetagebuch 1D Tschurtschenthaler

Litorina – das rollende Bilderbuch

Die Idee, Bücher auf die Reise zu schicken, haben die pädagogischen Fachkräfte der Kindergartendirektion Schlanders aufgegriffen. Auch sie schicken die Bücher in Taschen von einem Kindergarten in den nächsten. Der einzige Unterschied: Die Taschen hatten die Form eines Zugwaggons. Jeder Kindergarten nähte eine Büchertasche, steckte sein Lieblingsbuch hinein und brachte die Tasche in die Direktion. Dort wurden alle Waggone zu einem Zug zusammengehängt und die *Litorina* konnte ihre Reise durch den Vinschgau antreten.

[MThR]

Veranstalter: Kindergartendirektion Schlanders

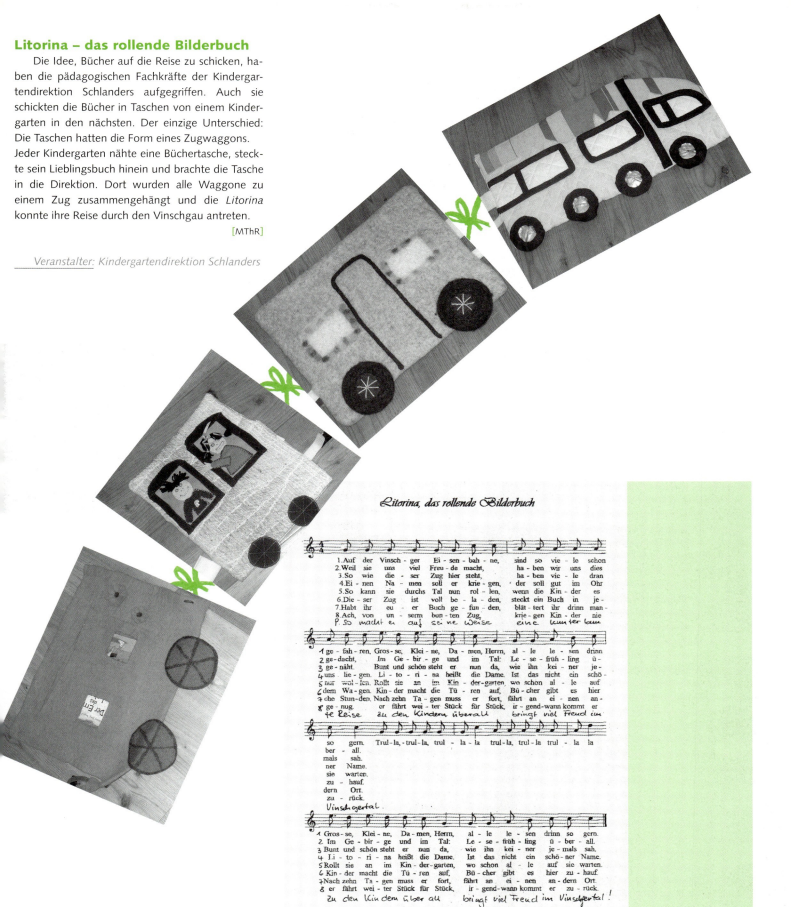

Die Litorina als rollendes Bilderbuch

Der „Vinschger Zug", ein Modell

Ein Modell nur, aus Karton, und doch zieht der *Vinschger Zug* die Besucher in seinen Bann. Beladen mit mehr als 100 Bilderbüchern und Bildsachbüchern, steht er in der Bibliothek in Mals und wartet auf seine jungen Fahrgäste.

Und sie kamen: Alle Kinder des Kindergartens holten diese Sonderausgabe des Vinschger Zuges ab und *fuhren* mit ihm bis zur nächsten *Haltestelle*, dem Kindergarten. Dort wurde die Neugierde der Kinder zunächst mit einem Rundgang um den Zug gestillt, alle sollten die reiche, bunte Fracht sehen und schon nach den ersten interessanten Büchern Ausschau halten können. Dann konnten sich die Kinder Bücher ausleihen, im Kindergarten anschauen oder mit nach Hause nehmen und vorlesen lassen. Immer wieder nahm auch die pädagogische Fachkraft ein Buch vom Zug, betrachtete mit den Kindern die Bilder und las daraus vor. Auf die Bildsachbücher stürzten sich all jene, die den Geheimnissen der Natur auf die Schliche kommen wollten.

Und weil der *Vinschger Zug* ja so viele Bücher mit sich führte und jedes Kind möglichst in allen ein bisschen schmökern wollte, machte er ein ganzes halbes Jahr Halt im Kindergarten, bevor er wieder nach Hause in die Bibliothek zurückkehrte, um mit *neuen Fahrgästen* beladen zu werden.

Die Bibliothekarinnen waren hoch erfreut, als sie feststellten, dass ihre jungen Gäste immer häufiger, entweder mit der pädagogischen Fachkraft und der ganzen Kindergartengruppe oder auch in Begleitung eines Elternteils in die Bibliothek kamen, um nach neuem Lesestoff Ausschau zu halten.

Das Vorhaben der Bibliothekarinnen, mit dieser Aktion einen Beitrag zur frühkindlichen Leseförderung zu leisten, war mehr als gelungen.

Im folgenden Jahr wird der *Vinschger Bücherzug* wieder in den Kindergarten *fahren*, das ist schon ausgemacht! [EF]

Veranstalter: Öffentliche Bibliothek Mals

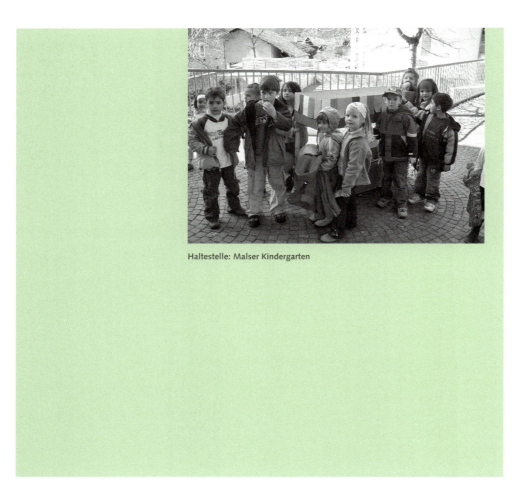

Haltestelle: Malser Kindergarten

MP3-Player an, Buchseiten auf
Ein Rucksack zum Hören und Lesen

Sie waren wieder da. Die Rucksäcke voller Bücher. Genau wie damals vor zehn Jahren.
Und doch war etwas neu.
Im Rucksack steckten nicht nur Bücher, sondern auch MP3-Player. Die Jugendlichen sollten nicht nur lesen, sondern auch hören können. Wenigstens den ersten Teil einer Geschichte, bis hin zu einer spannenden Stelle. Da brach der Vorleser ab und überließ dem Zuhörer die Entscheidung, ob er weiterlesen oder sich einem anderen Buch zuwenden wollte.
Die Möglichkeit, ein Buch anhören zu können und nicht anlesen zu müssen, sollte den Jugendlichen den Einstieg erleichtern. Dass dies bestens funktioniert, hatten bereits die Mitarbeiterinnen des Sikjm (Schweizer Institut für Kinder- und Jugendmedien) erfahren, die das Projekt an Schweizer Grundschulen erprobt hatten. Mit ihrer freundlichen Genehmigung wurde die Grundidee übernommen, modifiziert und den Bedürfnissen der Schulen in Südtirol angepasst.
Die Kombination zwischen Buch und Audiomedium kommt der Lebenswelt der Jugendlichen sehr nahe, dachten sich die Organisatorinnen. Und für Jugendliche waren die Rucksäcke schließlich konzipiert. Genauer gesagt, für die Jugendlichen der zweiten Klasse der Mittelschule.
Bei der Auswahl der Bücher war es den Organisatorinnen wichtig, sowohl die verschiedenen Leseinteressen als auch die unterschiedlichen Lesefähigkeiten der Schülerinnen und Schüler zu berücksichtigen. Deshalb gab es in den Rucksäcken neben anspruchsvoller Literatur auch Bücher aus der Kategorie „anspruchsvolles Lesefutter", es gab dicke und dünne Bücher, lustige und ernste und selbstverständlich auch starke Mädchenbücher und Bücher für „coole" Knaben.
Neben der Auswahl geeigneter Rucksackbücher mussten auch geeignete Textstellen für jedes einzelne Buch gefunden werden, die den Hörerinnen und Hörern einen ersten Eindruck vom Inhalt des Buches, von seinem Schwierigkeitsgrad, vom Schreibstil und Sprachrhythmus des Autors vermittelten.
Es galt aber auch Sprecherinnen und Sprecher zu finden, die nicht nur durch ihre wohltemperierte Stimme überzeugten, sondern auch durch ihre Lesekompetenz und ihnen jene Bücher und Textstellen zuzuteilen, die ihrem Lesegeschmack am ehesten entsprachen.
Die Sprecherinnen und Sprecher aus der Welt des Theaters und des Rundfunks waren: Susanne Barta, Christian Geier, Hannes Holzer, Angelika König, Christoph Pichler, Kiki Rochelt, Peter Schorn, Thomas Seeber, Gerd Weigl, Christl Widmann.

Lesezeit Wer sich an der Rucksackaktion beteiligte, verpflichtete sich, den Schülerinnen und Schülern während des Unterrichts viel Lesezeit einzuräumen. In sogenannten freien Lesephasen konnten die Schülerinnen und Schüler die Texte mit dem MP3-Player hören, in den Büchern lesen, schmökern, sich informieren oder sich in ein Buch ihrer Wahl vertiefen. Außerdem durften sie sich Leseorte schaffen, die ein entspanntes Lesen zuließen.

Lesetagebuch Zu jedem Rucksack gehörte auch ein Lesetagebuch, in das die Schülerinnen und Schüler ihre Leseerfahrungen eintragen, Fotos einkleben sowie Kommentare und Buchempfehlungen für die nächsten Leserinnen und Leser schreiben konnten.

„Mir hat der Leserucksack sehr viel Spaß gemacht, aber es war sehr schade, dass wir ihn nur drei Wochen behalten durften. Es waren viele spannende und lustige Bücher dabei." (Mittelschule Neumarkt)

„Das Projekt zu starten war eine hervorragende Idee. Ich fand besonders die MP3-Player toll. Doch ich las auch einige Bücher. Es war toll." (Mittelschule Schenna)

Den Schülerinnen und Schülern wurde während des Unterrichts viel Lesezeit eingeräumt.

Die Bücher des Leserucksacks inspirierten zu Schattenspielen …

„Eines Tages war er da
der Leserucksack für die 2 A
…
Wir konnten Textstellen anhören, ganz interessiert.
Das war mal was anderes, das hat jeder kapiert!
Liebe, Abenteuer, Leidenschaft,
Schule, Träume, Zauberkraft,
Freundschaft, Selbstfindung und Magie,
Trauer, Spaß und Fantasie.
Themen gibt es bunt gemischt,
Geschichten werden aufgetischt.
Vom „Norden", „Küssen, Rappen, Kochen"
haben wir viel erfahren in diesen Wochen.
Wer die „Boston Jane" denn ist,
dass man bestimmte Begegnungen nie vergisst,
wie man Lehrer schrumpfen lässt,
von all dem erzählen wir beim Lesefest
der Klasse aus Mals, der wir die Rucksäcke weitergeben.
In ihren Köpfen werden die Bücher weiterleben." (Mittelschule St. Valentin auf der Heide)

… oder zu eigenen Kreationen.

„Es ist eine fantastische Geschichte. Felix hat – ohne zu wissen wie – seine Mathelehrerin geschrumpft. Weil gerade Ferienbeginn ist und der Hausmeister die Schule abschließt, nimmt Felix die geschrumpfte Lehrerin kurz entschlossen mit nach Hause. … Wenn ihr unterhaltsame Lektüre liebt, kann ich euch das Buch empfehlen." (Mittelschule „Vigil Raber" Sterzing) Kommentar zum Buch: Hilfe, ich habe meine Lehrerin geschrumpft

Mit solchen und ähnlichen Kommentaren wollten die Schülerinnen und Schüler für ihr Lieblingsbuch begeistern. Aber auch Rätselspiele, Schattenspiele, Akrostichen, Gedichte, Hitlisten oder Briefe an den Autor waren in den Lesetagebüchern zu finden. Die Schülerinnen und Schüler der Mittelschule „V. Raber" Sterzing besprachen eine CD, stellten ihre Bücher vor, interviewten ihre Mitschülerinnen und Mitschüler zu deren Lesegewohnheiten und holten Rückmeldungen zum Rucksackprojekt ein. Die Schülerinnen und Schüler der Mittelschule St. Valentin auf der Heide schickten eine CD mit einem Lesesong auf den Weg, in dem sie ihrer Lesebegeisterung musikalisch Ausdruck verliehen. Die Schülerinnen und Schüler der Mittelschule „Röd" in Bruneck ließen sich zu eigenen Buchkreationen anregen.

Nadine und Greta kleben die Buchcover an die Schauplätze ihrer Handlung.

Lesegäste Genau wie vor zehn Jahren, war auch im Lesefrühling die Kommunikation, der Kontakt zu anderen Schulen ein besonderes Anliegen der Rucksackaktion.

Der Rucksack wurde nach drei Wochen von einer anderen Klasse abgeholt. Die Übergabe des Leserucksackes sollte ein Ereignis sein und von den Schülerinnen und Schülern selbst inszeniert werden. Die Gastgeberklasse bereitete den Lesegästen ein Hör- und Lesefest mit Ohrenschmaus. Im Mittelpunkt standen die Bücher aus dem Leserucksack.

Organisation Die Rucksackaktion wurde in der Publikation „Appetit auf Lesen" als sogenannter Leckerbissen angekündigt. Alle Lehrerinnen und Lehrer einer zweiten Mittelschulklasse konnten bis zum 1. Dezember 2006 im Jukibuz oder beim Pädagogischen Institut ihr Interesse an einem Rucksack bekunden.

Die Rucksäcke wurden mit Beginn des Lesefrühlings auf die Reise geschickt. Bis dahin musste die Route geplant werden, was gar nicht so einfach war. Die Entfernung von einer Schule zur anderen durfte nicht zu groß sein, außerdem war die Erreichbarkeit mit einem öffentlichen Verkehrsmittel wichtig.

Jede Lehrkraft erhielt die Reiseroute „ihres" Rucksackes, aus dem sie Name, Adresse und Telefonnummer „ihrer" Partnerklasse entnehmen konnte, schließlich sollten die Lehrerinnen und Lehrer rechtzeitig miteinander Kontakt aufnehmen können.

[MThR]

Folgende Klassen haben am Projekt teilgenommen Mittelschule „Vigil Raber", Sterzing; Mittelschule „Fischnaller", Sterzing; Mittelschule „Michael Pacher", Brixen; Mittelschule Neumarkt; Mittelschule „Adalbert Stifter", Bozen; Mittelschule Sarnthein; Mittelschule St. Valentin auf der Haide; Mittelschule Mals; Mittelschule Glurns; Mittelschule Prad; Mittelschule Obermais; Mittelschule Schenna; Mittelschule „Röd", Bruneck; Mittelschule „Ursulinen", Bruneck; Mittelschule Olang; Mittelschule Toblach; Mittelschule „Karl Meusburger", Bruneck; Mittelschule „Vinzentinum" Brixen; Mittelschule St. Pankraz; Mittelschule Mölten; Mittelschule Terlan; Mittelschule „Josef von Aufschnaiter", Bozen; Mittelschule Eppan; Mittelschule Tramin

*Veranstalter:
Pädagogisches Institut für die deutsche Sprachgruppe, Jukibuz im Südtiroler Kulturinstitut, Bozen*

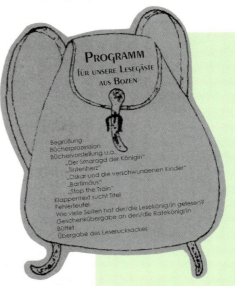

Fußballgötter fallen nicht vom Himmel

Auf die Verpackung kommt es an
Kisten, Schachteln, Koffer

FrühlingsGefühleKisten

Die Verpackung war originell: Drei Kisten auf langen Rollen, auffallend grün, orange und weiß lackiert, konzipiert von Helga Mock und Gabi Veit, kunstvoll angefertigt vom Bühnenbildner Robert Simmerle. Die Kisten waren mit Sachbüchern und Belletristik rund um die Themen Gefühle, Körper, Beziehungen, Freundschaft und Sexualität gefüllt. *FrühlingsGefühleKisten* eben.

Die Bücherkisten luden zum Stöbern, Schmökern und Lesen ein, zum Diskutieren, Kommentieren und Fragen stellen. Sie waren für Buben und Mädchen ab 14 konzipiert und konnten von Jugendzentren, Jugendtreffs, Bibliotheken und Schulen für jeweils zwei Wochen ausgeliehen werden. Erwachsene sollten hier Geschenkideen finden oder Tipps zu Neuerscheinungen, die sie für die Arbeit mit Jugendlichen nutzen konnten.

Eine erste Auswahl der Bücher und Materialien erfolgte aufgrund von Empfehlungen junger Leserinnen und Leser, nach Hinweisen von Expertinnen aus der Leseförderung und Jugendarbeit bzw. anhand von Rezensionen. Gemeinsam mit zwei Schulklassen der Fachoberschule für Soziales in Meran wurde dann eine Endauswahl getroffen.

Die Aktion startete am 21. März, zeitgleich mit dem Frühlingsbeginn. Bis Ende Mai waren die Kisten unterwegs und machten im Jugendzentrum „Fly" in Leifers, im Jugendzentrum „Jungle" in Meran, in der Oberschule für Landwirtschaft in Auer, in der Mittelschule Gröden in St. Ulrich, in der Schulbibliothek des Realgymnasiums Meran, in der Öffentlichen Bibliothek Toblach, in der Schulbibliothek der „Lewit" in Bozen, in der Bibliothek Kurtatsch und im Jugendzentrum „Aggregat" in Steinhaus Halt.

Die Rückmeldungen der Kooperationspartnerinnen und -partner sowie der Leserinnen und Leser waren sehr positiv. Auf den Post-its, die eigens für Rückmeldungen in den Kisten lagen, kommentierten die Leserinnen und Leser die Kisten und deren Inhalte.

Aufgrund der Nachfrage und guten Einsatzmöglichkeiten sind die Kisten weiterhin unterwegs.

[Helga Mock/Maria Theresia Rössler]

Veranstalter: Amt für Jugendarbeit, Bozen

Kisten mit Frühlingsgefühlen – aufregend und immer wieder neu

Ein Koffer voller Bücher – Rabe Rudi

Start frei für Rabe Rudis Reise hieß es in der Kindergartendirektion Meran und sofort füllte sich sein Terminkalender. Nach weniger als zwei Wochen war er ausgebucht.

In Begleitung von Sabine Kugler machte sich der Rabe Rudi auf die Reise in die Kindergärten. In seinem Koffer hatte er eine Fülle von Schätzen: Bücher in allerlei Größen, Bücher zum Lesen und Erzählen, zum Schauen und Staunen, Musik und Gedichte auf CDs und eine ganze Reihe Dias für das Bilderbuchkino.

Rabe Rudi hat im Lesefrühling viel erlebt. Überall haben ihm die Kinder einen bezaubernden Empfang bereitet. Mal wurde er mit einem Plakat begrüßt, mal mit Liedern, manchmal bauten ihm die Kinder ein eigenes Haus zum Wohnen oder gestalteten einen Lese-, Schlaf- und Kuschelraum für ihn, manchmal stellten sie ihm ein Lesezelt oder eine Schaukel zur Verfügung oder gar ein richtiges Nest und einmal saß Rudi auch in einem Lesethron. Die Kinder haben den Besuch von Rabe Rudi sehr genossen und viel Zeit mit ihm verbracht.

Natürlich durfte er auch mit den Kindern turnen oder sie beim Maiausflug begleiten. In einem Kindergarten wurde er sogar unerwartet Papi.

Besonders toll fanden die Kinder, dass Rabe Rudi so viele Eltern kennengelernt hat. Die waren nämlich speziell eingeladen worden und konnten so gemeinsam mit den Kindern in seinem Bücherkoffer stöbern.

[Sabine Kugler]

Veranstalter: Kindergartendirektion Meran

Rabe Rudi war beim Ausflug mit dabei.

Lesetaschen für die Familie

25 Jutetaschen mit je drei Bilderbüchern, einem Hörbuch und einem Gesellschaftsspiel rund um Sprache und Worte waren in den Kindergärten der Direktion Bozen unterwegs. Jede einzelne Tasche war speziell angefertigt worden und in unterschiedlichen Farben gehalten: grün für die Dreijährigen, blau für die Vierjährigen und gelb für die Kinder, die im Herbst in die Schule kommen.

Die Taschen waren für die Familie gedacht. Grundgedanke war, das Lesen und Sprechen in der Familie zu unterstützen und den Eltern neuen Lesestoff zur Verfügung zu stellen. Die Kinder nahmen die Taschen mit nach Hause und genossen das Vorlesen und Spielen in vertrauter Atmosphäre.

Eine Woche lang durften die Taschen im Elternhaus bleiben, bevor sie in den Kindergarten zurückgebracht werden mussten. Um in den Genuss mehrerer Taschen zu kommen, tauschten die Eltern manchmal untereinander die Taschen. Die Lesetaschenaktion war auf einen Monat begrenzt. Dann wurden die Taschen an den nächsten Kindergarten weitergereicht.

Aus den Rückmeldungen der Eltern und den Erzählungen der pädagogischen Fachkräfte ging hervor, dass das Angebot sehr geschätzt wurde und weitergeführt werden sollte.

„Fast wie Weihnachten – eine Tasche voller Geschenke und Überraschungen."

„Es wäre schön, wenn diese Aktion über einen längeren Zeitraum angeboten werden würde."

[MThR]

Im Kindergarten Reinswald wurden die Lesetaschen gern genutzt.

Lesetaschen für jede Altersstufe

Traumschachteln

Werden Schuh- oder Hemdschachteln effektvoll dekoriert, können sie sich in den Augen der Kinder schnell in magische Traumschachteln verwandeln. Diese Erfahrung machten viele pädagogische Fachkräfte der Kindergartendirektion Bozen. Von dort war die Idee ausgegangen. Claudia Bazzoli hatte verschiedene *Traumschachteln* mit Gegenständen gefüllt und auf den Weg geschickt. Ein Schlüsselbund, magisches Zaubersalz, Kristalle, eine Klangkugel, Muscheln, eine Giraffe, ein Spiegel, eine Glitzerdecke und eine Schatztruhe waren nur einige dieser „geheimnisvollen" Gegenstände, die die Kinder zum Sprechen, Geschichtenerfinden oder zum Reimen anregen sollten. Und dies geschah ganz automatisch. Die Neugierde war zu groß. „Was ist da drin?", war die erste Frage der Kinder. Die Schachteln wollten geöffnet und untersucht werden. Die Gegenstände wurden benannt, auf dem Tisch verteilt, aufgereiht, neu gereiht und jede Reihung ergab automatisch eine neue Geschichte.

Die Kinder entwickelten mit den Inhalten der Traumschachteln Spiele. Sie wählten einen Gegenstand und versuchten ihn so zu beschreiben, dass die anderen ihn erraten konnten. Sie sortierten die Gegenstände nach Begriffen wie Kleidungsstücke, Steine und Kristalle, Tiere, Zaubergegenstände oder ordneten sie nach ihren Anlauten. Sie erfanden Fragen und suchten nach passenden Antworten. Wem gehören diese Schlüssel? Welche Tür schließen sie auf? Was könnte mit dieser Schatztruhe passiert sein? …

Allmählich wuchsen die Geschichten, Reime entstanden und auch weniger wortgewandte Kinder brachten sich ein.

Damit die Geschichten oder Gedichte oder die entstandenen Sätze nicht verloren gingen und vielen anderen Kindern vorgelesen werden konnten, haben die pädagogischen Fachkräfte bzw. die Eltern diese für die Kinder aufgeschrieben und in das Reisebegleitbuch gelegt, das mit der Traumschachtel von Kindergarten zu Kindergarten, von Elternhaus zu Elternhaus unterwegs war.

> *Es war einmal eine Giraffe, die ein grünes Seil hatte und ein Cowboy sein wollte. Sie konnte nicht, weil sie eine Giraffe war. Sie machte sich auf die Suche nach einer Zauberkugel, die ihr helfen sollte, ein Cowboy zu werden. Auf dem Weg fand sie einen geheimnisvollen Brief. Sie öffnete ihn und darin stand: „Du bist auf dem richtigen Weg." Sie ging den Weg weiter und fand eine Zauberkugel. Plötzlich kam eine Hexe, die die Giraffe mit der Zauberkugel in einen Cowboy verzauberte. Die Giraffe war sehr glücklich.*

Eine Traumschachtel-Geschichte von Jonas, Lena, Marie, Gerda und Lukas zu den Gegenständen: Zauberkugel, Giraffe, grünes Band, Brief [MThR]

Veranstalter: Kindergartendirektion Bozen

Was ist da drin?

Schätze in der Leseschachtel

Als Vorbereitung hatten die Kinder der 5. Klasse der Grundschule „Dr. Karl Domanig" in Sterzing zwei Bücher gelesen: „Die Piratenamsel" von Uwe Timm und „Feuerschuh und Windsandale" von Ursula Wölfel. Die Schulbibliothekarin hatte den Inhalt der beiden Bücher kapitelweise zusammengefasst und zu jedem Kapitel passende Reizwörter aufgeschrieben. Die Zusammenfassungen und die Reizwörter kamen in einen Schuhkarton. Dann war der Moment gekommen, die Kinder in die Schulbibliothek einzuladen. Sie konnten sich nun, allein oder zu zweit, ein Kapitel aussuchen und erhielten den Auftrag, ein „Pop-up"-Bild mit den dazugehörigen Gegenständen, passend zum jeweiligen Kapitel des Buches, zu gestalten. Ein weiterer Auftrag hieß: Baut den Schuhkarton so aus, dass er zur Geschichte passt. Die Kinder gingen mit viel Begeisterung ans Werk. [HH]

Veranstalter: Grundschule „Karl Domanig", Sterzing

Der Märchenkoffer

„Es war einmal …" Dieser Satz weckt Kindheitserinnerungen und steht für Spannung und Abenteuer, aber auch für Behaglichkeit und Geborgenheit.

Es war den pädagogischen Fachkräften des Kindergartens Gossensaß ein Anliegen, den Kindern Märchen näher zu bringen bzw. vermehrt in den Kindergartenalltag einzubauen.

Um das Erzählen der Märchen zu ritualisieren, benutzten sie einen „Märchenkoffer", der jeden Mittwoch mit einem Zauberspruch geöffnet wurde. Jeden Mittwoch stiegen Figuren aus dem Koffer und sorgten für Spannung und Aufregung. Diese Figuren erleichterten den Kindern das Zuhören und unterstützten sie beim eigenständigen Nacherzählen und Nachspielen des Märchens. Das eigenständige Nacherzählen war Teil der Märcheneinheit, wollte man doch die Sprachentwicklung fördern, den Wortschatz erweitern und in andere Rollen schlüpfen lernen. Die gleichbleibenden Rituale gaben den Kindern Sicherheit, schnell erkannten sie die sich wiederholenden Schritte und wurden bald selbst aktiv. Sie übernahmen Zitate und Redewendungen, bauten sie in ihre Erzählungen ein, spielten die Märchen in Rollenspielen nach und stellten Zusammenhänge zum Alltag her.

Auch die Eltern beteiligten sich aktiv an den Märchen. Sie halfen beim Erzählen im Kindergarten mit und bastelten schon mal Figuren für den Märchenkoffer. [MThR]

Veranstalter: Kindergarten Gossensaß

Der Märchenkoffer

Für „Die Piratenamsel" bauten die Kinder ein Vogelhaus nebst lebendig aussehendem Beo.

Für die Geschichte „Feuerschuh und Windsandale" gestalteten sie ein Strohballen-Haus und die dazugehörigen Hauptfiguren.

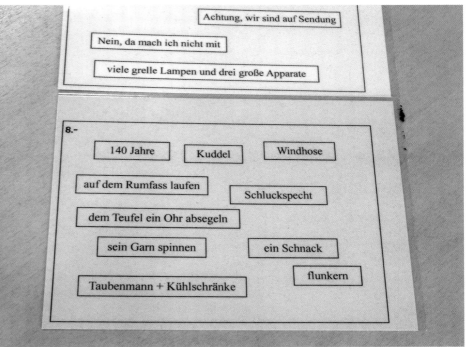

Zu jedem Kapitel gab es passende Reizwörter.

Das längste Fotorello
Leseorte gehen als Fotos auf die Reise

Am 1. Februar war es soweit, das *Fotorello*, eine besondere Form des Leporellos, ging auf die Reise. Besondere Leseorte sollten fotografisch festgehalten und verschickt werden. Das Startfoto wurde im *Lesewohnzimmer* auf dem Kornplatz in Bozen geschossen. Es sollte zeigen, dass man überall lesen kann, auf einem Platz, vor einer Bar, auf dem Sofa, auf der Ofenbank, auf dem Baum, auf dem Gipfel, auf dem Lokus, in der Sandkiste, auf dem Tisch, auf dem Schoß der Oma, am Krankenbett, auf der Liegewiese, auf der Parkbank, unter der Brücke; zu zweit, zu zehnt oder mit einer ganzen Klasse …

Eine bunte Mischung Zu dieser landesweiten Aktion, die von einer Mitarbeiterin des Pädagogischen Instituts initiiert, organisiert und koordiniert wurde, hatten sich 40 kleine und große Gruppen gemeldet, eine bunte Mischung von Interessenten. Neben den vielen Schulklassen und Schülergruppen waren zwei Familien, eine ganze Hausgemeinschaft, ein Architekturbüro, eine Anwaltskanzlei, eine Reisegruppe, eine English Chat Group und eine Seniorengruppe dabei.
Bis zum 23. April 2007, dem „Welttag des Buches", musste das *Fotorello* fertiggestellt und wieder im Pädagogischen Institut angekommen sein. Es sollte nämlich auf dem großen Erzähl- und Vorlesetag auf Schloss Runkelstein ausgestellt werden (siehe auch S. 17).
Um allen interessierten Klassen und den anderen lesefreudigen Gemeinschaften die Teilnahme zu ermöglichen, wurden sechs Gruppen gebildet. Für jede Gruppe wurde eine Liste erstellt, die die Adressen der jeweiligen Beteiligten, die Reihenfolge und das Datum der Weitergabe enthielten. So wussten alle, wann sie drankamen, wer das Foto bzw. die inzwischen aneinander gebundenen Fotos bekam und wann das Ganze mit der Post weitergeschickt werden sollte.
Jede Gruppe hatte eine Woche Zeit zum Lesen, Fotografieren, Vergrößern, Texten, Laminieren, Anhängen und Verschicken.
Das Pädagogische Institut verschickte das erste Foto mit dem Titel „Im Lesewohnzimmer" und lieferte damit ein Beispiel für die Größe des Bildes und die Textgestaltung.

> *Lesegruppe:*
> **LeseForum Südtirol**
> *Datum:*
> **1. Februar 2007**
> *Ort:*
> **Café Exil, Kornplatz Bozen**
>
> *Erzähl- oder Lesesituation:*
> **Im Lesewohnzimmer**
> *Zur Eröffnungsfeier des Lesefrühlings wollten einige Mitglieder des LeseForums gemeinsam mit den „Smarties" das „Lesewohnzimmer" im Café Exil testen. Damit den Zuhörenden nicht gar zu kalt im Freien wurde, las Elisabeth Nitz das 1. Kapitel eines spannenden und lustigen Krimis vor. Gefesselt lauschten alle der Erzählung dieses sonderbaren Mordfalles. Wer spürte da noch die Kälte?*
>
> *Geschichte:*
> **Leonie Swann: Glennkill – Ein Schafskrimi**
> *Der Schäfer George wird von seinen Schafen mitten auf der Weide tot aufgefunden. Die Schafe sind entsetzt und wollen herausfinden, wer ihren Schäfer umgebracht hat. Weil ihnen George häufig Krimis vorgelesen hat, sind sie kriminalistisch vorgebildet. Spürnase der Schafe ist Miss Maple, das klügste Schaf der Herde. Glennkill ist ein heiterer Kriminalroman für Erwachsene. Herrlich sind die Charakterbeschreibungen der einzelnen Schafe, die sich die wildesten Mordtheorien vorstellen. Faszinierend ist auch die Beschreibung der Menschen aus der Sicht der Schafe.*

Vor der Lesung Bei den kleinen Lesefesten, die mit der Klasse vorbereitet wurden, schlugen meistens die Lehrkraft bzw. eine Schülerin oder ein Schüler eine Geschichte zum Vorlesen oder Erzählen vor. War man sich über die Geschichte einig, überlegten alle, welcher Raum wohl am besten zur Geschichte passt. Oft wurden die Klassenzimmer so umgestaltet, dass sie kaum wiederzuerkennen waren: Ein Geisterwald, eine Liebeshöhle oder eine Nische mit orientalischem Flair entführten die Zuhörer in eine andere Welt. Der staubige Weinkeller eines Klosters bot den richtigen Rahmen für Ritter- und Drachengeschichten, eine Baustelle ließ Texte zum Fremd- und Anderssein nachfühlen, der Brunnen im Schulhof wurde zum Märchenbrunnen, unterm Kirschbaum konnte eine Liebesgeschichte so

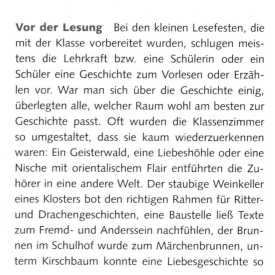

richtig wirken, die Indianergeschichte gab es im Tipi und „Isabella Zirkuskind" wurde in der Turnhalle – mitten im aufgebauten Zirkus-Parcours – vorgestellt. Eng zusammenrücken mussten die Jugendlichen beim „Kampf um den Südpol" von Stefan Zweig, hörten sie doch diese Geschichte in winterlicher Atmosphäre auf Meran 2000.

Nicht nur in der Schule wurde überlegt, welche Erzählung, wo und von wem vorgetragen werden sollte und wie man der Veranstaltung eine besondere Atmosphäre verleihen könnte. Da blieb eine Anwaltskanzlei in Meran abends geöffnet und mit einem Gläschen Wein wurden den geladenen Gästen Krimis aus Asien und Nordeuropa kredenzt. Am Wohnzimmertisch einer Hausgemeinschaft in Missian wurde ein *literarischer Lachs* von Umberto Eco serviert, Edgar Allen Poe brachte seine englisch sprechenden und lesenden Leserinnen und Leser in der American Bar zum Erschauern und literarische Gedanken zum Bauen, serviert mit leckeren Häppchen, genossen die Mitarbeiter eines Architekturbüros am umfunktionierten Zeichentisch. Im Altenheim von St. Pauls versprachen Geschichten *Rund um den Kirchturm*, garniert mit belegten Brötchen, einen kurzweiligen Nachmittag.

Während der Lesung wurde fleißig fotografiert, damit ein stimmungsvolles und aussagekräftiges Foto für das *Fotorello* ausgesucht werden konnte.

Was war nach der Lesung zu tun?

1. Das von der Gruppe ausgewählte Foto wurde auf DIN-A4-Format vergrößert.

2. Auf die Rückseite des Fotos wurde eine kurze Beschreibung der Lese-Aktion geklebt. Viele Gruppen illustrierten diesen Text mit originellen, lustigen und auch erklärenden Schnappschüssen.

3. Nachdem Bild und Text mit Folie überzogen worden waren, wurde es noch an jeder Seite mit je zwei Löchern versehen und mit einem Band am letzten Foto des *Fotorellos* befestigt.

4. Alles zusammen wurde per Post an die nächste Lesegruppe geschickt.

Eine besondere Attraktion war allerdings die Präsentation des ganzen *Fotorellos* auf dem Erzähl- und Vorlesemarkt auf Schloss Runkelstein. Die Bilder aller Gruppen wurden zusammengefügt, die Texte kopiert und daruntergehängt, sodass ein Bildfries von 16 Metern entstand, der mitten im Schlosshof einen nicht zu übersehenden Blickfang bot. Die Freude war groß, wenn man nach langem Suchen das Bild und den Text der eigenen Gruppe entdeckte.

Heute kann das längste *Fotorello* im Pädagogischen Institut in Bozen bewundert werden. [EF]

Veranstalter: Pädagogisches Institut für die deutsche Sprachgruppe, Bozen

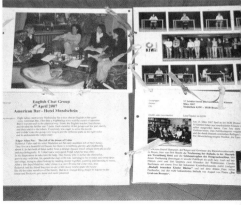

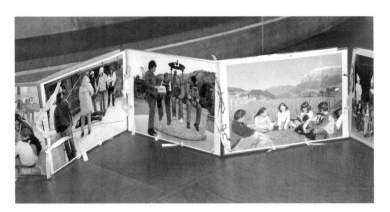

Literarische Spaziergänge …
… in Brixen und Meran

Musischer Hochgenuss am Eisackdamm

Es steht außer Zweifel, dass der Bachdamm das reizvollste Naherholungsgebiet von Brixen ist. Er eignet sich sowohl als Ort der Entspannung als auch der Bewegung und spricht alle Altersgruppen an.

Am Vormittag des 5. Mai 2007 zeigte sich der Bachdamm von einer ganz besonderen Seite. Der Schulsprengel Brixen/Milland hatte einen literarischen Spaziergang organisiert, der südlich der Mozartbrücke bis zum Sportplatz und entlang des Kindergartens „Arcobaleno" führte.

Zwischen den Bäumen waren Seile gespannt, an denen die ansprechenden Texte hingen, umrahmt von farbenfrohen und ideenreichen Zeichnungen und Plastiken.

Bewegte Gedichte und Elfchen zieren den Eisackdamm.

Die Vorbereitungen Die Vorbereitungen hatten schon ein Jahr vorher begonnen, als sich die Lehrkräfte im Rahmen der schulinternen Lehrerfortbildung eingehend mit der aktuellen Kinder- und Jugendliteratur befassten, Schreibwerkstätten durchführten und schon das eine oder andere Werk für den literarischen Spaziergang in die engere Auswahl nahmen.

Im Schuljahr 2006/2007 einigten sich die 850 Schülerinnen und Schüler des Schulsprengels mit den einzelnen Lehrkräften auf ein Thema und eine geeignete Form für die Präsentation.

Die Protagonisten Das Besondere am literarischen Spaziergang war, dass sich Kinder und Jugendliche im Alter von 6 bis 14 Jahren daran beteiligten. Also die Erstklässler, die sich erst vor wenigen Monaten das geschriebene Wort angeeignet hatten, aber auch die Schüler, die in wenigen Wochen die Abschlussprüfung der dritten Klasse Mittelschule ablegen würden.

Außergewöhnlich war darüber hinaus die Tatsache, dass auch die Eltern der Schülerinnen und Schüler für den Anlass Texte verfassten und ausstellten.

Die Themen der literarischen Werke Die Ideen waren vielfältig. So beschrieben die Erstklässler von Milland in einer fächerübergreifenden Lerneinheit das Leben der Frösche am Eisack, und zwar in Bezug auf die Millander Au.

Die Werke, Texte und Bastelarbeiten der Schülerinnen und Schüler zeigen die intensive Auseinandersetzung mit den Amphibien. Das Wasser, der Fluss und die Natur im Allgemeinen waren auch das Thema der zweiten Klassen der Grundschule. In kurzen Gedichten, den sogenannten Elfchen, setzten sich die Kinder damit auseinander. Die Partnerklasse 3 B befasste sich hingegen mit den Lebewesen, die im nahe gelegenen Biotop zu finden sind.

Die vierten Klassen der Grundschule interviewten Bäume und stellten sich selbst, über den Bachdamm wandelnd, als solche dar. Die Kinder der fünften Grundschulklassen widmeten sich neben Naturrätseln und Streitgesprächen sogar Krimis und Horrorgeschichten, die am Bachdamm spielten.

Ein Haus, bestehend aus 40 Schuhkartons, weckte die Begeisterung aller. In diesem Haus wohnte die Familie Knopf, über die die Kinder verschiedene Lebensgeschichten schrieben. Zum Beispiel Magdalena:

Die Wunderrose

Es war einmal ein Knopfmännchen namens Susi. Eines Tages ging Susi in den Wald. Sie sah einen Vogel und ein Liebespaar. Dann ging sie weiter. Plötzlich blieb ihr Mund vor Staunen offen. Vor ihr stand eine wunderschöne Rose. Die duftete sehr. Susi wollte sie pflücken, aber sie machte es nicht. **Denn Natur ist Natur.**

Die Viertklässler fischten eine Flaschenpost aus dem Eisack, die anderen Klassen verfassten „Sprachspiele" rund um die Tierwelt.

Den Mittelschülerinnen und -schülern gelang eine wunderbare Kombination von Text, Kunst und Technik. Sie präsentierten u. a. die Flussregulierung anhand eines Modells, stellten die Entwicklung der Stadt an Eisack und Rienz mithilfe einer Fotodokumentation dar, schufen eine Rattengeschichte in Gedichtform oder verfassten eine Zeitung. Andere wiederum versuchten sich in Anlehnung an Paul Klee an Gedichtbildern oder schrieben ein Baumtagebuch.

Eine Schülergruppe formulierte den Zauberlehrling um und zeichnete ein Comic dazu, eine weitere Gruppe ging auf Partnersuche, und zwar in Form von Inseraten à la „Baum sucht Bäumin".

Die Sprachenvielfalt Die Texte wurden nicht nur auf Deutsch, sondern auch auf Italienisch und Englisch verfasst. Darüber hinaus waren die Menschen aus anderen Ländern dazu eingeladen, sich in ihrer Sprache und in ihrer Schrift zum Thema zu äußern.

Die Kulisse Der literarische Spaziergang war für die Schülerinnen und Schüler aber nicht nur ein Anlass, schöne und ansprechende Texte zu verfassen, sondern er sollte sie zum Lesen verführen und ihnen das Buch schmackhaft machen. Außerdem sollte den Kindern und Besuchern die Schönheit des Eisackdamms, ja der ganzen Stadt näher gebracht werden. Dieses Ansinnen ist zweifellos gelungen. Gerade, weil der Eisackdamm mit den literarischen, musikalischen und künstlerischen Produkten geschmückt war, wurde der Spaziergang zu einem musisch-sinnlichen Hochgenuss.

Das Rahmenprogramm Neun Musikgruppen der Grund- und Mittelschule sowie einige Eltern spielten mit Geigen, Ziehharmonikas, Querflöten und Blechinstrumenten auf. Die bekannte Band „4 You", zu der auch einige Väter gehören, fesselte vor allem mit den Ohrwürmern aus den Siebzigern. Das Theaterpädagogische Zentrum beteiligte sich mit einigen lesenden und mittelalterlich gekleideten, *lebenden Statuen*, die die Besucher erstaunten. Der Yoseikan-Budo-Club begeisterte die Kinder und Jugendlichen mit seinen Kampfsportdarbietungen. Alle Besucher konnten sich an einem Lesequiz und einem Quiz zum Eisack beteiligen. Die Siegerinnen und Sieger wurden mit schönen Preisen – von städtischen Sponsoren bereitgestellt – prämiert. Für das leibliche Wohl sorgten die Elternvertreterinnen.

Der soziale Beitrag Der literarische Spaziergang sollte auch einen sozialen Zweck erfüllen. Die 850 Kinder der sieben Schulen sollten sich der reichen Umwelt bewusst werden, in der sie groß werden und des Glücks, in einer gut funktionierenden Schule lernen zu dürfen.
Deshalb lag an jedem Stand eine Beschreibung der „Manthoc"-Bewegung auf, die in Peru arbeitende Kinder und Jugendliche unterstützt. Sie wendet sich nicht gegen die Kinderarbeit im Allgemeinen, sondern gegen die damit verbundenen ausbeuterischen Praktiken.
„Manthoc" wurde bereits vor über 30 Jahren von den ausgebeuteten Kindern und Jugendlichen selbst gegründet, um mehr Rechte einzufordern: das Recht auf einen fairen Lohn, auf faire Arbeitszeiten und -bedingungen, das Recht auf Bildung. Eltern, Lehrkräfte, Besucher und Kinder haben die stolze Summe von 1300,04 € gesammelt. Mit dem Erlös werden die Werkstätten von „Manthoc" unterstützt.

In Brixen war die Reaktion auf den literarischen Spaziergang enorm. Unzählige Menschen sprachen noch Monate danach Lehrkräfte und die Direktorin des Schulsprengels auf diesen besonderen Tag an. Sehr viele Eltern haben uns die Fotos oder Videos, die sie vom Projekt gemacht haben, zur Verfügung gestellt.
Für alle Beteiligten wird dieser Tag ein unvergessliches Erlebnis bleiben. Für einige Kinder lebt er sogar noch eine Weile ganz praktisch weiter, ist doch für sie das Verfassen von Geschichten und Texten zu einer reizvollen Freizeitbeschäftigung geworden.

Das Wasser steigt zum Himmel
und wallt dort hin und her.
Da gibt es ein Gewimmel,
von Wolken grau und schwer.

[Elisabeth Flöss]

Veranstalter: Schulsprengel Brixen/Milland

Die Texte wurden in allen drei Unterrichtssprachen verfasst.

Das Haus der Familie Knopf

Mit Dichtern und Denkern auf den Spuren Alt-Merans

Über Meran ist viel geschrieben worden, besonders in den vergangenen zwei Jahrhunderten: über die Schönheit der Stadt und ihre Umgebung, über die Lebensweise der Burggräfler, über den Alltag der Kurtreibenden und Heilsuchenden …

Der Andrang war riesig, einige Gäste mussten sogar wieder weggeschickt werden, als Renate Abram am 26. Mai dazu einlud, auf den Spuren der Meraner Geschichte zu wandeln, und zwar im Spiegel literarischer Texte bekannter Autorinnen bzw. Autoren und Dichter. Auf einem Rundgang durch die Altstadt, die Kuranlagen und die Promenaden trug sie Texte vor und erläuterte sie.

Die literaturinteressierten Spaziergänger konnten beim Blättern in Reiseschilderungen, poetischen Skizzen, Briefen, Novellen, Romanen und Tagebuchaufzeichnungen die Stadt Meran mit den Augen von Eichendorff, Goethe, Heine, Schnitzler, Benn, Zweig und N. C. Kaser – um nur einige zu nennen – sehen. Aufgesucht wurden Orte, an denen sich die Schriftsteller trafen und amüsierten; Orte, an denen sie gewohnt, gekurt und geschrieben hatten; Orte, von denen man Ausblicke auf Landschaften hat, die von Dichtern in Worte gefasst wurden – z. B. das Etschtal, das Goethe inspirierte, die Zenoburg, die aus dem Leben von Margarethe Maultasch erzählt oder das Burggrafenamt, das Erzherzog Johann lebendig werden lässt.

Literarisch-kulinarisch endete der Spaziergang im Restaurant „Santer Klause".

Das beeindruckte und begeisterte Publikum veranlasste die Veranstalter, diesem literarisch-historischen Spaziergang weitere folgen zu lassen. [EF]

Veranstalter: Kulturreferat der Gemeinde Meran, Stadtbibliothek Meran

Das Kurhaus war Treffpunkt vieler Schriftsteller.

Märchen- und Sagenwanderungen
Waldgeister und Trolle für die ganze Familie

Robin Rotbrust

Über 60 Interessierte aller Altersgruppen waren am 23. April 2007 zum Eingang des Besinnungsweges in Naturns gekommen. Bei idealem Wetter begaben sich Einheimische und Feriengäste mit der Märchenerzählerin Helene Leitgeb auf eine zweistündige Wanderung. Die einzelnen Stationen des Besinnungsweges luden nicht nur zu einer Rast ein, sondern bildeten den geeigneten Rahmen für das Erzählen einer Sage oder eines Märchens. Manchmal waren es auch zwei Geschichten, die Helene Leitgeb erzählte. Schon bei der ersten Station versammelten sich alle Wanderer dicht gedrängt um die Erzählerin, die mit dem schottischen Märchen „Robin Rotbrust" Waldgeister und Trolle lebendig werden ließ und ihre Zuhörerinnen und Zuhörer, allen voran die Kinder, fesselte.

An fünf weiteren Rastplätzen wurden Märchen- und Sagengestalten aus Südtirol, Österreich, Deutschland und sogar aus dem Orient *vorgeführt* – teils in verworrenen, abenteuerlichen, aber auch verträumten und liebevollen Geschichten –, ehe die Gruppe schließlich die letzte Station des Besinnungsweges, das Paradies, erreichte. Nach der letzten *unglaublichen* Geschichte bedankten sich die Spaziergänger mit lang anhaltendem Applaus bei der Erzählerin und kehrten reich beschenkt und mit *sagenhaften* Bildern im Kopf zum Ausgangspunkt zurück.

Der große Erfolg der Veranstaltung bestätigte dem Bibliotheksteam, dass es das richtige Projekt ausgewählt hatte. [EF]

Veranstalter: Öffentliche Bibliothek Naturns

Eine Mahd für ein Märchen

Sagen- und Märchenwanderung mit Helene Leitgeb – diesmal mit Kindern der Grundschule aus Geiselsberg.

An einem Nachmittag im Mai trafen sich die 27 Kinder der 1. bis 5. Klasse mit zwei Lehrerinnen anstatt im Klassenzimmer auf dem Schulhof. Sie hatten bereits im Unterricht Sagen aus Geiselsberg kennengelernt. Nun wanderten sie zu einer Scheune – der *Pichla Schupfe* – einer Wiese, die ein Lehrer extra gemäht hatte, und der *Rubatscher Egge*. An diesen besonderen Plätzen ließen sich die Kinder in die Märchen- und Sagenwelt entführen. Musik, die auf alten Instrumenten – einer Ratsche und einer kleinen Holzflöte – gespielt wurde, stimmte die Zuhörer auf die Geschichten ein, denen so mancher ganz versunken lauschte. Die Sagen vom Zaunkönig, vom Frosch und von der „schatzhütenden Schlange von Bad Bergfall" – eine aus Geiselsberg stammende Sage – begeisterten die Kinder. Manch einer war wohl nicht ganz einverstanden, dass die letzte Sage kein gutes Ende nahm, weil sich die Bäuerin nicht an die Abmachung mit der Schlange gehalten hatte. Aber in den folgenden Unterrichtsstunden hatten die Kinder Gelegenheit, die gemachten Eindrücke zeichnerisch oder schreibend zu verarbeiten und selbst Sagen zu erfinden. [EF]

Veranstalter: Grundschule Geiselsberg

Am Eingang des Besinnungsweges

Helene Leibgeb lässt Waldgeister lebendig werden.

Der Bibelwanderweg
Auf dem Weg von mir zu dir

Zwei Wochen lang stand in der Grundschule Auer das Bibellesen im Mittelpunkt des Religions- und Deutschunterrichts. Als Quellen dienten vor allem Kinderbibeln, die „Psalmwortkartei" von Rainer Obertür, die „Gewitternachtskartei", die Bildkarten und dazu passende Bibelstellen enthält, sowie die Einheitsübersetzung der Bibel.

Alle Schülerinnen und Schüler der Grundschule Auer sollten in das Projekt einbezogen werden und sich mit der Frage beschäftigen: „Was hat die Bibel und ein daraus ausgewähltes Zitat mit mir zu tun?" Die Kinder der 1., 2. und 3. Klassen lasen ausgewählte Textstellen, stellten Fragen dazu und schrieben bzw. zeichneten in ihre Hefte, was sie besonders berührte.

Die Drittklässler fertigten für jedes Kind der 1. Klasse einen Schatzbrief mit einem Bibelspruch und einer Schatzkarte an. Die Aufregung war groß, als die Kleinen in Begleitung der Größeren den auf dem Schulhof versteckten Brief mithilfe der Schatzkarte suchen mussten.

Die Kinder aus den 4. und 5. Klassen sollten sich intensiver mit den Bibeltexten beschäftigen:

> *Schau, was dir am Text gefällt. Was fällt dir dazu ein? Woran erinnert er dich? Was spürst du beim Lesen? (Freude, Angst, Traurigkeit, Wut, Unbehagen, Heiterkeit, Frohsinn, Zufriedenheit, Ärger, Unklarheit …).*
>
> *Hast du Fragen dazu?*
>
> *Schreibe Textstellen in dein Heft.*
>
> *Schreibe deine eigenen Gedanken, Fragen, Erinnerungen, Gefühle, Empfindungen, Erlebnisse dazu.*
>
> *Zeichne oder male ein Bild oder ein Symbol zur Bibelstelle oder zu deinen eigenen Gedanken.*
>
> *Schreibe ein Gedicht oder einen neuen Text.*
>
> *Lege ein zum Text passendes Bodenbild mit Legematerial (Filz, Perlen, Holzplättchen …).*

Nach dieser intensiven Beschäftigung mit den unterschiedlichsten Bibelzitaten machten sich die Kinder daran, große Bildtafeln im DIN-A3-Fomat zu gestalten.

Für den oberen Teil der Tafeln schrieben die Kinder der 3. Klasse mit dem Computer Bibeltexte. In die Mitte kamen die zum Text passenden Zeichnungen der Viert- und Fünftklässler und der untere Teil enthielt Texte aus dem Erfahrungsbereich der Kinder.

Den bunten Rahmen fertigten die Kinder der 2. Klasse mit Ölkreiden an.

Die fertigen Blätter wurden von einem Handwerksbetrieb aus Auer auf Platten befestigt, wetterfest gemacht und entlang der Dorfgasse zwischen Schule und Bibliothek aufgehängt.

Zum Abschluss setzten sich alle Schülerinnen und Schüler in Form eines Bibelquiz noch einmal mit den Texten und Bildern des Bibelweges auseinander.

Bei dieser Gelegenheit bestaunten viele Kinder und Erwachsene die farbenprächtigen Bilder und die tiefgründigen Texte. Das gesamte Werk wurde gelobt, was alle Beteiligten sichtlich freute.

[Maria Magdalena Graiff / Elfi Fritsche]

Veranstalter: Grundschule Auer, Öffentliche Bibliothek Auer

Alt und Jung im Rittner Bahnl
Literatur und Musik zum 100-jährigen Jubiläum

Am 25. Mai 2007 rückte die Rittner Bahn zu einer Sonderfahrt aus: Innen und außen mit bunten Lesezeichen dekoriert, beladen mit illustren Gästen. Die Mittelschülerinnen und -schüler der Klassen 3 B und 3 E aus Klobenstein hatten die Senioren zu dieser Jubiläumsfahrt eingeladen. Auch die Direktorin der Schule und ihr Stellvertreter ließen sich die Fahrt von Klobenstein nach Oberbozen und zurück nicht entgehen, war doch ein kurzweiliges Programm angesagt.

Die Schülerinnen und Schüler hatten nicht nur Lesezeichen als kleine Erinnerungsgeschenke gebastelt, sondern mit viel Zeit und Einsatz Gedichte verfasst und das Vortragen geübt. Sollten doch die Texte inhaltlich passen und so vorgetragen werden, dass alle sie verstehen und sich davon fesseln lassen konnten. Die Deutschlehrerinnen hatten die jungen Dichter und Dichterinnen nicht nur zum Schreiben motiviert, sondern sie standen ihnen auch mit Rat und Tat zur Seite.

Dann war es so weit: Während der Fahrt wurden die selbst verfassten Gedichte zum Besten gegeben. Dazwischen gab es immer wieder eine beschwingte musikalische Einlage, ebenfalls von Jugendlichen dargeboten.

An der Haltestelle in Oberbozen stellte der Autor Klaus Demar den Fahrgästen sein Buch „Die Rittner Bahn. Eisenbahn am Berg in Vergangenheit, Gegenwart und Zukunft" vor. Im Anschluss daran erzählten zwei Seniorinnen, was sie mit der Rittner Schmalspurbahn, die bis 1965 zwischen dem Bozner Walterplatz und Klobenstein verkehrte, erlebt hatten. Neben den vielen heiteren Erlebnissen erinnerten sie auch an das schwere Unglück im Dezember 1964.

Nach einem erfrischenden Umtrunk, weiteren Gedichtvorträgen und musikalischen Darbietungen ging die Fahrt wieder zurück nach Klobenstein.

Bis Ende Juni konnten die Gedichte in den Zugwaggons und an den Haltestellen gelesen werden.

[Martina Koler / Elfi Fritsche]

Veranstalter: Mittelschule Ritten, Rittner-Bahn-Komitee

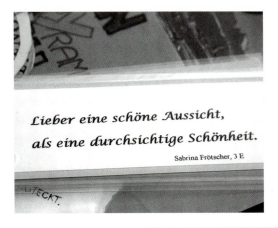

Als die Rittner Schmalspurbahn noch bis zum Walterplatz in Bozen fuhr.

Gedichte als Reisebegleiter – 100 Jahre Rittner Bahn

Inszenierungen

Sprechende Bilderbücher, Bücher auf dem Laufsteg, Bookslams, Bücherskulpturen ... tummeln sich auf den folgenden Seiten. Mit einer Prise Extravaganz werden die Inhalte lebendig gemacht.

Das sprechende Bilderbuch
Ein Bilderbuch wird zum Dorfgespräch

Einige Kinder helfen einander beim Ausmalen, andere malen lieber allein!

Das Sprechende Bilderbuch – ein Dorfgespräch

Groß, größer am größten, so wollten es die Kinder im Kindergarten St. Walburg in Ulten. Außerdem sollte ihr Bilderbuch auch noch sprechen können! Die pädagogischen Fachkräfte hatten beobachtet, dass ihre Kinder besonders gerne nach großen Bilderbüchern griffen und ganz fasziniert in Büchern blätterten, in denen sie versteckte Türchen öffnen konnten. Ein Buch muss also mehr können, als nur zum Lesen da sein. Aus den Gesprächen mit den Kindern entwickelte sich nach und nach die Idee, selbst ein Bilderbuch herzustellen. Die Kinder hatten schon genaue Vorstellungen:
„I mecht a riesn Bilderbuach." „Jo, sell konn man nit kafn!" Und eines der Kindergartenkinder meinte: „Flott war, wenns allua redn tat!"
Die Kinder begannen, ihre Ideen zu Papier zu bringen. Um all ihre Ideen unterzubringen, brauchten sie allerdings immer mehr Papier und größere Kartone. Der größte Karton, der in Lana aufzutreiben war, war dann gerade recht. Die Kinder begutachteten ihn, versteckten sich dahinter und meinten, der sei tatsächlich sehr groß. Bald waren sich die Kinder einig, dass der Karton ein Loch brauchte. Ein Loch, das so groß war wie ihr Gesicht. Mit Wasserfarben sollte der Karton nun bemalt werden.
Immer mehr Kinder wollten an der Gestaltung des Buches mitwirken. Über das Thema des Bilderbuches wurde nie gesprochen. Jedes Kind entschied sich ganz selbstverständlich für die Darstellung des eigenen Ichs. Am Ende beteiligten sich 20 Kinder (von 23) an dieser Aktion.
Einige Kinder halfen einander beim Ausmalen ihres Kunstwerkes, andere freuten sich über die neugierigen Zuschauer und wollten keine Hilfe.
Das außergewöhnliche Bilderbuch hatte am Ende 20 faszinierende, ausdrucksstarke Seiten. Das Deck- und das Rückblatt gestalteten einige besonders malfreudige Kinder. Der Titel war klar: „Das sprechende Bilderbuch". Auch ein Untertitel wurde von den Kindern gewünscht: „Ich bin Ich" und „Das bin Ich". Auf das Rückblatt schrieben einige Kinder ihren Namen, wie es sich für richtige Autoren und Illustratoren gehört.
Damit jedes Kind sein Bild mit nach Hause nehmen konnte, wurde jedes einzelne fotografiert und die Aussage jedes Kindes zu seinem Bild dokumentiert.
Die Kinder hatten viel Freude mit ihrem Bilderbuch und waren stolz auf

„Der Karton braucht ein Loch, so groß wie mein Gesicht!"

ihre Gemeinschaftsarbeit. Der Wunsch ihre Kunstwerke auch zu präsentieren, wurde bald laut. Beim Familienfest stellte sich dann jedes Kind hinter seine Seite, steckte den Kopf durch das Loch und ließ das Buch vor dem zahlreichen Publikum sprechen. Manche erzählten in Hochdeutsch, andere bevorzugten den Dialekt.
Zum Schluss gab es für die Kinder noch eine Überraschung. Jedes Kind konnte sein eigenes Bild als Poster mit nach Hause nehmen. Sowohl die Kinder als auch ihre Familien freuten sich riesig darüber.
Das sprechende Bilderbuch wird nicht in der Versenkung verschwinden. Von Zeit zu Zeit wird es an die Bibliothek in St. Walburg verliehen, wo es von allen Bibliotheksbesuchern bespielt werden kann. Um aber seine Lebensdauer zu verlängern wurde ein Duplikat in Form eines Leporellos angefertigt.
Für die Kinder war dieser Prozess eine Zeit intensiver Arbeit und Genugtuung. Auch die pädagogischen Fachkräfte erlebten dieses Experiment als sehr spannend und erfolgreich. Das Team war gefordert genau zu- und hinzuhören, zu beobachten und sich auf die Vorstellungen der Kinder einzulassen. Dieses prozessorientierte Arbeiten gab jedem Kind die Möglichkeit, seine persönlichen Gedanken und Vorschläge in die Gruppe einzubringen und kreativ umzusetzen. Jedes Kind wurde ernst genommen. Anerkennung kam auch von außen; die Familien und die Kindergartendirektorin waren begeistert, die Rückmeldungen waren alle positiv. Das sprechende Bilderbuch wurde sogar zum Dorfgespräch.

[Flora Schwienbacher/Elfi Fritsche]

Veranstalter: Kindergarten St. Walburg, Ulten

Ein Bild vor Augen –
Eine Geschichte im Ohr

Eine weit verbreitete und sehr beliebte Form kleinen Kindern Bücher näher zu bringen, ist das *Bilderbuchkino*. Bibliotheken bieten diese Art der Leseförderung regelmäßig an, ist sie doch technisch einfach durchzuführen und für große Kindergruppen bestens geeignet. Dass diese Art der Buchpräsentation ankommt und immer wieder gewünscht wird, beweisen auch die vielen Programme der Bibliotheken zum Lesefrühling, in denen den kleinen Leserinnen und Lesern das *Bilderbuchkino* angeboten wurde.

Freunde fürs Leben

So heißt das Bilderbuch von Florence Seyvos und so hieß auch die „Märchen- und Bastelstunde" in der öffentlichen Bibliothek in St. Michael/Eppan. 40 Kinder waren gekommen und freuten sich schon auf die Geschichte vom kleinen Dino, der seine Freunde zum Fressen gern hat und deshalb immer allein bleibt. Zu den Dias, die die Bilder des Bilderbuches zeigten, wurden nicht nur die passenden Texte vorgelesen oder erzählt, sondern die Bilder wurden auch genau betrachtet: Die Kinder zählten auf, was sie sahen, welche Gedanken sie sich dazu machten, was ihnen Angst machte, was sie hoffen ließ; sie überlegten zusammen mit dem Erzähler und Bibliothekar Christian Kofler, wie denn der kleine Dino aus seiner misslichen Lage herauskommen könnte und wie die Geschichte wohl ausgehen könnte. Was den Kindern natürlich sofort auffiel, war die Maus, die auf allen Bildern zu sehen war. Nach dem glücklichen Ende der Geschichte durften die kleinen Zuhörerinnen und Zuhörer diese Maus mit Evi Plattner vom „Bastelbedarf Rapunzel" und einigen Müttern basteln. [EF]

Veranstalter: Mittelpunktbibliothek Überetsch, St. Michael/Eppan

Buona notte, buio und Fledolin verkehrt herum

Die Gemeindebibliothek Innichen hat gleich mehrere Bilderbücher in deutscher und italienischer Sprache angekauft. Von jedem Buch wurden Dias gemacht und zu einem Bilderbuchkino zusammengestellt. Die Idee kam in den Grundschulen gut an: Den Kindern einer italienischen Grundschulklasse hatte die Präsentation der Geschichte „Buona notte, buio" so gut gefallen, dass sie sich gleich für eine weitere Erzählstunde angemeldet haben.

Die Fledermaus Fledolin sieht die Welt verkehrt herum und manchmal ist es auch genau richtig, anders zu sein. Mit dem Anderssein beschäftigten sich die Erst- und Zweitklässler in der Öffentlichen Bibliothek in Partschins, als sie sich die Geschichte vom Fledolin anhörten und als Bilderbuchkino anschauten, darüber sprachen und malten. Als Geschenk und zur Erinnerung an diesen Bibliotheksbesuch erhielt jedes Kind einen kleinen „Fledolin". [EF]

Veranstalter: Gemeindebibliothek Innichen, Öffentliche Bibliothek Partschins

Die Blumenstadt

Die Kinder einer Gruppe des „Erzherzog-Eugen"-Kindergartens in Lana lernten den ganzen Lesefrühling hindurch Bilderbücher auf erzählende, malende, spielende und träumende Weise kennen. Als besonderen Abschluss durften sie in der Bibliothek die farbenprächtigen Bilder und die Geschichte der „Blumenstadt" als Bilderbuchkino erleben.
In einer anderen Gruppe stand in dieser Zeit des Lesefrühlings das Bilderbuchkino gleich jeden Monat einmal auf dem Kindergartenprogramm. Für diese Kinder war es jedes Mal ein besonderer Tag, wenn zwei Mamis in ihre Gruppe kamen, den Raum verdunkelten, auf einer großen Leinwand farbige Bilder zeigten und die dazu gehörige Geschichte vorlasen. Danach wurde dann eifrig zum Thema gebastelt und gespielt. Die Begeisterung war so groß, dass zum Abschluss des Kindergartenjahres ein großes Geschichtenfest veranstaltet wurde. [EF]

Veranstalter: Kindergarten „Erzherzog Eugen", Lana

Produkte des Geschichtenfestes

Unser „Grüffelo"

Für den Kindergarten Gand/Eppan stand das Bilderbuch vom „Grüffelo" am Anfang eines längeren und aufwendigeren Projektes mit dem Ziel, die sprachlichen Kompetenzen der Kinder zu fördern und zu stärken sowie sprachliches Handeln mit Lust und Spaß zu erleben.

Das Bilderbuch hatte die Kinder des Kindergartens Gand/Eppan auf Anhieb fasziniert und begeistert. Mit Witz und Humor wird erzählt, wie sich eine kleine Maus durch Pfiffigkeit und Gewandtheit im großen Wald vor Gefahren schützt. In solchen Situationen ist es immer gut, wenn man einen starken Freund hat. Und wenn man keinen hat, muss man sich einen erfinden. So hat es die kleine Maus gemacht und jedem, der sie fressen wollte, mit dem schrecklichen Grüffelo gedroht. Dabei gibt's Grüffelos doch nicht, denkt die Maus, bis sie ihm begegnet.

Immer wieder betrachteten die Kinder das Bilderbuch und wählten es bei den Vorlesepatinnen und Erzieherinnen zum Vorlesen aus. Im November fuhren die pädagogischen Fachkräfte mit ihrer Kindergruppe in die Mittelpunktsbibliothek nach St. Michael/Eppan, wo sie ihrem Lieblingsbuch als Bilderbuchkino begegneten. Die Kinder betrachteten die großen farbenfrohen Lichtbilder und genossen zum x-ten Mal die spannende Erzählung.

Der Bibliothekar erzählte den Kindern auch, dass er die Bilder selbst fotografiert hatte. Und so entstand die Idee: Wir machen auch ein Bilderbuchkino!

Auf gerußte Diagläser zeichneten die Kinder ihre „Grüffelo"-Geschichte. Dazu wurde das Glas aus dem Diarahmen genommen und über einer Kerzenflamme geschwärzt. Auf die rußige Fläche zeichneten die Kinder mit einem Zahnstocher ihre Bilder.

Da den Kindern das Zeichnen auf der kleinen Fläche schwer fiel, zeichneten sie ihr Bild zuerst auf ein großes Blatt und übertrugen es dann auf das kleine Diaglas. Schon während des Zeichnens entstanden die aufregendsten Erzählungen zum Grüffelo.

Auch die jüngsten Kindergartenkinder wollten Bilder zeichnen und haben einfach mit ihren Fingern auf den Ruß gemalt. Es entstanden tolle Gebilde, die die Kinder beim Betrachten gleich kommentierten: *„Des sein die Mauslöcher va dor Maus!"*

Mit einem Aufnahmegerät hielten die pädagogischen Fachkräfte die Erzählungen der Kinder fest. Die Kinder erzählten ihre „Grüffelo"-Geschichte teilweise in Hochdeutsch, so wie sie es vom Bilderbuch her kannten, teilweise im Dialekt.

Aufregender und spannender Höhepunkt allerdings war, das selbst produzierte Bilderbuchkino gemeinsam anzuschauen und anzuhören. So hatten die Kinder *ihre Bilder vor Augen und ihre Geschichten im Ohr.*

Von den Dias wurden DIN-A3-Abzüge gemacht, die zusammen mit den Erzähltexten der Kinder im Rahmen des Lesefrühlings in der Bibliothek St. Michael/Eppan ausgestellt wurden, was die Kinder und Eltern sehr stolz und froh machte.

„Hallo!", sagt die Maus zum Fuchs und der Fuchs zur Maus: „Hallo, kleine Maus. Wohin geht die Reise? Bei mir im Bau gibt's Götterspeise." Maus: „Nein danke, ich muss schon zu Mittag beim Grüffelo sein!" Fuchs: „Was ist das für ein Tier?" (Anna T.)

„Wie dumm von der Schlange, sie fürchtet sich so, dabei gibt's ihn doch gar nicht, den Grüffelo. Oh, na – wer ist dieses Wesen mit schrecklichen Klauen und Stacheln am Rücken und Hörnern, da wird's einem bang!" (Daniel)

„Die Maus knackt Nüsse und freute sich sehr, weil der Grüffelo weg ist. Und ich bin die Maus." (Jakob)

[Christa Nössing/Elfi Fritsche]

Veranstalter: Kindergarten Gand/Eppan, Mittelpunktbibliothek Überetsch, St. Michael/Eppan

Der Zahnstocher wird zum Stift.

Das Diaglas wird geschwärzt.

Das Anhören der eigenen Erzählungen bereitete den Kindern sichtlich Spaß.

Bücher auf dem Laufsteg
Der große Auftritt

Maus, gezeichnet von Jakob

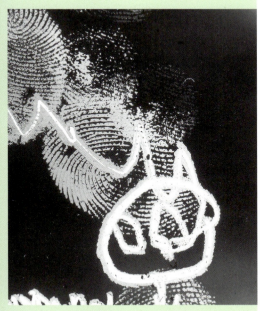

Schlange, gezeichnet von Noel

Schön hatten sich die Kinder der 4. Klasse der Grundschule Sterzing gemacht. In viereckige, bunt beschriftete und beklebte Kartone gehüllt, wollten sie sich der Parallelklasse präsentieren und so ihre Lieblingsbücher vorstellen. Aus einem großen Fundus von Kinderbüchern, den ihnen ihre Lehrerin zur Verfügung gestellte hatte, konnten sie ihr Lieblingsbuch auswählen. Nach dem Lesen stellten sie kurze Szenen zusammen und studierten diese ein.

Auf einem Lesefest führten sie dann den anderen Schülerinnen und Schülern ihre Theaterstücke vor. Leider kamen nicht alle Szenen zur Aufführung, hätte dies doch den zeitlichen Rahmen gesprengt. Beim großen Finale aber, der „Modenschau der Lieblingsbücher", waren dann alle dabei. Dafür hatten die Kinder riesige Buchumschläge (70 x 100 cm) mit allen wichtigen Informationen zum Buch gestaltet. An der Innenseite waren Bänder zum Halten angebracht, sodass sie selbst hineinschlüpfen konnten. Als Laufsteg diente eine Gymnastikbank. Wie es sich für eine richtige Modenschau gehört, gab es eine musikalische Untermalung und jedes Model wurde einzeln vorgeführt und vorgestellt. Die Besonderheit an dieser „Modenschau der Lieblingsbücher" war, dass die Models ihr Kostüm selbst anpriesen. Zum Beispiel „Madita": Sie verneigte sich vor dem gespannten Publikum und begann zu erzählen:

„Ich heiße Madita, geschrieben hat mich Astrid Lindgren, gelesen hat mich Malin. Dieses Buch erzählt von Madita, die eigentlich Margarete heißt: Als sie noch klein war, nannte sie sich selbst Madita. Jetzt ist sie fast sieben und heißt immer noch so. Nur wenn sie etwas angestellt hat, wird sie Margarete genannt. Und sie wird ziemlich oft so genannt, denn auf Birkenlund kann man jeden Tag neue Abenteuer erleben und dabei eine ganze Menge anstellen. So wie neulich, als ich vom Dach gefallen bin. Und das kam so: ..."

Am Ende ihrer Vorstellung ließ sie sich von allen Seiten bewundern, verneigte sich und machte dem nächsten Model auf dem Laufsteg Platz. [EF]

Veranstalter: Grundschule „ Karl Domanig", Sterzing

Aufmerksam verfolgen die Zuschauer die abwechslungsreiche Buchpräsentation.

Bookslam
Welches Buch wird unser Favorit?

Bibliothek der Mittelschule Ritten: Am 11. Mai 2007 musste sich die 3. Klasse in der Millionenshow bewähren, wollte sie ein Buch gewinnen. Wie hoch der Mount Everest ist, könnte man ja noch wissen. Aber wie lang ist der Himalaja in seiner Ausdehnung? 78 km, 21.300 km, 2500 km oder 1999 km? Die Kandidatin und der Kandidat können im Unterschied zur Millionenshow im Fernsehen keinen Joker einsetzen. Den brauchen sie auch nicht, denn beide raten richtig.

Ruth Schmidhammer und Astrid Gerber von der „Drehscheibe" stellten den Schülerinnen und Schülern auf besonders unterhaltsame Weise zehn aktuelle Jugendbücher vor (acht belletristische Titel und zwei Sachbücher). In nur jeweils drei Minuten wurden die Bücher präsentiert. „Der Mount Everest" aus der Reihe „Abenteuer Wissen" wurde über das Quiz á la Millionenshow kennengelernt. Stationen aus „Das außergewöhnliche Leben der Elise Rose" von Mary Hooper wurden in szenischer Darstellung präsentiert und Ruth Schmidhammer berichtete als Nachrichtensprecherin aus einem *Karton-Fernseher* heraus sachlich und nüchtern über eine höchst aufregende Schlüsselstelle aus dem Buch „Boot Camp" von Morton Rhue. Eine Pro- und Contra-Diskussion thematisierte das Buch „Bar Code Tattoo" von Suzan Weyn. Während eine Diskussionsteilnehmerin von den Errungenschaften der Wissenschaft schwärmte, brachte ihre Kontrahentin massive Zweifel an einer totalen Kontrolle zum Ausdruck. Nach jeder Präsentation bewerteten die Jugendlichen das Buch mit Noten von 1–10, wie beim Eiskunstlauf. Das Buch mit der höchsten Punktszahl gewann den *Bookslam* und blieb als Geschenk in der Klasse.

Nach der Auswertung war klar, das Siegerbuch heißt „Bar Code Tattoo". Die Schülerinnen und Schüler hatten sich für ein ernstes Buch entschieden, das nicht nur unterhält, sondern zum Nachdenken anregt, das Auseinandersetzung verlangt und nicht unbedingt eine leicht verdauliche Lektüre ist.

Die Schülerinnen und Schüler konnten nach dieser abwechslungsreichen, schnellen Büchervorstellung noch in aller Ruhe in den vorgestellten Büchern blättern. *Bookslam* spricht begeisterte Leserinnen und Leser genauso an wie Lesemuffel, berücksichtigt diese Aktion doch die immer kürzer werdenden Konzentrationsspannen von Jugendlichen und ähnelt einem sportlichen Wettkampf. Stoppuhr und Trillerpfeife beendeten jede Präsentation nach genau drei Minuten.

[Ruth Schmidhammer/Elfi Fritsche]

Veranstalter: Öffentliche Bibliothek Ritten

Millionenshow

Klapp mich auf –
Ich bin ein Buch

"Pink Chocolate", eine inszenierte Buchvorstellung

Eine junge Sprecherin zeigt ein riesiges Buch aus Karton, „Pink Chocolate", und schlägt die Seiten auf: Förmlich aus dem Buch geschlüpft, sieht man eine Frau – die Lippen auffallend pink geschminkt – im Auto sitzen, stoppen und einen jungendlichen Anhalter einsteigen. Dieser, fasziniert von der beträchtlich älteren Dame, lässt seinen Gedanken freien Lauf. Die Gedanken werden durch einen Sprecher aus dem Off hörbar gemacht. Die Zuschauer, beeindruckt von der Szenerie, begleiten den jungen Fahrgast angespannt, bis der endlich begreift, was die Dame von ihm will und aussteigt. Zum Tag der offenen Tür stellten Schüler und Schülerinnen der Klassen 1 B und 1 E der Handelsoberschule „Franz Kafka" in Meran ihrem zahlreichen und interessierten Publikum zwei Bücher vor. Nach dem Muster „Buchrücken an Buchrücken", in der Ideensammlung „Appetit auf Lesen" beschrieben, setzten sie besonders spannende Kapitel der beiden Jugendbücher „Boot Camp" von Morton Rhue und „Pink Chocolate" von Doris Meißner-Johannknecht in Szene. Geschickt wurden Originaltexte und pantomimische Darstellungen eingebaut. War ein Buch vorgestellt, wurde es wieder zugeklappt. Diese Art der Buchpräsentation war ein großer Erfolg, wie der anhaltende Applaus der Mitschüler, Eltern und Lehrkräfte verriet. [EF]

*Veranstalter: Handelsoberschule
„Franz Kafka", Meran*

part of art
Bilder zum Lesen und Schreiben

Das Angebot an herkömmlichen Maturabällen ist groß, die Nachfrage allerdings mehr als gesättigt und deshalb hat sich eine Abschlussklasse der Fachrichtung Werbegrafik der Lehranstalt für Wirtschaft und Tourismus Meran etwas anderes ausgedacht: Anstatt eines Maturaballs wollten sie eine Bilderausstellung unter dem Motto Sprache bzw. Literatur in Verbindung mit Kunst veranstalten. Das Wort als *part of art* – als Teil der Kunst – sollte sichtbar gemacht werden. Ein Titel, ein Satz oder auch nur ein Wort wurden auf die unterschiedlichste Art dargestellt: bunt, mit starken oder weniger starken Kontrasten oder als Collage. Eindrucksvoll und höchst unterschiedlich wurden Prosa und Lyrik, Wort und Satz auf der Leinwand zum Ausdruck gebracht.

Die Werke wurden in der Öffentlichen Bibliothek Partschins ausgestellt, die gleichzeitig ihr 10-jähriges Bestehen feiern wollte. Mit dem Erlös aus dem Verkauf der Bilder sollte die Maturareise finanziert werden. Die Ausstellung war erfolgreich; schon bei der Eröffnung diskutierte das Publikum angeregt über die Bilder und viele Besucher nutzten die Gelegenheit, konkrete Preisangebote zu machen. Wer weiß, vielleicht hat jetzt so manch einer das Werk eines viel versprechenden jungen Künstlers oder einer aufstrebenden jungen Künstlerin zu Hause hängen. [Barbara Rechenmacher / Helga Hofmann]

*Veranstalter: Lehranstalt für Wirtschaft
und Tourismus „Peter Mitterhofer", Meran
Öffentliche Bibliothek Partschins*

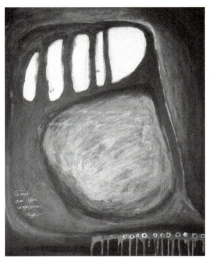

Fernab am Ufer vergessener Tage

Bücherskulpturen
Schmetterlinge, Pilze, Blumen …

Es blüht im Wirtschaftslexikon

Seit dem Lesefrühling schmücken beeindruckende Skulpturen die Schulbibliothek der Fachoberschule für Soziales „Marie Curie" in Meran. Bücherwürmer ragen aus Bücherregalen, ein Büchernetz hängt von der Decke, ein Käfer schaukelt auf einer Buchschaukel. In einem aufgeschlagenen Wirtschaftslexikon blühen Blumen auf grünen Buchseiten und ein Schmetterlingsschwarm umschwirrt ein an die Decke geklebtes Buch.

Die Idee zu diesen Bücherskulpturen hatte die Abschlussklasse 5 A der allgemeinen Fachrichtung im Kunstunterricht. Unter der Anleitung von Bernhard Pircher überlegten sich die Schülerinnen und Schüler, wie sie Bücher kreativ präsentieren könnten. Als Vorgabe galt, sich mit einem alten, beschädigten oder aus der Bibliothek ausgeschiedenen Buch zu beschäftigen. Da die Objekte im Rahmen des *Südtiroler Lesefrühling*s entstanden, sollten der Frühling und das Wachsen thematisiert werden. So entstanden Objekte von großer Aussagekraft, wie „Leseblumen" oder „zerbrochene Bücherträume". Bücher sprossen nun wie Pilze aus dem Boden und aus einem Buch wuchs Kresse, ein anderes wurde sogar mit einem Messer ermordet. Alle Objekte waren bis Ende Mai in der Schulbibliothek zu bewundern, einige sind noch heute ein beeindruckender Blickfang.

[Rosmarie Pixner]

Veranstalter: Lese- und Informationszentrum LIZ der Fachoberschule für Soziales „Marie Curie", Meran

 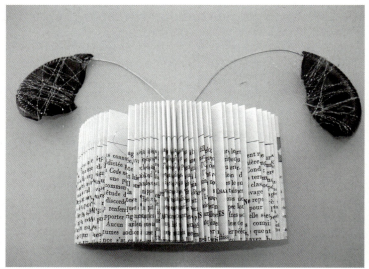

Einige Beispiele der Bücherskulpturen der Schülerinnen und Schüler der Fachoberschule für Soziales „Maria Curie" in Meran

Das ist mein Lieblingsbuch

Unter diesem Motto gestalteten die Schülerinnen und Schüler der zweiten Klasse der Mittelschule „Josef Röd" in Bruneck eine Ausstellung in der Bibliothek. Sie hatten den Auftrag, für ihr Lieblingsbuch zu werben und den Inhalt in einem dreidimensionalen Werk wiederzugeben, und zwar so, dass die Darstellung über das Buch informiert. Gar nicht so einfach! Bei der Umsetzung der Aufgabe wurden die verschiedensten Materialien verwendet, um Neugierde und Spannung zu erzeugen. Im Schloss von Harry Potter fehlten selbst die Besen nicht, ein möblierter Schuhkarton erzählte die Geschichte der Hauptdarsteller, einem grasgrünen Frosch konnte man das Maul aufmachen und sich Informationen zum Buch herausholen. Welches Buch sollte man sich da wohl zuerst ausleihen? [EF]

Veranstalter: Mittelschule „Josef Röd", Bruneck

„Ngorongoro dove lo sterco di mucca porta fortuna", der Titel eines italienischen Buches, das als Bauernhof präsentiert wurde.

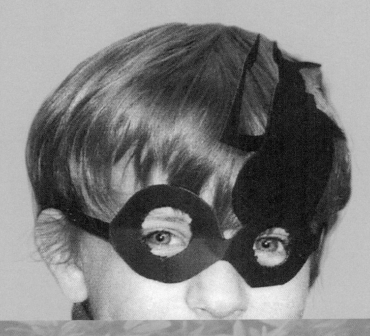

Bücherpräsentation

Egal ob Roman, Bildband, Sachbuch, Ratgeber, Biografie, Krimi, Thriller, Nachschlagewerk oder Lyrikband – das Buch braucht Raum und eine Plattform, um sich seinen Lesern zu präsentieren.

Wer liest, hebt ab!
Aber nur mit dem richtigen Buch

Countdown

10 zerquetschte Zahnstocher
9 neugierige Nilpferdbabys
8 arbeitsscheue Ameisenkinder
7 sandige Seeungeheuer
6 salzige Schokoladeneier
5 filmreife Fußballspieler
4 verwunschene Vogelnester
3 durchsichtige Drahtesel
2 zottelige Zahnspangenträger
1 einsamer Eidotter

David Frötscher, 4. Klasse Grundschule

Buchausstellung im Waltherhaus

Auch im Lesefrühling präsentierte das Südtiroler Kulturinstitut im Waltherhaus eine stattliche Auswahl von Neuerscheinungen der unterschiedlichsten Bereiche. Über sechshundert Bücher von sechzig Verlagen luden zum Schmökern ein: wissenschaftliche Fachliteratur, Sachbücher, Belletristik, Bildbände, Koch- und Gartenbücher, Schulbücher und Reiseführer, vor allem viele Bücher zu den Themen Geschichte und Kunstgeschichte. Die Eröffnung der Ausstellung war gut besucht, Höhepunkt war eine Lesung mit der aus Lana stammenden und in Wien lebenden Autorin Sabine Gruber, die ihren neuesten Roman „Über Nacht" vorstellte. (HH)

Veranstalter: Südtiroler Kulturinstitut, Bozen

Literatur im März

Im Foyer des Waltherhauses, wo „Literatur im März" stattfand, gab es eine Ausstellung von Kinder- und Jugendbüchern aus dem deutschsprachigen Raum. Gezeigt wurden vorwiegend Neuerscheinungen; viele Bücher waren so brandneu, dass sie direkt aus der Druckerei in die Ausstellung kamen. Eine gute Gelegenheit für alle Bücherliebhaber, sich einen Überblick über die Frühjahrsproduktion der Verlage zu verschaffen.
Neben den Büchern wurden auch Bilder der Wiener Künstlerin Helga Bansch gezeigt, 31 Originalillustrationen aus ihren Bilderbüchern.
Ein vielfältiges Rahmenprogramm mit Lesungen, Sprach- und Malwerkstätten sowie Erzählstunden rundete die Ausstellung ab. Besonders gut angekommen ist die Werkstatt mit Selda Marlin Soganci, die mit den Kindern literarische Sets gestaltete. Figuren aus Selda Marlin Sogancis Büchern wurden in einen neuen Kontext gestellt, bemalt und in eine Folie eingeschweißt. Nun liegen die Sets daheim auf dem Frühstückstisch und dienen als Untersetzer für die Kaffeetasse.

Zu Gast bei „Literatur im März" waren auch Gerda Anger-Schmidt und ihr Sohn Martin. Gerda Anger-Schmidt ist in Südtirol keine Unbekannte mehr. Immer wieder fasziniert sie Kinder mit ihren Sprachspielereien: Wort- und Sprachspiele, Alphabet-Spiele, Reime, Redensarten und Limericks. Eindrucksvoll jongliert sie mit Buchstaben, Silben, Wörtern und Sätzen, bis aus bekannten Redensarten witzige, kreative Neuschöpfungen entstehen, die bei den Kindern die Lust auf eigene Sprachspielereien wecken. Die Kinder arbeiteten begeistert mit und trugen ihre selbst verfassten Texte mit großem Stolz vor.

Parallel zu den Werkstätten von Selda Marlin Soganci und Gerda und Martin Anger gab es eine Werkstatt zum Thema Büchermachen. Grundlage dafür bildete das Buch „Vom Büchermachen" von Gudrun Sulzenbacher. Sie war es auch, die den Kindern auf spannende und anschauliche Weise zeigte, wie sie ihr Sachbuch gemacht hat.
Dabei erklärte sie, was ein Zwiebelfisch in einem Buch zu suchen hat oder ein Schusterjunge, was eine Witwe ist oder warum Schafe freigestellt werden müssen.
Während Jacky Gleich, eine Illustratorin aus Schwerin, mit den Grundschulkindern ein Leporello gestaltete, las die Autorin Lilli Thal vor hoch konzentrierten Jugendlichen aus ihrem Buch „Mimus".
Maria Blazejovsky aus Wien bot mit ihrem Bilderbuch „Gretel und Hänsel und die Hexe im Wald" eine Märchenwerkstatt der anderen Art an und Verena Pfeifer hat das Rahmenprogramm um eine Geschichtenwerkstatt erweitert. Zum Schluss las Maria Theresia Rössler noch aus ihrem Bilderbuch „Tausche Theo" vor. [HH]

Veranstalter: Jukibuz im Südtiroler Kulturinstitut und Pädagogisches Institut für die deutsche Sprachgruppe, Bozen, Drehscheibe – Arbeitskreis Kinder- und Jugendliteratur, Brixen, Amt für Bibliotheken und Lesen, Bozen

Buntes Treiben rund ums Lesen

„Wie kann man das bunte Treiben rund ums Lesen in den Mittelpunkt stellen und zeigen, wie lebendig und vielfältig Leseräume und Wörterträume sein können?", fragten sich die Mitarbeiterinnen des Kindergartens Milland. Es sollte keine herkömmliche Buchausstellung werden, sondern eine etwas andere: Ein Erlebnisraum, in dem sich kleine und große, alte und junge Menschen, die Geschichten mögen und gerne in ausgewählten Büchern schmökern, begegnen können.
In der Ausstellung wurden Leseräume liebevoll gestaltet, mit Schaukelstuhl oder einem gemütlichen Bett. Mitarbeiterinnen der Drehscheibe, dem Arbeitskreis für Kinder- und Jugendliteratur, stellten den Gästen ausgewählte, zum Großteil preisgekrönte Bilderbücher zur Verfügung. Jeden Nachmittag kündigte ein Gong eine _geschenkte Vorlesestunde_ an. Eine _Bilderbuch-Hitparade_ ermittelte die drei Lieblingsbücher. Zur Erinnerung an den Lesefrühling durfte jeder Kindergarten eines der gewählten Lieblingsbücher behalten. Die Ausstellung zeigte darüber hinaus Pappmaschee-Figuren der Brixner Künstlerin Erna Valentini.
Viele kleine und große Kinder, Papis und Mamis, Omas und Opas, pädagogische Fachkräfte, Lehrerinnen und Lehrer, Schulklassen und Kindergartengruppen ließen sich von der besonderen Atmosphäre und den Geschichten verzaubern und trugen dazu bei, dass diese Ausstellung zu einem wahren Ort der Begegnung wurde.
[Renate Nössing/Marlene Sellemond]

Veranstalter: Kindergartendirektion Brixen

Zauber der Wüste

Eine Ausstellung mit zahlreichen Wüstenfotos wurde auf die Reise geschickt. Ganz unterschiedliche Menschen haben Bilder aus ganz unterschiedlichen Wüsten der Erde – z. B. auch aus der Eiswüste Grönlands – bereitgestellt, die dann mit Sach- und erzählende Bücher, Videos und DVDs ergänzt wurden. Mit diesen Materialien konnten sich Interessierte in die Thematik vertiefen. Die Ausstellung wurde in mehreren Bibliotheken und Oberschulen gezeigt. An einigen Ausstellungsorten wurde auch ein reichhaltiges Rahmenprogramm mit feierlicher Eröffnung und Fachvorträgen angeboten.
[Margret Bergmann]

Veranstalter: Margret Bergmann in Zusammenarbeit mit mehreren Bibliotheken

> „Bücher sind
> wie gute Freunde
> jederzeit für dich da.
>
> Du liest aus ihnen,
> lachst, weinst,
> teilst Gefühle, träumst.
>
> Grad ihr Schweigen
> tut dir manchmal
> gut."
>
> Uli Pircher

Lesen im Schaukelstuhl ...

... auf dem Leseelefanten

Bücher, Zeitschriften, Videos und DVDs begleiteten die Wüstenbilder.

Children's corner –
Mostra di libri d'artista

Finalità L'archivio Opla nasce nel 1997 con la finalità di raccogliere libri per bambini ideati da artisti. In occasione dei dieci anni dalla fondazione, le opere dell'archivio sono state presentate al pubblico per far conoscere la ricchezza e il valore del patrimonio librario ivi conservato e dare così la possibilità di comprendere meglio l'interazione tra arte, infanzia e oggetto-libro.

Descrizione dell'attività Nel corso di una grande mostra tenutasi presso la galleria Merano arte sono stati esposti lavori – come progetti originali, menabò, prime edizioni ecc. – di artisti internazionali che hanno realizzato libri per bambini, taluni anche una volta soltanto. Si tratta di libri arditi, fuori dalle regole, che si discostano da quelli tradizionalmente destinati all'infanzia e all'adolescenza sia per le immagini e i testi, sia per la veste grafica e che rappresentano proprio per questo delle vere e proprie opere d'arte.

In occasione della mostra ha avuto luogo un laboratorio didattico caratterizzato dall'interattività da parte dei bambini e dei visitatori. La presenza di una serie di focus dedicati ad alcuni artisti – in particolare Munari, Boetti, Warhol e Borghi – ha costituito per il pubblico l'occasione di allargare le proprie conoscenze e ha reso possibile un confronto con quanto contenuto nei vari libri.

Parte di questo prezioso materiale è stato esposto anche a Bolzano presso il Centro Trevi dal 9 al 18 maggio, mentre l'11 maggio 2007 Barbara Nesticó e Umberto Massarini, responsabili di Opla, hanno presentato il progetto alla cittadinanza, ripercorrendo i dieci anni di vita dell'archivio.

Destinatari Bambini con le loro famiglie, insegnanti.

[Barbara Nesticó]

Organizzatori: Biblioteca Civica di Merano, Comune di Merano, Merano arte

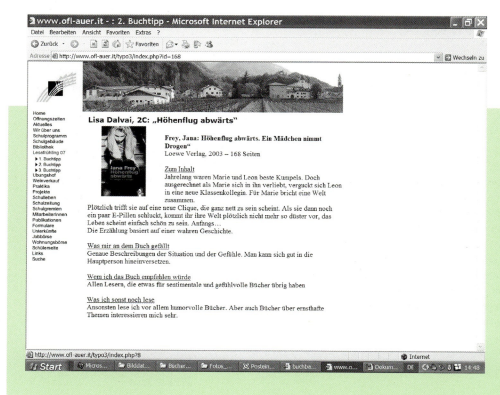

Bücher präsentieren sich im Internet
Neue Medien helfen bei der Buchauswahl

buchbaum.com

Reinhard Oberkofler aus St. Jakob im Ahrntal präsentiert im Internet unter www.buchbaum.com Bücher und garniert jedes Buch mit einem „Genießertipp". Die Bücher sind nach den vier Jahreszeiten geordnet und zu jeder Jahreszeit findet man passende Buchtipps aus den Bereichen Literatur, Kunst und Kultur, Kinder, Abenteuer und Leben, Kochen und Skurriles.
Zum Roman „Liebesleben" von Zeruya Shalev empfiehlt Oberkofler den Genuss eines Glases Château Beausite Haute-Vignoble: „Freuen Sie sich auf diesen grandiosen Rotwein aus dem Süden Frankreichs. Er umgarnt den Genießer mit traumhaften Aromen von Blaubeeren, Cassis und einem Hauch von Zedernholz. Weich und sehr charmant präsentiert sich der Körper. Mit verführerischem Schmelz verabschiedet sich dieser große Wein."
Zu Martin Walsers „Angstblüte" wird ein Cognac aus dem Hause Rémy Martin empfohlen: „Rémy Martin ist das einzige Cognac-Haus, das seine Trauben ausschließlich aus den beiden besten Lagen im Herzen der Region Cognac auswählt – der Grande Champagne und der Petite Champagne. Nur die Eaux-de-vie dieser beiden Lagen bieten aufgrund der Bodenqualität und außergewöhnlicher geologischer Bedingungen eine solche Fülle von Aromen."
Na dann, wohl bekomm's! [HH]

Betreiber der Homepage:
Reinhard Oberkofler, St. Jakob im Ahrntal

Network L: Lieblingsbücher – Lektüretipps – Lesertreff

All dies und mehr steht hinter dem Begriff „Network L". Schülerinnen und Schüler der Oberschule für Landwirtschaft in Auer präsentieren auf den Internetseiten ihrer Schule ihre Lieblingsbücher. Ob Krimi oder historischer Schmöker, ob Fantasy-Kultbuch oder Liebesroman – für jeden Lesehunger gibt es Lesetipps. Die jungen Leute greifen diese Empfehlungen gerne auf. Neugierig geworden? Buchtipps gibt es unter www.ofl-auer.it [HH]

Veranstalter: Oberschule für Landwirtschaft, Auer

Leselabyrinth und Lesefrühling

Der virtuelle Leserucksack im Bildungsserver blikk ist an keine Jahreszeit gebunden, sondern eher mit einem Mobile vergleichbar – immer in Bewegung. Die Ausstattung der einzelnen Räume ist für alle Schul- und Altersstufen dieselbe und umfasst:
- nach Schul- bzw. Altersstufen gegliederte Buchvorschläge bzw. Bücherlisten,
- das dazugehörige Forum, in dem sich alle Leserinnen und Leser mit ihren Überlegungen, Kommentaren, Fragen, Arbeitsergebnissen einbringen und austauschen können.

Eine weitere Nische des Leselabyrinths bietet verschiedene Theorien rund um das Lesen an und liefert – nicht nur für Lehrende – eine Vielfalt von Impulsen für den Umgang mit Texten.
Seiner Bestimmung gemäß ist das Leselabyrinth vor allem immer wieder Schauplatz von Leseprojekten, bei denen Klassen aus verschiedenen Orten Lesepartnerschaften gründen. So lernten sich im Lesefrühling Mittelschülerinnen und Mittelschüler aus dem Vinschgau und Gleichaltrige aus dem Pustertal kennen und diskutierten auf elektronischem Weg angeregt über die gemeinsame Lektüre und ihre Lesegewohnheiten.
Im selben Zeitraum ließen sich Kinder der Grundschule zu etwa 20 Geschichten über das Leseschweinchen „Oink" inspirieren und stellten ihre schriftlichen Produkte ins Forum.
Der Lesefrühling 07 ist vorbei, aber im Leselabyrinth wird munter weitergelesen und -geschrieben: Bei den Projekten „Kolibri" und „Römer" gab es beinahe 200 Foreneinträge, der 100. Geburtstag von Astrid Lindgren wurde im Forum von Südtiroler Kindern gemeinsam mit ihren Wiener Kolleginnen und Kollegen gefeiert.
[Helene Dorner]

Veranstalter: Pädagogisches Institut für die deutsche Sprachgruppe, Bozen

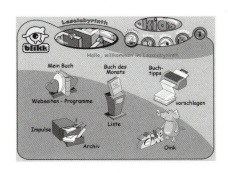

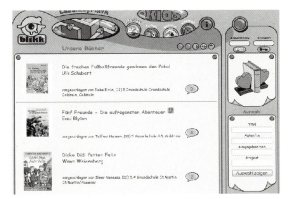

B wie Brillen und Bücher
Frühjahrsbrillenkollektion

Die neuen Modelle

Die Schülerinnen und Schüler verschiedener Schulstufen haben zu Büchern ihrer Wahl Lesebrillen gestaltet. Es entstanden kunstvoll gestaltete Brillen in Form von Herzen, Bällen, Blumen, Mäusen, Katzen und Hunden, um nur einige Beispiele zu nennen. Das Vorlesen der Textauszüge aus dem ausgewählten Buch machte so nicht nur Spaß, sondern verleitete die Zuhörerinnen und Zuhörer dazu, noch aufmerksamer hinzuhören.

Andere Schülerinnen und Schüler widmeten sich wiederum verschiedenen Sparten der Literatur: Liebesroman, Abenteuergeschichten, Sportreportagen und Krimis konnten fortan durch eine ganz besondere Brille betrachtet werden. Die rosarote Brille, die dunkle geheimnisvolle Brille …, alle Modelle der neuesten Brillen-Frühjahrskollektion wurden in der Bibliothek ausgestellt und allseits bewundert.

[EF/HH]

Veranstalter: Mittelschule Wolkenstein, Gröden und Handelsoberschule „Franz Kafka", Meran

Lesebrillen und mehr

Die Kinder der dritten Klassen der Grundschule Auer waren zu einer Büchervorstellung in der öffentlichen Bibliothek eingeladen. Den Kindern wurden Bücher verschiedenster Sparten schmackhaft gemacht, sodass es für sie einfach war, sich für ein Buch zu entscheiden. Diese Favoriten wurden von der Bibliothek angekauft und konnten nach dieser Aktion von allen ausgeliehen werden. Für die Schulkinder war es eine besondere Ehre, die Erstleser der Bücher zu sein.

Nach etwa zwei Wochen hatten die Kinder die Bücher gelesen und sollten sie nun anderen Kindern vorstellen. Um kurz über den Inhalt zu informieren, verfassten die Kinder Klappentexte, die sie mit der Hand oder dem Computer auf Karton schrieben. In der örtlichen Buchhandlung wurden die Bücher und Texte im Schaufenster ausgestellt. Eine besondere Attraktion waren die Lesebrillen, die von den Kindern, passend zum Inhalt der Bücher, aus Papier gebastelt worden waren. Zur Liebesgeschichte gehörte selbstverständlich die Brille in Herzform. Darüber hinaus hielten die Kinder im Geschäft eine Vorlesestunde. Mit den originellen Lesebrillen auf der Nase wurden den Anwesenden Ausschnitte aus dem dazugehörigen Buch vorgelesen, was bei so manchem die Lust aufs Lesen weckte. [Julia Grasser]

Veranstalter: Grundschule Auer, Öffentliche Bibliothek Auer, Buchhandlung Franzelin

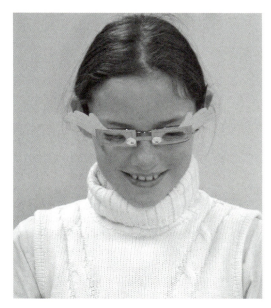

- Ich entwickle eigene Ideen und setze sie kreativ um.
- Ich kann so vorlesen, dass mir andere gut folgen können.

Bücher für Senioren
Gezielte Angebote

Bücher im Großdruck und Hörbücher

Die durchschnittliche Lesebiografie erreicht im jungen Erwachsenenalter ihren Höhepunkt und nimmt dann im Verlauf des Lebens fast kontinuierlich ab. Mittlerweile hat sich das Fernsehen zu einer sehr beliebten Seniorenbeschäftigung entwickelt. Die Entwicklung weg von einer lesenden und hin zu einer fernsehenden Seniorenschaft scheint unaufhaltsam. Senioren lesen kaum noch Kindern vor und klagen zunehmend über Konzentrationsschwäche. Zu verlockend ist das Fernsehen, das, oberflächlich gesehen, Einsamkeitsgefühle verdrängt, den Menschen Entspannung und Unterhaltung bietet und das passive Konsumverhalten fördert. Ein zusätzlicher Grund ist sicher das geschwächte Sehvermögen im Alter. Dazu gesellen sich oft noch eine Überforderung angesichts der Fülle von Publikationen, eine Schwellenangst vor Buchhandlungen und Bibliotheken und die zu hoch empfundenen Preise für Bücher. Abhilfe schaffen können Bibliotheken mit einem gezielten Angebot an Büchern mit Großdruck, Hörbüchern und Aktionen rund ums Lesen. Deshalb hat sich der Lesefrühling auch um die Leseförderung von älteren Menschen bemüht.

Über Bücher und Lesen plaudern

Am „Welttag des Buches" wollte die Bibliothek in Teis gemeinsam mit der Seniorengruppe die Wichtigkeit des Lesens im Alter hervorheben. Die Referentin Lena Adami erzählte von den Anfängen des Lesens, zeigte Bilder von Leseorten und forderte die anwesenden Senioren auf, ihren Enkelkindern möglichst viel vorzulesen oder ihnen Geschichten zu erzählen. Sie hob auch besonders die Rolle der älteren Menschen als wirkungsvolles Vorbild hervor, vor allem dann, wenn sie das Lesen selbst als anregende und stimulierende Tätigkeit wahrnehmen. In gemütlicher Runde erzählten einige Senioren über ihre eigenen Leseerfahrungen und viele erinnerten sich an die schwierigen Leseverhältnisse von früher, als Bücher kaum vorhanden waren und das Lesen oft als unnütze Beschäftigung abgetan wurde. Die Bibliothekarin zeigte ihre Ausstellung von Großdruck- und Hörbüchern, stellte dann einige Neuerscheinungen vor und lud die Anwesenden zum Schmökern und gemütlichen Plaudern über Bücher ein. [HH]

Veranstalter: Seniorengruppe, Öffentliche Bibliothek Teis

Bücher bei Kaffee und Kuchen

Auch die Bibliothek „Tresl Gruber" in St. Christina versuchte, ihrer älteren Leserschaft regelmäßig Angebote zu unterbreiten. Bei den Treffen wurden Bücher zu einem Thema vorgestellt, das für ältere Menschen interessant sein könnte. Bei Kaffee und Kuchen wurde dann über die Inhalte der Bücher gesprochen. [HH]

Veranstalter: Öffentliche Bibliothek „Tresl Gruber", St. Christina/Gröden

So wor's!

Unter diesem Motto bot die Stadtbibliothek Sterzing Nachmittagsveranstaltungen an, bei denen es in erster Linie darum ging, Senioren in die Bibliothek zu holen. Gemütliches Beisammensein und Erzählungen von damals bildeten den Rahmen für diese Aktion. Ziel war es, Schwellenängste abzubauen, die ältere Menschen der Bibliothek gegenüber haben. Die Veranstaltungen waren ein Erfolg und es ist der Bibliothek gelungen, einige neue Leserinnen und Leser zu gewinnen. [HH]

Veranstalter: Stadtbibliothek Sterzing

Interessantes Angebot für ältere Leser und Leserinnen

Lust auf Lesen? Dazu ist man nie zu alt!

Die öffentliche Bibliothek von Mals wandte sich mit einer Sammlung von Lesetipps an die Senioren im Dorf. Die Lesetipps lagen nicht nur in der Bibliothek aus, sondern auch im Seniorentreff und im Seniorenheim. Die Aktion fand großen Anklang und in der Folge wurden vermehrt Bücher mit Großdruck und viele Bücher mit Südtirol-Bezug ausgeliehen. Auch in Mals ist es gelungen, mehr ältere Leserinnen und Leser in die Bibliothek zu holen. [HH]

Veranstalter: Öffentliche Bibliothek Mals, Seniorenheim und Seniorentreff Mals

Ein Buch für dich –
Ein Buch für mich

Eine Buchvorstellung ist eine gängige Art, um für Bücher zu werben und diese unter die Leute zu bringen. Für jeden Geschmack etwas auf Lager zu haben, das will gekonnt sein. Gibt man dazu noch eine kleine Prise Extravaganz, wird daraus ein ganz besonderes Ereignis.

Es lebe die Gerechtigkeit

So geschehen an der Handelsoberschule in Meran. Die Klassen 1 B und 1 C verlegten ihre Buchvorstellungen kurzerhand an einen anderen Ort: Sie zogen aus dem Schulgebäude aus und für eine Schulstunde in das Meraner Bezirksgericht ein. Im Gerichtssaal verlasen einige Schülerinnen und Schüler die passende Lektüre, und zwar die Kurzgeschichten „Der Prozess" und „Es lebe die Gerechtigkeit" aus dem Band „Kille, Kille" von E. W. Heine. Die Zuhörerinnen und Zuhörer waren erstaunt, verwundert und belustigt über den Her- und Ausgang dieser eigenartigen, teils makaberen Gerichtsverhandlung. [EF]

Lesung aus E. W. Heine „Kille, Kille"

Es grünt so grün, wenn Bücherblüten blühen …

Passend zum Frühling wollte die Schulbibliothek der Handelsoberschule Meran auf ihre in der Bibliothek ausgestellten Bücher aufmerksam machen: Sie *pflanzte* einen riesigen Baum vor dem Eingang der Bibliothek. Bunte Blüten lockten neugierige Leser an, die im Inneren jeder Blüte den Buchumschlag eines Jugendbuches entdecken konnten. Und wenn man Glück hatte, stand das Buch auch noch im Regal der Bibliothek und wartete darauf, ausgeliehen zu werden. [EF]

Veranstalter: Handelsoberschule „Franz Kafka", Meran

Bücherblüten locken neugierige Leser in die Bibliothek.

Das Dreimaldrei der Literatur

Das Team der Bibliothek im Ballhaus von Neumarkt hat nach einem Weg gesucht, wie ihre Leserinnen und Leser Bücher ihrer Wahl einem interessierten Publikum vorstellen können. Entstanden ist die Veranstaltungsreihe „Dreimaldrei der Literatur". Bei den drei Treffen in der Bibliothek haben drei Leser oder Leserinnen jeweils drei Bücher vorgestellt: ein Sachbuch, ein belletristisches Werk und ein Buch eines Südtiroler Autors oder einer Südtiroler Autorin. An jedem Abend wurden neun Titel besprochen und weiterempfohlen. Das interessierte Publikum hat mitgelesen, mitgehört und mitgeredet und war von dieser Veranstaltungsreihe, die sicher eine Neuauflage finden wird, begeistert. [HH]

Veranstalter: Bibliothek im Ballhaus, Neumarkt

Literaturrunden

Im Mittelpunkt stand die Vorstellung von Neuerscheinungen sowie das freie, ungezwungene Gespräch über Literatur. Es handelte sich dabei um regelmäßig organisierte Treffen im Rhythmus von vier bis fünf Wochen; im Lesefrühling waren es drei Treffen. Markus Fritz, Leiter der Literaturrunden Meran und Kaltern, stellte insgesamt 34 Neuerscheinungen vor. Bei jedem Treffen – es hatten sich ca. 15 interessierte Leserinnen und Leser angemeldet – standen drei bis vier Bücher zur Auswahl, daraus sollte ein Buch bzw. sollten zwei Bücher ausgewählt und bis zum nächsten Treffen gelesen werden. Die Gruppe in Meran entschied sich für folgende Bücher, die in den drei Treffen des Lesefrühlings genauer unter die Lupe genommen wurden:

„Über Nacht" von Sabine Gruber, „Ruhelos" von William Boyd, „Tannöd" von Andrea Maria Schenkel und „Liebesarchiv" von Urs Faes. Die Teilnehmerinnen und Teilnehmer waren nicht verpflichtet, das Buch oder die Bücher zu lesen. Das darauf folgende Treffen eröffnete der Moderator mit einer kurzen Inhaltsangabe der Bücher des Abends, sodass auch jene, die das Buch nicht gelesen oder nicht zu Ende gelesen haben, dem Gespräch folgen konnten. Bei der Besprechung der gelesenen Bücher standen persönliche Leseerfahrungen im Vordergrund. „Was mir besonders wichtig erscheint, ist die Leserinnen und Leser auf Themen, Motive und Erzähltechniken sowie auf den Sprachgebrauch aufmerksam zu machen, ohne dass das Ganze zu wissenschaftlich wirkt", so umschreibt Markus Fritz seine Rolle als Moderator. Da das Publikum sehr unterschiedlich war – es nahmen sowohl Lehrkräfte, Mitarbeiterinnen und Mitarbeiter der Bibliothek als auch Hausfrauen teil –, waren die Sichtweisen sehr vielfältig. Das wirkte sich auf das Gespräch sehr positiv aus. „Ziel ist es, gut lesbare Literatur, keine Bestseller, der Leserschaft näher zu bringen, denn Bestseller brauchen keine Unterstützung. Besonders wichtig ist es, dass die Teilnehmer selbst beurteilen können, wieso sie ein Buch als gut erachten oder nicht, d.h., dass sie sich Kriterien aneignen, die es ihnen leichter machen, Bücher weiterzuempfehlen oder auch nicht."

Mittlerweile finden diese Literaturrunden auch in anderen Bibliotheken statt und erfreuen sich zunehmend größerer Beliebtheit.

Zu diesen Literaturrunden gibt es neuerdings einen Weblog mit den neuesten Informationen: http://markusfritz.wordpress.com [HH]

Veranstalter: Amt für Bibliotheken und Lesen, Bozen

Bücherfreunde treffen sich zur Literaturrunde in Meran.

Leggere insieme

I gruppi di lettura rappresentano una metamorfosi della lettura individuale, solitaria e privata. Solo che alla stanza tutta per sé – l'unico luogo in cui può nascere e riprodursi la lettura di piacere – si aggiungono il valore della condivisione e la difficile scommessa sulla comunicabilità di quel piacere. Anche il luogo "biblioteca" acquisisce un valore diverso, in quanto il gruppo lo riconosce come spazio proprio da sostenere, difendere e far apprezzare dall'intera comunità cittadina.

Quella dei gruppi di lettura è un'attività che, partendo dall'esperienza dei paesi angloamericani, dove i gruppi hanno ormai una struttura vivace e bene organizzata, si è ormai diffusa in tutto il mondo.

La biblioteca Archeoart di Bolzano ha promosso nel periodo da metà gennaio a fine aprile 2007 la formazione di tre gruppi di lettura che hanno letto i seguenti libri: "La Principessa di Mantova" di M. Ferranti; "Michelangelo" di A. Forcellino; "Misteri del chiostro napoletano" di E. Caracciolo. Durante la lettura si sono alternati momenti di discussione e confronto. Presso il Centro Trevi, nell'ambito della conferenza "Dalla lettura collettiva alla lettura condivisa. L'esperienza dei gruppi di lettura in Italia e all'estero", a cura di Luca Ferrieri e Marilena Cortesini, è stata offerta l'occasione a tutti gli interessati di assistere a una simulazione di come si pratica una lettura in gruppo.

L'iniziativa era rivolta a tutte le persone appassionate di lettura e di tematiche legate al mondo dell'arte.

[Alessandra Sorsoli]

Organizzatori: Patrizia Zangirolami, Maria Augusta Merotto, Mauro Boccuzzi, Ulderico Brazzoli, Giuseppina Scalzotto di Archeoart

Ein Verlag zeigt, wie Bücher entstehen

Ein paar Stunden in die Verlagsarbeit schnuppern, begreifen, wie in vielen kleinen Schritten ein Buch entsteht, dazu lud der Folio Verlag ein. Viele Interessierte, darunter 65 Schülerinnen und Schüler, besuchten am Vormittag der offenen Tür den Verlag.

Drei Folio-Mitarbeiterinnen und der Verleger Hermann Gummerer erklärten, welche Aufgaben ein Verlag übernimmt und welche Arbeiten anfallen: Mindestens ein halbes Jahr vergeht, bis aus dem Manuskript eines Autors oder einer Autorin ein fertiges Buch entsteht. Dabei legen viele Fachkräfte – von der Grafikerin über den Setzer bis zum Drucker – Hand an. Der Verlag ist so etwas wie die Schaltzentrale und die Schnittstelle. „Wer verdient an einem Buch am meisten?", wollte ein Schüler wissen. „Wie lange bastelt eine Autorin an ihrem Manuskript?", fragte eines der Mädchen. Rede und Antwort stand neben den Verlagsleuten auch die Sachbuchautorin Gudrun Sulzenbacher. Anhand von Dias erklärte sie anschaulich und Schritt für Schritt, wie ein Bildsachbuch entsteht.

Komplex, aber hochinteressant fanden die Besucher den Prozess des Büchermachens – sicher ein Ansporn, sich das nächste Buch ein bisschen genauer anzuschauen.

[Petra Augschöll]

Veranstalter: Folio Verlag, Bozen

Ausschnitt aus dem Plakat zum Sachbuch „Vom Büchermachen"

Tag der offenen Tür im Folio-Verlag

Kulinarisches
Literaturmenüs

Ein Tischset
für jeden Gast

Im Leserestaurant

Lesen soll etwas Kulinarisches sein? – Gespannt und neugierig betraten die Schülerinnen und Schüler die Schulbibliothek und blickten erstaunt auf die gedeckte Tafel: Hier ein Restaurant?
Genau in diesem *Leserestaurant* konnten die Kinder und Jugendlichen einer Klasse erfahren, wie genussvoll das Lesen sein kann. Nicht bloß eine große Auswahl an Lektüre, sondern ein einladend gedeckter Tisch und ein spezielles Ambiente machten Appetit auf Lesen.

Bücherwahl Für das Leserestaurant war natürlich entsprechendes Lesefutter erforderlich: eine Menükarte mit Büchern, die der jeweiligen Schulstufe gerecht wurden. Genau wie im Restaurant wurden sogleich gemeinsam Vermutungen und Erkundungen angestellt, was sich hinter einem *Gericht* wohl wirklich verbirgt.
Man konnte mit Häppchen für den kleinen Hunger starten oder sich für atemberaubende Vorspeisen entscheiden, als nächsten Speisegang gab es Gerichte aus fremden Kochtöpfen oder aus Großmutters Kochtopf, für ganz Hungrige wurden tierische Hauptgerichte oder Gerichte zum langsamen Genießen angeboten. Auch zauberhafte Desserts fehlten natürlich nicht.
Die *Bedienung* (Mitarbeiterinnen des Pädagogischen Instituts mit Servierschürze) erläuterte gerne, jedoch auch etwas geheimnisvoll, was man bei den einzelnen Speisen auf dem Teller präsentiert bekam, beispielsweise: „Nach dem Genuss dieser Speise werden magische Kräfte wach und man fühlt sich wagemutig und unbesiegbar."
Nach der ersten Überraschung und nach erstem vorsichtigen Verkosten stellte sich dann endgültig heraus, ob die Bestellung richtig war und der Teller auch leer gegessen werden wollte. Wenn ein Gericht gar nicht mundete oder zu üppig war, wurde in der *Küche* (Ausstellung der Bücher) nachgeforscht, ob es noch etwas Passendes gab.

Kostenloser Lesegenuss Meist konnten sich die Kinder oder Jugendlichen nur für eine Speise entscheiden, da in dem kleinen, aber feinen Haus die Küche nicht groß war und das Angebot (jeweils zwei Buchexemplare standen zur Verfügung) für alle reichen sollte. Wenn der Vorrat nicht ausreichte, wurde ein Nachtisch manchmal auch zu zweit

Am Bücherbuffet in der Bibliothek
der Mittelschule Lana

Beratung und
Empfehlungen zur
Speisenwahl

verspeist oder es wurde ein bisschen vom Teller der Nachbarin oder des Nachbarn *genascht*.
Das Tolle an diesem Restaurant war, dass man überhaupt nichts bezahlen musste und den Rest mitnehmen und zu Hause *verzehren* konnte. Die Schülerinnen und Schüler waren begeistert und die Bibliothekarinnen bzw. Lehrerinnen schafften es nicht immer, für genügend Nachschub zu sorgen.

Idee und Angebot Die Idee zu diesem Projekt stammt aus der Schweiz. In Südtirol wurde es vom Pädagogischen Institut im Lesefrühling 07 gestartet. Die Buchpakete wurden dem Alter der Kinder bzw. Jugendlichen entsprechend zusammengestellt und angekauft, dann wurden die Bücher der Menüfolge zugeteilt und kulinarische Buchempfehlungen kreiert.
Leseinteressierte Klassen aller Schulstufen konnten sich melden und die Mitarbeiterinnen des Pädagogischen Instituts zur Durchführung dieser besonderen Form der Leseförderung einladen. Landesweit wurde dieses Angebot von zehn Grund-, Mittel- und Oberschulen in Anspruch genommen, wobei jeweils mehrere Klassen teilnahmen. Auf diese Weise wurden viele Kinder, Jugendliche und Lehrkräfte mit aktueller Kinder- und Jugendliteratur bekannt gemacht.
Zusätzlich wurden auf Sprengel- und Bezirksebene Fortbildungen abgehalten, um Lehrkräfte und Bibliothekarinnen mit Ideen zur Leseförderung und vor allem mit dieser Idee bekannt zu machen. So konnte das „Literaturmenü" von Lehrkräften bzw. Bibliothekarinnen auch noch an vielen anderen Schulen durchgeführt werden. [EN]

Veranstalter: Pädagogisches Institut für die deutsche Sprachgruppe, Bozen

Schülerinnen und Schüler des Humanistischen Gymnasiums Bruneck beim „Speisen"

Lesen schmeckt

Neugierig blickten die Jugendlichen der Mittelschule „Oswald von Wolkenstein" in Brixen auf das Plakat: Ein Buch auf einem Teller, dazu eine Kochmütze. Das versprach etwas Exquisites.
Voller Erwartung schauten die Jugendlichen der neun ersten Klassen dem 23. April entgegen, an dem es keinen gewöhnlichen Unterricht geben sollte. Sie waren zur Aktion „Lesen schmeckt" eingeladen.
Lehrkräfte aller Fächer, die Direktorin, die Bibliothekarin und die Sekretärinnen stellten ihre Lieblingsbücher vor und zeigten, dass Lesen auch wirklich schmecken kann. Sie lasen nicht nur vor, sondern inszenierten auch Textausschnitte aus den Büchern. Alle halbe Stunde wechselten die Vorleser

Für den kleinen Hunger
Dayre, Valèrie: **Lilis Leben eben** (Antipasto mit Überraschungen)
Creech, Sharon: **Glück mit Soße** (Wer mit diesem Gericht einer ital."nonna" nicht glücklich wird, ist selber Schuld)
Es war ein König in Thule. Hausbuch der Sagen und Balladen (Buffet von deftig-saftigen Häppchen mit mittelalterlicher Note)
Schubiger/Holer: **Aller Anfang** (Variation an Gerichten für all jene, die den Dingen gerne genau auf den Grund gehen)

Atemberaubende Vorspeisen
Caspak, Victor: **Die Kurzhosengang** (Tipo Quattrostagioni, spitzbübische Zutaten, Gaumenfreude, in ganz Kanada bekannt)
Allison, Jennifer: **Gilda Joyce in geheimer Mission** (Wer sich auf dieses Gericht einlässt, läuft Gefahr, von Gänsehaut u. Gruselschauern überwältigt zu werd)
Child, Lauren: **Durch und durch Clarice Bean** (Etwas für Abenteuerlustige mit kriminalistischem Spürsinn)
Hart, J.V.: **Die wilden Abenteuer der jungen Capt'n Hook** (Wer sich weder von englischer Internatskost noch von unappetitlichem Piratenfraß abschrecken lässt, ist mit dieser Bestellung richtig)

Gerichte aus fremden Kochtöpfen
Dijkzeul, Lieneke: **Ein Traum vom Fußball** (Afrik.Nationalgericht,holl. zubereit.)
Hearn, Lian: **Das Schwert in der Stille** (japan.Herausforderung)
Ferdjoukh, Malika: **Schwarze Kürbisse** (franz. Gericht für Vegetarier, die dennoch ab u. zu blutrünstige Gelüste hegen)
Almagor, Gita: **Alex, Dafi und ich** (anspruchsvolles israelisches Menü mit Liebe und viel Freundschaft gewürzt, das auch über schwere Zeit
Napoli, Donna Jo:

Wenn das nicht einladend aussieht!

Vorleserinnen bieten literarische Kost.

und die Klassen. Die Schülerinnen und Schüler genossen die literarische Kost in vollen Zügen. Selbstverständlich gab es auch einen kleinen Imbiss, damit die Gaumenfreuden nicht zu kurz kamen. [EN]

Veranstalter: Mittelschule „Oswald von Wolkenstein", Brixen

Indische Häppchen

Mit indischen Häppchen aus Literatur und Küche lockte die Bibliothek der Fachoberschule für Soziales in Meran die Schülerinnen und Schüler der vierten und fünften Klassen in ihre Räume. Das Interesse war groß und der Ansturm zahlreicher als für die Organisatoren und Räumlichkeiten verträglich. Die Anmeldeliste (beschränkt auf 15 Teilnehmerinnen und Teilnehmer) war bereits vor Ablauf der Anmeldefrist gefüllt und alle warteten gespannt auf dieses vielversprechende Angebot in der siebten und achten Unterrichtsstunde des 8. Mai 2007. Die Bibliothekarin gab Texte aus und über Indien zum Besten: Auf den *Aperitif* folgte etwas *für den kleinen Hunger*, dann gab es *süß-saure Vorspeisen*. Etwas üppiger waren dann die *Gerichte zum langsamen Genießen* und den Abschluss bildeten die *zauberhaften Dessert-Träume*. Die Verkostung von indischen Speisen im Anschluss an die Lesung bildete den Höhepunkt der Veranstaltung. Zubereitet hatten diese Leckerbissen die Schülerinnen und Schüler der Klasse 5B der Allgemeinen Fachrichtung unter Leitung der Fachlehrerin Evi Zischg. [EN]

So kocht Südtirol

Zwei Südtiroler Spitzenköche mit internationalem Format, Heinrich Gasteiger und Gerhard Wieser, beteiligten sich an einer Aktion im Lese- und Informationszentrum der Fachoberschule für Soziales „Marie Curie" in Meran. Sie erklärten den Schülerinnen und Schülern der Abschlussklasse der Allgemeinen Fachrichtung, wie ein Kochbuch entsteht. Aus erster Hand erfuhren die Jugendlichen vom Werdegang des Kochbuches „So kocht Südtirol": Die Köche berichteten über Idee und Konzept, über die Schwierigkeiten bei der Rezeptauswahl, über die Diskussionen in Bezug auf die Präsentation der einzelnen Gerichte und über den Unterschied zwischen realer und fotografischer Präsentation eines Spitzengerichts. Auch der Weg vom Manuskript über das Lektorat bis hin zum Buchmarketing wurde den Jugendlichen sehr anschaulich dargelegt.

Natürlich blieb es nicht bloß bei theoretischen Erklärungen. Im zweiten Teil des außergewöhnlichen Events ging es um die Umsetzung der Rezepte in die Praxis: In der Schulküche bereiteten die Schüler und Schülerinnen unter fachmännischer Leitung eine Topfencreme mit Himbeeren und Sektschaum zu. Nach dem Verzehr dieses schmackhaften Desserts waren alle davon überzeugt, dieses Kochbuch in Zukunft beim Kochen benutzen zu wollen.

[Michael Patreider/Elisabeth Nitz]

Veranstalter: Fachoberschule für Soziales „Marie Curie", Meran

Der Tisch ist gedeckt.

Lauter Spitzenköchinnen und -köche am Werk

Viele Pizza-Sorten und viele Pizza-Geschichten in der Pizzeria

Alles ist für das kulinarische Vergnügen vorbereitet.

Pizza-Geschichten

Eine ganz andere Idee verwirklichten die Schülerinnen und Schüler der beiden fünften Klassen der Meraner Grundschule „F. Tappeiner" mit ihren Lehrerinnen. Sie begannen damit, eine ganz persönliche Pizza zu kreieren und zu gestalten. Dazu nahmen sie einen großen runden Karton, alte Zeitungen, Wattekugeln, Korkstücke und andere Zutaten, mit denen sich die Pizza gut belegen ließ. Zum Schluss wurde alles mit einer Mischung aus Toilettenpapier und Leim eingekleistert und nach dem Trocknen richtig bemalt. Rund um diese Pizza konnten sich nun *Pizza-Gedanken* entfalten. Die Kinder suchten nach Erlebnissen und Begebenheiten rund um die Pizza. Anschließend verfassten sie dazu lustige Pizza-Geschichten und originelle Pizza-Gedichte. Diese Texte wurden dann z. B. auf ein Besteck aus Papier oder eine Serviette geschrieben und an die Pizza gehängt. Die gelungenen Werke sollten nun in passender Umgebung präsentiert werden. Welcher Ort wäre dafür wohl besser geeignet als eine Pizzeria? In Absprache mit dem Besitzer wurden alle vierzig Pizzas an den Wänden im Gastlokal und in der Garderobe aufgehängt. Zwei Monate lang konnten sie dort von den Gästen bewundert werden. Gerne hätte der Besitzer einige dieser Arbeiten als Dekoration fürs Lokal behalten, aber die Kinder konnten sich nicht von ihren Werken trennen. Ein gemeinsames Pizza-Festessen rundete die Pizza-Aktion ab. [EN]

Veranstalter: Grundschule „Franz Tappeiner", Meran

Erlesenes mit Wein und Musik

Es gab viel *Er-Lesenes* für den Sommer an jenem literarischen Abend Ende Mai 2007 in der Bibliothek der Oberschule für Landwirtschaft in Auer. Bücherstapel, ein Lesepult, eine Klarinette und ein Saxophon warteten auf ihre Akteure. Auch Weinflaschen und Gläser standen bereit. Die Gäste konnten gespannt sein auf das, was nun geboten wurde.

Als Auftakt gab es einen musikalischen Gruß aus der Küche: ein türkisches Volkslied, vorgetragen von Konrad Pichler und Alexandra Pedrotti. Dann präsentierte sich der Kellner des *Bücherrestaurants*, Markus Fritz vom Amt für Bibliotheken und Lesen. Gekonnt und überzeugend machte er den hungrigen Gästen seine Menüfolge schmackhaft und bekräftigte die besondere Güte und Exklusivität seiner Speisekarte.

Beides will sorgfältig gewählt sein: Bücher und Wein.

Der Kellermeister empfiehlt zu:

Frank McCourt „Tag und Nacht und auch im Sommer"

Frank McCourt schreibt über seine Erfahrungen als Lehrer, der als irischer Emigrant nach New York kam und dort an verschiedenen Schulen unterrichtete. Er beschreibt, dass man immer im Dienst ist und niemals abschalten kann.

Als Kellermeister ergeht es einem ähnlich: Die Weine im Keller sind keine Akten, die man am Feierabend oder am Wochenende zur Seite legen kann. Sie müssen – je nach Stadium – ständig überwacht, gehegt und gepflegt werden. Gibt es ein Problem, muss man es rechtzeitig erkennen und korrigierend gegensteuern. Ansonsten nimmt das Kind „Wein" Schaden.

Passend zu diesem Buch verkosten wir nun einen Wein, der gut gepflegt und betreut wurde, einen Südtiroler Lagrein Riserva DOC, Jahrgang 2004 vom Happacherhof.

Kostproben Mit Geschick und Überzeugung bot der *Ober* die einzelnen Gerichte an, erläuterte, beschrieb, *präsentierte* und *servierte*. Wer von den Anwesenden bei der Wahl noch unsicher war, bekam durch die Kostproben einiger Gerichte eine klarere Vorstellung von der Beschaffenheit und den Zutaten einzelner *Speisen*. Diese *Häppchen* (Vortrag von Textauszügen aus Büchern) wurden von Donatella Gigli dargeboten und ließen noch besser erahnen, was bei der Wahl dieser *Leckerbissen* zu erwarten war.

Dennoch fiel die Wahl nicht leicht. Die musikalischen Einlagen ließen Raum, dem Gehörten und Erlebten nachzugehen. Bei der Auswahl wurde der hungrige Leser auch von Bernhard Pichler, Kellermeister am Happacherhof der Oberschule für Landwirtschaft, unterstützt, der die passenden Weine zu den einzelnen Gängen empfahl. Meisterlich stellte er bei der anschließenden Weinverkostung einen höchst interessanten Zusammenhang zwischen den Weinen und verschiedenen *Gerichten* her.

Buchcover „Tag und Nacht und auch im Sommer"

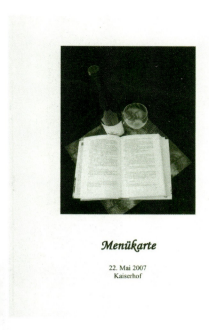

Markus Fritz und sein Team (Donatella Gigli las Passagen aus den vorgestellten Romanen, Alexandra Pedrotti und Konrad Pichler übernahmen die musikalische Umrahmung) verführten Lesehungrige auch an anderen Orten in Südtirol mit *Erlesenem zu Musik und Wein:* im Speisesaal des Kaiserhofes im Meran, im Mehrzwecksaal der Feuerwehrhalle in Villnöss und in der Mediothek KIWi in Bruneck.

[EN]

„*Kulinarische Freuden erwarteten auch die Gäste im* Leserestaurant *in der Öffentlichen Bibliothek Auer, als dort zum Auftakt des Lesefrühlings Anfang Februar 2007 ein Büchermenü angeboten wurde.*"

Welcher Wein zu welcher Frau?

Zu diesem Thema – in Anlehnung an das gleichnamige Buch von Michael Klonovsky und Uli Martin – lud die Mittelpunktbibliothek Überetsch in den Wein-Kulturbunker von Schloss Korb.

„Zugleich ist Wein bekanntlich ein idealer Frauenbegleiter. Das Zusammenspiel von Wein und Frau ist ein so bedeutendes Phänomen, dass es höchste Zeit wird, darüber einige grundsätzliche und allgemein hilfreiche Betrachtungen anzustellen."

Die Schauspielerin und Fernsehmoderatorin Magdalena Schwellensattl las sehr ausdrucksvoll aus dem Buch vor. In den Texten wurden Bezeichnungen aus der Weinsprache mit Charakterisierungen von Damen verglichen und Weine mit Frauen aus verschiedenen Ländern und Regionen kombiniert. Magdalena Schwellensattl trug sichtlich vergnügt den Text zu ihrem eigenen Metier (TV-Moderatorin) vor. Musikalisch umrahmt wurde der Abend von Fabio Bertagnolli und Hans Tutzer mit ihren Intermezzi aus der Welt des Jazz. Die Gastgeber kredenzten Rot- und Weißweine der Weingüter von Schloss Korb. [EN]

Veranstalter: Oberschule für Landwirtschaft, Auer, Stadtbibliothek Meran, Kulturkreis und Öffentliche Bibliothek, Villnöss, Stadtbibliothek Bruneck, KIWi, Handelsoberschule Bruneck, Öffentliche Bibliothek Auer, Mittelpunktbibliothek Überetsch, St. Michael/Eppan

„Frau" liest im Wein-Kulturbunker von Schloss Korb.

Es war einmal

„Tischlein deck dich", „Dermot mit dem Liebesfleck" oder „Die Nörggelen am Sonnenberg" – Märchen und Sagen üben nach wie vor, wenn sie gut präsentiert werden, eine Faszination auf Alt und Jung aus.

Tausend und ein Märchen
Märchenwelt und Märchenzauber

Honigtopf und Zuckerrohr

„Ich hoffe, dass uns viele auf den Märchenreisen begleiten und die Freude an Märchen wieder entdecken", hatte die Präsidentin des Bibliotheksrates der Stadtbibliothek Meran ins Vorwort des Programmheftes geschrieben. Als Initiatorin und Hauptverantwortliche für die Veranstaltungsreihe mit dem Thema „Es war einmal" hatte sie sich viel vorgenommen, aber die professionellen Mitarbeiter und die magische Zahl 13 (so viele unterschiedliche Events sollten es werden) verhalfen dem Projekt zum Erfolg. Der rege Zuspruch und das große Interesse bewiesen den Veranstaltern, dass sie aufs richtige Pferd gesetzt hatten.

Augen und Herz für die Liebe geöffnet haben. Es folgten ein witzig-erotisches arabisches Märchen („Der Juwelier"), ein afrikanisches Märchen, in dem ein Mädchen eine Flöte findet, die sich als Mann entpuppt, ein keltisches Märchen („Dermot mit dem Liebesfleck") und ein Tiroler Märchen („I will zwoa").

Gesteigert wurde die Stimmung noch durch die Bauchtanzeinlage von Ishtar (Christine Agostini Matteucci) im schillernden und (auf)reizenden Kostüm. Mit ihrem ganzen Körper erzählte sie, ganz ohne Worte, erotische Geschichten. An diesem Abend wurden noch weitere Geschichten und Märchen im Zeichen von Liebe, Lust, Sehnsucht, Treue und Verrat erzählt. Dazwischen bezauberte die Bauchtänzerin immer wieder mit ihrer Kunst.

Auch bei den Feierabendmärchen mit Weinverkostung ging es sinnlich zu. Wieder verwöhnten die vier Erzählerinnen das Publikum mit heiteren und sinnigen Geschichten. Diesmal ging es um Wein

Die Bauchtänzerin erzählt eine eigene Geschichte.

Bezauberndes Spiel mit Licht und Schatten

Sinnliches Dass sich auch Erwachsene immer noch für Märchen interessieren und von ihnen fasziniert sind, zeigte sich an der Veranstaltung im Frauenmuseum. Erotische Märchen und orientalischer Tanz waren für den 14. Februar 2007 angekündigt. Bereits der Titel der Veranstaltung, „Honigtopf und Zuckerrohr", klang vielversprechend und verlockend. Und es kamen so viele, dass nicht alle Einlass fanden. Die Kombination Märchen und Bauchtanz kam an.

Das Haus war voll, übervoll. Der alte Saal im Haus Rosengarten war in ein schummriges Licht getaucht, überall waren Teelichter aufgestellt. Die vier Erzählerinnen, Margareta Fuchs, Helene Leitgeb, Veronika Krapf und Barbara Natter, hatten eine stimmungsvolle Erzählatmosphäre gezaubert. Eröffnet wurde der Abend mit dem Ursprungsmärchen „Der erste Schritt", in dem erzählt wird, wie sich Mann und Frau gefunden und sich gegenseitig

und Feierabend. Der Sommelier Christian Waldner erfreute die Gäste mit einer Weinverkostung und Wissenswertem über den Rebsaft.

Sprach-Bilder Große und kleine Leute begleiteten die Erzählerin Leni Leitgeb auf eine Märchenwanderung durch das sagenhafte Meran. Frei und lebendig gab sie Sagen und Märchen zum Besten und berührte mit ihren ausdrucksstarken Bildern Herz und Sinn der Zuhörerinnen und Zuhörer.

Auch die wunderschönen Bühnenbilder des Schattenspiels „Die Zauberflöte" nach der Oper von W. A. Mozart beeindruckten alle Besucher. Vorgeführt wurde es vom Theater „Il segreto di Pulcinella". Mit gekonntem Wechselspiel von Licht und Schatten führten Saskia Vallazza und Sabine Hennig ihr musikalisch-poetisches Stück auf und zogen Alt und Jung in ihren Bann. Gernot Nagelschmidt verstand es ebenfalls meisterhaft, das Publikum mit seinem Figurentheater „Tischlein deck dich, Goldesel streck dich und Knüppel aus dem Sack" zu unterhalten. Seine selbst gefertigten Figuren wurden durch sein überzeugendes Spiel lebendig. Mit viel Witz, Schwung und vor allem mit viel Musik präsentierte Eva Weiss „Die Bremer Stadtmusikanten" einmal anders. Die Viola da Gamba und andere ungewöhnliche Instrumente halfen ihr dabei.

Märchen zum Anfassen Die „Märchenstunde" wurde mit dem dreimaligen Drehen der Märchenmühle eröffnet und schon tauchten die Kinder mit Karin Grünfelder in die fantastische Welt der Märchen ein. Bei „Märchen und Malen" mit Barbara Natter betraten die Kinder das Märchenland durch einen goldenen Reifen.
Bei der Veranstaltung „Märchen & Märchenwolle" mit Margareta Fuchs begegneten die Kinder in Begleitung von *Wolli* dem traurigen Drachen und anderen skurrilen Märchengestalten. Nach der Erzäh-

Die Mühle dreimal drehen – schon ist man im Land der Märchen.

lung bastelten sie dann aus unversponnener bunter Märchenwolle eigene Figuren. Lebhaft ging es bei den „Mitspielmärchen" zu, denn die Kinder hatten viel Spaß daran, sich zu verkleiden und das von Veronika Krapf erzählte Märchen nachzuspielen. Kräftig mithelfen mussten die Zuhörerinnen und Zuhörer bei den Erzählungen in der „Kleinen Märchennacht", beispielsweise beim Ziehen an der Kartoffelpflanze. Beim Workshop „Gretel und Hänsel und die Hexe im Wald" mit der österreichischen Illustratorin und Autorin Maria Blazejovsky wurde sogar ein eigenes Hexenhaus gebaut. [EN]

Veranstalter: Stadtbibliothek Meran

Geheimnisvolles Meer

Am Samstag, den 24. März 2007 fand im Jugendhaus Kassianeum in Brixen von 17 bis 19 Uhr eine außergewöhnliche Märchenveranstaltung zum Thema „Geheimnisvolles Meer" statt. Außergewöhnlich, weil Märchen frei erzählt wurden; dazu gab es sehr stimmungsvolle Musik und es wurde getanzt. Die Veranstaltung verband die drei Elemente Märchen, Musik und Tanz miteinander.
Um den Tanz mit einbauen zu können, war es wichtig, die Veranstaltung in einem großen Raum mit viel Bewegungsfreiheit durchzuführen und gleichzeitig die Teilnehmerzahl zu beschränken. Daher mussten sich die Interessenten vorher anmelden.

Einladende Atmosphäre Vor der Veranstaltung schmückten die beiden Referentinnen Leni und Margaret Leitgeb den Raum: Das Licht im Saal war gedämpft, es brannten viele Kerzen, in der Mitte lagen blaue Seidentücher, die das Meer darstellten. Muscheln und Korallen belebten das Wasser. Ein Fischernetz war über die blauen Tücher gelegt worden.
Die teilnehmenden Kinder und Erwachsenen stellten sich in einem großen Kreis um die Mitte auf.

Margareta mit dem Schaf Wolli

Mit Freude in eine neue Rolle schlüpfen

Geheimnisvolles Arrangement in der Mitte

Am Meeresstrand Bald begann Leni Leitgeb mit der Ozean-Trommel das beruhigende und gleichmäßige Rauschen der Wellen nachzuahmen. Man fühlte sich durch dieses täuschend echte Geräusch sogleich an einen Meeresstrand versetzt. Die Musikerin Margaret Leitgeb begann, ein südamerikanisches Lied von einer Wassergöttin zu singen, das bald alle Teilnehmerinnen und Teilnehmer mitsangen. Die Anwesenden reichten sich die Hände, Margaret zeigte einfache Fuß- und Handbewegungen und leitete den ersten Kreistanz an. Dazu rauschten die Wellen der Ozean-Trommel. Nach diesem Einstieg in das Thema „Geheimnisvolles Meer" erzählte Leni Leitgeb die Geschichte der „Wassermutter", ein brasilianisches Märchen von einer Wasserfrau und einem Fischer. Zwischendurch bezauberte Margaret Leitgeb mit ihrem Gesang und dem Spiel auf der Kantele, einem nordischen Saiteninstrument. Die märchenhafte Atmosphäre wurde durch zwei einfache Kreistänze verstärkt, bei denen alle mitmachen konnten.

Am isländischen Königshof Nach der Pause mit Tee, Wasser, Saft und Keksen zogen sich Margaret und Leni Leitgeb um. Waren sie beim ersten Märchen in die Kleider von Meerjungfrau und Fischer geschlüpft, präsentierten sie sich nun höfisch gekleidet. Denn das nächste Märchen mit dem Titel „Goldene Tränen" spielte am isländischen Königshof.
Die Einleitung zu diesem Märchen war ein höfischer Tanz. Diesmal spielte Margaret Leitgeb auf einer keltischen Harfe und der Bassquerflöte. Wieder rundeten Tänze die Erzählung ab.

Rund ums Märchen Das Jugendhaus Kassianeum lud noch zu fünf weiteren Veranstaltungen ein:
• An vier Nachmittagen fanden zauberhafte Märchenstunden für Kinder von 5 bis 10 Jahren statt.
• Es gab einen Filz-Workshop zu Maus und Märchen mit dem Titel „Wie die Mausedame einen Mann fand".
• Die Autorin Verena Bertignolli hielt einen Vortrag mit anschließender Diskussion zu ihrem Buch „Kinder leben Märchen".
• An zwei Tagen trafen sich Interessierte zu einem Seminar zum Thema „Spiele, Märchen und Tänze aus Lateinamerika".
• Außerdem stand eine Märchennacht mit „Walpurgismärchen" auf dem Programm. [Leni Leitgeb]

Veranstalter: Jugendhaus Kassianeum, Brixen

Zu den erzählten Märchen basteln und spielen

Im Zauberwald

Von Oktober bis April kamen jeden Montagnachmittag 20–30 Kinder in die Schulbibliothek von St. Ulrich. Nachdem sich die Kinder mit dem Zauberwaldlied auf den Nachmittag eingestimmt hatten, las die Bibliothekarin oder eine Lehrerin ein Märchen der Gebrüder Grimm in der Originalversion vor. Danach wurde eifrig gebastelt: geschnitten, genäht, gezeichnet, gemalt, geklebt und geflochten. Eine kleine Bastelarbeit konnten alle mit nach Hause nehmen, die große Arbeit aber – die Gestaltung einer langen Stoffbahn – blieb in der Bibliothek. Auf dieses grüne, fast durchsichtige Tuch wurden Sequenzen des Märchens appliziert. Dabei kamen Materialen zum Einsatz, die nichts oder nur wenig kosteten, wie Stoffreste, Kartone, Buntpapier und allerlei Naturmaterialien. Alle Kinder beteiligten sich aktiv an der Gestaltung. Aus buntem Papier bastelte jedes Kind ein Haus, alle Häuser zusammen ergaben die Stadt, aus der die sieben Schwaben auszogen. Blätter aus dem Wald wurden wie Schuppen angeordnet und wurden so zum Fisch, der des Fischers Frau reich, aber ungenügsam machte. Die bunten Tücher, die das gehörte Märchen nacherzählten, wurden drei Wochen lang im Eingang der Schule ausgestellt. Hingen dort bereits fünf Märchentücher, wurde eines abgenommen.
Der krönende Abschluss der Veranstaltungsreihe fand am „Welttag des Buches" statt: Alle Kinder und Lehrkräfte, die in die Schule wollten, mussten sich, um in ihr Klassenzimmer zu gelangen, durch „den Zauberwald" schlängeln. Mehr als 20 grüne und braune, mit bunten Märchenbildern benähte und beklebte Tücher hingen von der Decke. Aufregung, Spaß und Stolz waren zu spüren!
Am Nachmittag gab es auf der Abschlussfeier dann noch Informationen zum Leben der Gebrüder Grimm, außerdem wurden Bilder gezeigt, die im Laufe des Jahres in den Märchenstunden entstanden waren. Beim Ratespiel zu Zitaten und Reimen aus Grimms-Märchen konnten die Kinder ihr Märchen-Wissen unter Beweis stellen. Und ganz zum Schluss kam noch Bewegung ins Spiel, als es hieß: 1, 2 oder 3?
Die Freude und Ausdauer, mit der sich die Kinder an dieser freiwilligen Aktion der Bibliothek beteiligten – viele Kinder ließen keine Märchenstunde aus! –, zeigt, wie Leseförderung gelingen kann und nicht nur den Kindern Spaß bereitet.

[Verena Niederegger/Simonetta Pancheri]

Veranstalter: Grundschule St. Ulrich, Gröden

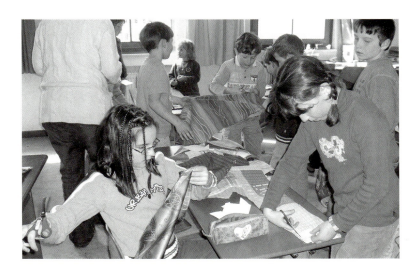

Billige Materialien kommen zum Einsatz.

Fünf Märchentücher zierten drei Wochen lang den Schuleingang.

Dornröschen

In der Bibliothek in Stilfes ist es ganz still. Vor den Augen von 15 Grundschulkindern entsteht auf dem Boden der Schauplatz eines Märchens, ein Schloss, gebaut aus Tüchern, Holzblöcken, goldenen Kugeln, Perlen und Rosenranken. Sacht, ruhig und trotzdem spannend werden die Kinder auf das Märchen neugierig gemacht und in die Welt der Könige und Feen eingeführt. Jetzt ist es nicht mehr schwer, das Märchen zu erraten: Dornröschen.
Die Bibliothekarin Barbara Mair erzählte dann die Geschichte vom verwunschenen Schloss. Am Schluss der Geschichte war ein Aufatmen zu hören, Gott sei Dank, sie haben sich gekriegt!
Eindrücke und Gefühle konnten ausgedrückt werden, die Geschichte konnte ausklingen, in dem jedes Kind auf einem kleinen runden Stück Stoff ein Mandala legte, das eine Rosenblüte darstellen sollte. Unterschiedlichste Materialen wie Perlen, Steine und Stoffblätter standen den Kindern zur Verfügung.

Der Schauplatz des Märchens „Dornröschen"

Am Schluss und als Erinnerung an diesen Märchennachmittag bastelte jedes Kind aus Stoffresten eine Blume, die es dann auch mit nach Hause nehmen durfte. [EF]

Veranstalter: Öffentliche Bibliothek Stilfes

Das Dornröschenschloss als Mandala

Ganze Märchenszenen spielten sich vor den Augen der Zuschauer ab.

Sonntagsmärchen

Heute machen wir keinen Sonntagsspaziergang, sondern einen Märchennachmittag, so dachten wohl die Veranstalter, die mit dieser Aktion die Familien der Gemeinde Stilfs ansprechen wollten. Und um 14 Uhr kamen dann alle zum Kirchplatz: Eltern mit ihren Kindern, Großeltern mit ihren Enkelkindern. Von dort aus verteilten sich die Teilnehmerinnen und Teilnehmer auf die drei Stationen Bibliothek, Pfeiferhaus und Grundschule, wo sie schon von zwei Märchenerzählerinnen und einem Märchenerzähler erwartet wurden. Die Räume waren dekoriert, ja ganze Bühnenbilder waren entstanden, vor denen sich die Geschichten abspielten, teils inszeniert, teils erzählt. Für eine halbe Stunde tauchten die Zuschauerinnen und Zuschauer in den Zauber eines Märchens ein, erfuhren die wunderlichsten Dinge über ganz sonderbare Menschen und begaben sich dann zur nächsten Station, an der sie ebenfalls für eine halbe Stunde in märchenhafte Tiergeschichten eintauchen konnten. In die zauberhafte Märchenwelt fremder Länder wurden sie an der dritten Station entführt.

Nachdem die Märchenfreunde den Geschichten an allen drei Stationen gelauscht hatten, wurden sie in der Schule mit Kuchen und Saft bewirtet. In fröhlicher Runde konnten sich alle über das Erlebte austauschen und sich überlegen, welches Märchen dem Einzelnen am besten gefallen hat. [EF]

Veranstalter: Öffentliche Bibliothek Stilfs, Katholischer Familienverband Stilfs

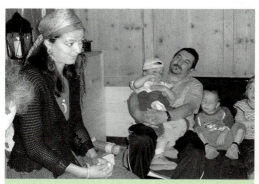
Märchen aus fremden Ländern durften nicht fehlen.

Die Sagenwelt des Vinschgaus
Ein Lese- und Schreibprojekt

Der Vinschgau ist wegen seiner reichen Sagenwelt bekannt. Lange Zeit war der Vinschgau ein armes Gebiet, in dem die Menschen hauptsächlich von der Landwirtschaft und der Viehzucht lebten. Deshalb haben viele Sagen das bäuerliche Leben als Hintergrund. Die Bewohner des Tales stehen im Ruf, gute Lügner zu sein. Geschichten von Vinschger Lügnern finden sich häufig in den mündlich überlieferten Erzählungen. Doch nicht nur dieses Gerücht über das Lügen, sondern vieles mehr ist von den uralten Sagen übrig geblieben. Spannende Geschichten über Norggen, Hexen, Teufel, Salige und Drachen.

Dieser nahezu unüberschaubaren Menge an Vinschgauer Sagen wollten 18 Schülerinnen und Schüler aus den zweiten Klassen der wissenschaftlichen und neusprachlichen Fachrichtung am Realgymnasium in Schlanders unter Anleitung mehrerer Sprachlehrkräfte auf die Spur kommen. Im Rahmen eines Austauschprojektes mit dem Bundesrealgymnasium in Neunkirchen in Niederösterreich wurden im ersten Teil des Projekts Vinschger Sagen gelesen und deren Merkmale erarbeitet. Mehr als 50 Sagen trugen die Jugendlichen zusammen, teilten sie in historische, erklärende und Glaubenssagen ein, erzählten sie schriftlich nach und illustrierten sie. Typische Schauplätze, Personen und Sagengestalten wurden aufgelistet.

> **Wie die Vinschger zu Lügnern wurden**
>
> *Als der Herrgott den Vinschgau erschuf, wollte er ein besonders herrliches Werk ausführen. Er umgab das Tal mit den höchsten Bergen, breitete dazwischen eine fruchtbare Ebene aus und beschenkte das ganze Gebiet mit einer besonders guten Luft. Dem schönen Land entsprechend, setzte er die besten Leute hinein: die Vinschger. Sie waren aufrichtige und grundehrliche Menschen. Aus lauter Neugierde zogen einige aus ihrer Heimat fort, hinaus in die Fremde. Als sie heimkehrten, brachten sie das Laster der Lüge mit. Ein Laster, dem die Vinschger bisher durchaus nicht gefrönt hatten. Darum versammelten sich die Ältesten des Tales, riefen die Heimkehrer vor Gericht und zogen sie zur Rechenschaft. Die Lügner aber verteidigten sich, indem sie sprachen: „Draußen in der Welt blieb uns nichts anderes übrig, als zu lügen, denn die Leute vertragen die Wahrheit nicht." Die Angeklagten wurden vom Gericht dennoch hart bestraft, weil sie das Lügen auch in den Vinschgau eingeschleppt hatten. Zudem wurde beschlossen, dass jeder Vinschger, der auswandern wollte, vorher das Lügen erlernen musste, damit er in der Fremde weiterkäme. Zu diesem Zwecke wurden eigene Kurse eingeführt.*

Im zweiten Teil wurden die Schülerinnen und Schüler selbst, wenn nicht zu Lügnern, so doch zu Sagenerfindern. Sie spazierten mit der Digitalkamera durch Schlanders, um sagenträchtige Orte festzuhalten. Zu diesen fotografierten Orten wurden nun unzählige Geschichten erfunden und im Kunstunterricht illustriert. Von der Fabulierkunst der Vinschger Jugendlichen zeugen schon die Titel wie „Die Nörggelen am Sonnenberg", „Das verhängnisvolle Bildstöckl", „Das Schloss der wählerischen Jungfrauen", „Der besoffene Bauernsohn", „Der Katzenmann", „Das Gespenst im Stromkasten", „Die Tengawatsch", um nur einige der 18 Geschichten zu nennen. Zu zwei Sagen wurde auch je eine Theaterversion geschrieben, die in Szene gesetzt und am Präsentationstag in der

Schule vorgeführt wurde. In den Genuss dieser Präsentation kamen auch die niederösterreichischen Schülerinnen und Schüler, als sie zu Besuch nach Schlanders kamen. Zwei Sagenwanderungen in Schlanders führten die jugendlichen Gäste zu den ursprünglichen Schauplätzen. Zur Erinnerung und zum Abschied erhielten sie eine dicke Broschüre mit Hintergrundinformationen sowie reich illustrierten nacherzählten und erfundenen Sagen.

[Martin Trafoier/Elfi Fritsche]

Veranstalter: Realgymnasium Schlanders

Das Gespenst im Stromkasten

In ferner Zeit lebte in Schlanders ein kleiner Mann namens Tschosch-Heiner. Dieser ging jeden Tag durch das Dorf und fragte jeden, ob er ihm eine Zigarette schenken könnte („Hosch a Tschigg?"). Doch manchen Leuten, vor allem den Kaufleuten, war der Tschosch-Heiner ein Dorn im Auge, denn er würde das Dorfbild „verschandeln" und die Piff verschrecken.

Eines Tages hatte der Wooler-Rudl eine zündende Idee: Er wollte den Tschosch-Heiner einfangen und in einem Stromkasten im Stink-Gassl einschließen. Der Wooler-Rudl stellte seine Idee den Kaufleuten vor, die sofort damit einverstanden waren. In der darauf folgenden Nacht brachen zehn Kaufleute auf, um den Tschosch-Heiner einzufangen. Doch die Aktion erwies sich als kompliziert, denn immer wenn sie dem Tschosch-Heiner zu nahe kamen, löste er sich in Luft auf und verschwand für einen ganzen Tag. Die Kaufleute waren so verzweifelt, dass sie eine Prämie von 10 Millionen Lire für denjenigen ausschrieben, dem es gelänge, den Tschosch-Heiner einzufangen.

Das ganze Dorf machte sich auf, den Tschosch-Heiner zu fangen, es brach ein regelrechtes Jagdfieber aus. Jeder wollte als Erster den Tschosch-Heiner einfangen, um dadurch die 10 Millionen Lire abzusahnen. Aber auch keiner der Dorfbewohner schaffte es, den Tschosch-Heiner einzufangen.

So machte sich ein Bauer auf den Weg nach Bozen, um dort den Durnwalder-Luis zu befragen. Dieser antwortete, dass man in einen Jutesack ein offenes Päckchen Zigaretten hineinlegen und den Sack auf dem Dorfplatz auslegen sollte. Sobald der Tschosch-Heiner im Jutesack sei, bräuchte man ihn nur noch zu verschließen.

Gesagt, getan. Am folgenden Tag legte der Bauer den Sack mit dem Zigarettenpäckchen auf dem Dorfplatz aus. Der Geruch der Zigaretten lockte den Tschosch-Heiner an; er kroch in den Sack, um die Zigaretten zu holen. Sobald der Tschosch-Heiner im Sack steckte, schloss der Bauer ihn im Sack ein. Der Bauer steckte ihn dann in einen Stromkasten im Stink-Gassl und sperrte den Kasten mit einem Schloss ab. Daraufhin ging der Bauer zu den Kaufleuten und kassierte die 10-Millionen-Lire-Prämie für die vollbrachte Tat.

Doch seit der Tschosch-Heiner im Stromkasten steckt, passieren im Stinka-Gassl seltsame Dinge: Es verschwinden Kühe und auf dem Stromkasten ist seitdem ein Gesicht zu sehen, das jeden, der vorbeigeht, nach einer Zigarette fragt („Hosch a Tschigg?") und Grimassen schneidet.

Von Michael Kaserer

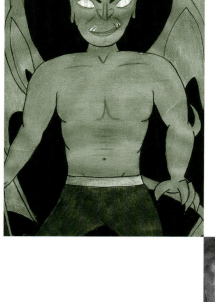

Bücher spannen Bögen
Pfeil und Bogen in der Steinzeit

„Rokal und der Wolf" ist die Geschichte eines Steinzeitjägers, der durch ein Erdbeben buchstäblich aus seinem Lebensumfeld geschleudert wird. Durch die Freundschaft mit einem Wolf bleibt er am Leben und trifft am Ende sogar seine Mutter und seine Freundin wieder. Der Wolf bleibt bei Rokal, er wird gezähmt und zum Haustier, dem Hund. Die Geschichte von Margret Bergmann, ein bisschen Märchen, ein bisschen Sage, enthält auch viele Informationen und Begebenheiten, die der steinzeitlichen Wirklichkeit entsprechen könnten.

Margret Bergmann brachte jede Menge Bücher zur Steinzeit mit ins Archäologiemuseum, dazu einen Haufen ausgesuchter Steine. Sie stellte die Bücher vor und erzählte die spannende Geschichte von Rokal und dem Wolf. Nach der Erzählung suchte sich jeder kleine und große Museumsbesucher einen Stein aus und bemalte ihn mit Naturfarben, die aus zerriebenen Steinen hergestellt waren. Mit Pinsel oder Finger wurden Motive auf den Stein gemalt, zum Beispiel eine Jagdszene, ein Mammut oder Rokal im Versteck. Margret Bergmann und Mirella Tono begeisterten mit ihrer Aktion Kinder und Erwachsene gleichermaßen. Zum Schluss waren alle gespannt, ob sie wohl beim Bogenschießen die Zielscheibe genauso gut und sicher treffen würden wie der Steinzeitjäger Rokal seine Beute. [EF]

Veranstalter: Südtiroler Archäologiemuseum, Bozen

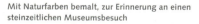
Mit Naturfarben bemalt, zur Erinnerung an einen steinzeitlichen Museumsbesuch

Lesepraktikum

Im Laufe ihres Leseweges kommen Menschen immer wieder in verschiedene Vorlesesituationen. Je besser sie darauf vorbereitet werden, desto besser wird ihnen das Vorlesen gelingen und zu einer positiven Erfahrung werden.

„Ich hatte ein wunderbares Gefühl"
Kinder lesen Kindern vor

In der Grundschule „A. Rosmini" Gries wurde ein großes Leseprojekt initiiert, bei dem die Schülerinnen und Schüler der Klasse 5 C auf das Vorlesen in verschiedenen Situationen vorbereitet werden sollten.
Die Lehrerin Sabine Egger berichtet im Folgenden über die Lesepatenschaften an ihrer Schule.

Die Bereitschaft der Kinder, sich intensiv mit dem Lesen auseinanderzusetzen und sich auf das Vorlesen vorzubereiten, sollte durch die Einrichtung einer Lesepatenschaft erhöht werden. Eine Woche lang sollten die Schülerinnen und Schüler der Klasse 5 C zu festen Zeiten den Vorschulkindern des Kindergartens „Martin Knoller" aus Büchern vorlesen. Dabei sollten die Schülerinnen und Schüler die Möglichkeit erhalten, in der intimen Zweisamkeit ihre Fähigkeiten und Schwächen anhand der Reaktionen der Zuhörer einschätzen zu lernen. Vorlesezeiten über einen längeren Zeitraum sollten genügend Gelegenheiten bieten, die gemachten Erfahrungen zu reflektieren und nach Verbesserungen für Schwachstellen zu suchen. In entspannter Atmosphäre und in der Intimität der Zweierbeziehung sollten neue Ausdrucksmöglichkeiten getestet werden können.

Die Umsetzung Jedem Schulkind wurde ein Kindergartenkind zugeteilt. Die Leiterin des Kindergartens überreichte jedem Schulkind ein Foto mit dem Namen *seines* Kindergartenpatenkindes. Einige Kinder kannten sich, andere nicht – aber alle bemühten sich, für *ihr* Kind eine schöne Geschichte zu finden.

Auswahl der Texte Die Schülerinnen und Schüler machten sich mit großem Ernst an ihre Arbeit. Schnell erfassten sie, dass die richtige Auswahl der Lektüre für das Gelingen der Lesung eine Grundvoraussetzung darstellte. Das kritische Untersuchen von Geschichten auf ihre Eignung für die 5-Jährigen bildete eine große Herausforderung. Natürlich musste auch das Geschlecht des jeweiligen Patenkindes berücksichtigt werden. Auch unterschiedliche Themen waren wichtig; besonders gut eigneten sich – nach Meinung der Schulkinder – illustrierte, nicht zu lange Texte oder einfache Geschichten.
Die Kinder brachten zahlreiche Bücher von zu Hause mit. Es entwickelten sich ernsthafte Diskussionen über die Eignung von Texten, Buchgestaltung und Illustrationen. Eigene Vorleseerinnerungen wurden wach. Mehrere Kinder brachten ihr ehemaliges Lieblingsbuch mit und berichteten nostalgisch von ihren Leseerinnerungen. Mehrmals hörte man die 10-Jährigen sagen: „Als ich noch klein war." In den zwei Wochen vor Beginn des Lesepraktikums wurde in den Deutschstunden eifrig gelesen, diskutiert, beratschlagt und besprochen. Die Kinder legten eine erstaunliche Begeisterungsfähigkeit an den Tag und wählten mit Bedacht die Lektüre für ihre Schützlinge aus.

Das Vorlesen üben Gutes Vorlesen will trainiert werden. In Partnerarbeit übten die Schulkinder das langsame und deutliche Lesen, überlegten Sinnabschnitte für längere Texte und kennzeichneten besondere Textstellen. Komplexere Zusammenhänge und schwierige Wörter wurden markiert und im Vorfeld besprochen. Wichtig war auch auf die Zeiteinteilung zu achten, die Lesung sollte nicht mehr als zehn bis fünfzehn Minuten in Anspruch nehmen, schließlich musste auch für die Bildbetrachtung Zeit eingeräumt werden.

Tägliches Vorlesen im Kindergarten Beim ersten Treffen spürte man förmlich die Spannung. Die Kindergartenkinder wurden aus ihren Gruppen in den Turnraum des Kindergartens geholt und dort mit den Schulkindern bekannt gemacht. Rasch bildeten sich Pärchen, die sich zum Vorlesen in die Nischen dieses Raumes und in die Bibliothek zurückzogen. Einige der kleinen Kinder waren anfänglich sehr zurückhaltend, die Geschichten zogen sie aber schnell in ihren Bann, vor allem über die Bilder waren die Kindergartenkinder leicht anzusprechen.
Es kam schnell zu Interaktionen zwischen den Kindern. Die Kindergartenkinder stellten Rückfragen, erzählten von persönlichen Erfahrungen passend zum Vorgelesenen und gaben am Ende auch Kommentare über das Buch ab, was den Schulkindern als Rückmeldung bezüglich der Wahl ihres Buches diente. Einige weniger gute Leserinnen und Leser bemerkten am zwar höflichen, aber unbeteiligten Verhalten ihres Schützlings, dass hier etwas verbessert werden musste. Beim anschließenden Gespräch in der Klasse wurde analysiert und nach Verbesserungsmöglichkeiten gesucht. Diese sehr delikate Beratung wurde positiv aufgenommen, da alle vor derselben Aufgabe standen und diese meistern wollten. Es wurden Tipps und Tricks zum erfolgreichen Vorlesen weitergegeben, in der Kleingruppe erprobt und zu Hause gefestigt.

Täglich wurden die Kinder mutiger.

Zum Abschied wurden kleine Geschenke ausgetauscht.

Täglich wurden die Kinder mutiger, begannen ihre Geschichten möglichst lebhaft vorzulesen und sich mit Leib und Seele auf den Text einzulassen. Alle kamen zu der Erkenntnis, dass Inhalte durch emotionale Beteiligung und Spannung lebendiger werden.

Einen Höhepunkt im Lesepraktikum bildete der Gegenbesuch der Kindergartenkinder in der Woche vor Ostern. Sie kamen mit einem selbst gebastelten Geschenk in unsere Klasse. Auch die Schulkinder hatten eine kleine Überraschung vorbereitet und begrüßten die Kleinen mit einem Lied. Die Geschenke wurden ausgetauscht und ein letztes Mal wurde auf Wunsch der Kinder in den Nischen des Klassenraumes vorgelesen. Eine Schülerin ist für diesen Anlass sogar selbst zur Autorin geworden und hat für ihren Schützling eine eigene Geschichte verfasst und illustriert.

Die Praktikumsurkunde Die Kindergartenleiterin hatte den Leserinnen und Lesern eine Praktikumsbestätigung ausgestellt, die sie am letzten Besuchstag feierlich überreichte. Stolz nahmen die Kinder ihre Auszeichnung entgegen. „Ich hatte ein wunderbares Gefühl", war da zu hören. [Sabine Egger]

Veranstalter: Grundschule „Antonio Rosmini", Bozen

„Wir waren die Herren der Bühne"
Literaturcafé

Bereits im Herbst 2006 stand fest, dass die Klasse 5 C der Grundschule „A. Rosmini" (Gries) im *Südtiroler Lesefrühling* zu einem Literaturcafé einladen würde. Was das aber genau sein würde, wusste damals noch niemand. Sabine Egger schildert den langen Weg von der Idee bis zur Abschlussveranstaltung.

In der Klasse wurde häufig über diverse Gestaltungsmöglichkeiten beraten. Wir überlegten, szenische Darbietungen, Lieder, Tänze, Rezensionen, Lesungen, Erzählungen als mögliche Programmpunkte einzubauen. Es schwebte uns vor, Autoren, Künstler und Politiker einzuladen und sie zu bitten, einen Beitrag zu leisten, vielleicht durch die Vorstellung ihres Lieblingsbuches oder durch Erzählungen aus der eigenen Lesebiografie. Gemeinsam mit den Schülerinnen und Schülern entwickelte ich das Konzept unseres Literaturcafés. Ein besonderes Anliegen war es mir, außerschulische Partner zu finden, die uns bei der Umsetzung unterstützen würden. Dadurch sollte auch deutlich werden, dass Lesen nicht nur für die Schule von Bedeutung ist, sondern von vielen gepflegt und geschätzt wird bzw. in vielen Bereichen zum Tragen kommt.

Vorbereitung Als Erstes galt es Bücher zu finden, mit denen wir arbeiten wollten. Die Auswahl gestaltete sich schwieriger als gedacht. Einige Werke fanden in der Klasse keine Mehrheit, andere wiederum eigneten sich nicht für unser Vorhaben, da bei näherem Hinsehen schnell klar wurde, dass sich der Text nicht sinnvoll auf mehrere Rollen verteilen ließ.

Das Buch „Am Südpol, denkt man, ist es heiß" von Elke Heidenreich bot sich an. Die Pinguine werden hier personifiziert und mit überaus menschlichen Zügen dargestellt. Nach dem ersten Lesen dieser gereimten Geschichte erkannte ich, dass diese die Schülerinnen und Schüler zwar sehr ansprach, doch bestimmte Nuancen verloren gingen, weil die Kinder zu wenig Hintergrundwissen über die Lebensweise von Pinguinen besaßen und ihnen einige Ausdrücke fremd waren. Also befassten wir uns mit dem Leben der Pinguine. Wir lasen Sachtexte, sammelten Bilder, sahen einen Dokumentarfilm an und erstellten einen Steckbrief. Da in der Geschichte von den drei Tenören gesprochen wird, die am Südpol eine Oper zur Aufführung bringen, erweiterten wir auch im Bereich Musik unser Fachwissen. Der Begriff Oper wurde untersucht. Wir hörten einige Ausschnitte aus „La Traviata" und besprachen den Inhalt des dramatischen Tonstückes. Auch die festliche Kleidung der Pinguine wurde zum Gegenstand von Diskussionen.

Der Chorleiterin – die für das Projekt gewonnen werden konnte – fiel nun die nicht leichte Aufgabe zu, passende Liedtexte zu finden.

Wir wollten die Gäste im Literaturcafé aber nicht nur mit Ausschnitten aus Büchern begeistern, wir wollten auch mit einer eigenen Produktion beeindrucken. Gemeinsam mit der Theaterpädagogin Alexandra Hofer kreierten wir eine vorwiegend pantomimische Darstellung zum Thema Konsum, die den Umgang von Kindern und Jugendlichen mit den Medien aufzeigen und gleichzeitig die Welt des Lesens empfehlen wollte. Die unzähligen Hinweise und Ratschläge der Theaterpädagogin an die einzelnen Kinder und an die Gruppe zum wirkungsvollen Benehmen auf der Bühne, zur ausdrucksstarken Gebärdensprache, zum deutlich artikulierten Sprechen, zum sicheren Auftreten, zur überzeugenden Präsentation waren äußerst wertvoll für die Inszenierung des Literaturcafés. Die Kinder lernten in den Übungsstunden über Spiele und Animation neue Ausdrucksmöglichkeiten kennen und verloren zunehmend die Scheu, aus sich herauszugehen und Gefühle lebendig werden zu lassen.

Eine weitere Möglichkeit zur Steigerung der Ausdrucksfähigkeit war die Zirkuswoche, die vom 19. bis zum 24. März 2007 stattfand. In dieser Woche wurde die Hälfte der Unterrichtszeit in der Turnhalle bei harter Arbeit verbracht. Es ging darum, unter Anleitung eines Experten, Koordination, Konzentration, Geschicklichkeit, Selbstvertrauen, Disziplin und Gemeinschaftssinn zu schulen. Zu Beginn der Woche wurden die Schülerinnen und Schüler auf eine andere Lebenshaltung eingeschworen: Jedes Kind sollte auf das Fernsehen verzichten und stattdessen täglich das Jonglieren, Seilspringen oder Einrad fahren üben. Am Ende der Woche sollte eine Aufführung stattfinden. Die meisten Kinder gingen bereitwillig auf das Ansinnen des Leiters ein, ließen das Fernsehen weg und übten fleißig zu Hause. Im Laufe der Woche probten wir in der Klasse die Begrüßungsrede für die Aufführung in mehreren Sprachen (Deutsch, Italienisch, Englisch, Französisch, Kroatisch, Latein), auch einige lustige

Probenarbeit

Konzentration und Geschicklichkeit wurden in der Zirkuswoche geschult.

Zirkuskind" von Willi Fährmann. Fährmann erzählt hier von einer neuen Mitschülerin, die in einem Zirkus auftritt, der am Rande des Bankrotts steht. Ein dankbares Thema! Die Schulkinder würden bei dieser Szene ihre akrobatischen Kunststücke vorführen und unsere Lesepatenkinder aus dem Kindergarten könnten in die Matinee eingebunden werden, indem sie ihre selbst gemalten Tierbilder, passend zum Text, zeigen könnten.

Ein Buch, das die Klasse bereits seit dem vergangenen Schuljahr fesselte und dessen Inhalt vermutlich auch die Zuschauerinnen und Zuschauer begeistern würde, war „Lippels Traum" von Paul Maar. Mit den aufregenden Träumen im Orient lieferte es uns geeignete Szenen für eine theatralische Einlage, an der alle Schülerinnen und Schüler teilnehmen konnten. Wir wählten die Szene, die auf einem orientalischen Markt spielt und in der Lippel – durch die missliche Lage seiner Freunde angespornt – der Menschenmenge mit seiner Taschenlampe „Zaubertricks" vorführt, um Geld zu verdienen. Hier konnten die Kinder ihre Freude am Verkleiden ausleben und eine unterhaltsame, leicht nachvollziehbare Darstellung eines Ausschnittes aus einem Kinderbuch auf die Bühne bringen.

Wir wollten ein abwechslungsreiches Programm auf die Beine stellen und zeigen, dass Lesen ein allgemeines Anliegen ist. Daher sollten zwei besonders couragierte Schülerinnen unsere beiden Ehrengäste über ihre Lesegewohnheiten und Vorlieben beim Lesen befragen. Um das Interview unterhaltsam zu gestalten, sollten sie nach dem Vorbild von Carla Columna aus „Benjamin Blümchen" in die Rolle von amüsanten, forschen, aber auch geistreichen Reporterinnen schlüpfen.

Eine weitere heitere Abrundung des Literaturcafés sollte der Vortrag einiger Zungenbrecher sein. Auf Anregung einer Schülerin suchten wir aus dem

Einlagen, die Improvisationsvermögen und Expression fördern. Die einstündige Präsentation von akrobatischen Kunststücken, gekoppelt mit szenischen Darstellungen vor großem Publikum und Ansprachen in mehreren Sprachen zum Abschluss der Woche, war ein weiterer Schritt in Richtung Literaturcafé. Der reibungslose Ablauf der Aufführung war nur gewährleistet, weil jedes Kind Verantwortung übernahm und seine Aufgabe gewissenhaft und zuverlässig erfüllte. Das Gefühl der Zusammengehörigkeit und der gemeinsamen Stärke wuchs.

Passend zu dieser Zirkuswoche im März suchten wir nach einem Buch, das sich mit dem Thema Zirkus auseinandersetzt und dem Niveau der Klasse entspricht. Wir wählten die Geschichte „Isabella,

„Können Sie sich an Ihr erstes Buch erinnern?"

Lesn isch insre Freid

*Lesn isch insre Freid,
lesn tian mehrer Leit,
und wer net lesn tuat,
der isch net gscheit.*

*Lesn tian olle gern,
Bauern und noble Herrn;
Und wer net lesn mog,
soll si fortschern.*

*A und B fürcht mer net,
C und D a no net,
E bis Z miaßn sein,
nochher isch's erscht fein.*

Buch „Fischers Fritz bricht sich die Zunge" mehrere Unsinnsverse heraus, die von einigen Schülerinnen und Schülern – je nach Text – wütend, weinerlich, verschnupft oder gespenstisch wiedergegeben werden sollten. Die Entstehungsgeschichte des klassischen Zungenbrechers „Fischers Fritz fischt frischen Fisch" wollten die Kinder dem Publikum nicht vorenthalten. Passend zum Lied „Spitz – Witz" des Kinderchores bereiteten einige Kinder den Zungenbrecher vom Spitz und vom Pudel vor. Damit es nicht nur etwas zum Hören, sondern auch zum Sehen gab, wurden die Zungenbrecher auf Spruchbändern präsentiert und das Publikum wurde zum Mitsprechen eingeladen. Zum Abschluss sollten alle versuchen, den allseits bekannten Zungenbrecher „Zwischen zwei Zwetschgenzweigen zwitschern zwei Schwalben" möglichst schnell und fehlerfrei aufzusagen. Dass dies in ulkigen Sprachverstümmelungen enden würde, immer von Gelächter begleitet, war nach mehrmaligem Proben vorauszusehen.

Ein Mädchen hatte die Idee, das bekannte Volkslied „Singen isch insre Freid" in ein Leselied umzutexten. Dieses neu getextete Lied sollte unter dem Titel „Lesn isch insre Freid" den gemeinsamen musikalischen Abschluss unserer Veranstaltung bilden. So fand in unserer Vorstellung auch der Dialekt einen Platz.

Zeitplanung Bisher hatten wir die einzelnen Abschnitte des Literaturcafés immer getrennt und auch mit Unterbrechungen geprobt. Je mehr sich das Programm verdichtete, umso mehr wuchs die Befürchtung, es könnte zu lange dauern. Wir erstellten einen kompletten Zeitplan mit Liedern, Lesungen und Szenen und erschraken. Wir kamen auf über 100 Minuten Programm. Wie lange würden die Zuhörer und Zuhörerinnen aufmerksam sein? Die Chorleiterin sprach sich für eine Kürzung des Programms aus.

Die Schülerinnen und Schüler waren jedoch dagegen, irgendetwas zu streichen. Der umfangreichste Programmpunkt, die Lesung des Textes „Am Südpol, denkt man, ist es heiß", ließe sich unmöglich kürzen, ohne dem Werk die Wirkung zu nehmen. Außerdem meinten sie, wer an einem schulfreien Samstag in die Schule komme, der sei auch bereit, sich etwas länger *in die Welt der Bücher entführen zu lassen*.

Also beließen wir das Programm so, wie es war und strichen nutzlose Pausen zwischen den einzelnen Programmpunkten.

Pressearbeit Um für das Literaturcafé zu werben, hatten sich die Schülerinnen und Schüler eingängige Sprüche zum Thema Lesen ausgedacht. Einen übernahm die Journalistin der Tageszeitung „Dolomiten" als Titel für die Ankündigung unseres Literaturcafés: „Lesen ist wie Kino im Kopf". Die Kinder wollten es sich nicht nehmen lassen, auf dem Foto zu diesem Artikel als Pinguine verkleidet, einen dezenten Hinweis auf eines der zentralen Themen der Veranstaltung zu geben. Sie bastelten aus orangefarbenem Krepppapier Fliegen, über die Füße wurden gelbe Gummihandschuhe gestülpt und die Brust der schwarz gekleideten Kinder zierte ein weißes Lätzchen. So watschelte die eindrucksvolle Schar in den Schulhof, um die Reporterin mit dem Pinguinlied willkommen zu heißen.

Letzte Vorbereitungen In der letzten Woche probten wir nicht nur am Vormittag, sondern auch fast täglich nachmittags außerhalb der Unterrichtszeit, teilweise auch mit dem Kinderchor.
Die letzten Proben schlossen wir immer mit einem lückenlosen Durchlauf aller Übergänge des Literaturcafés (mit Requisiten und Verkleidungen) ab, damit sich der Ablauf möglichst allen Kindern einpräge. Es wurden Programmzettel geschrieben, mit persönlichen Notizen versehen und mit Klebestreifen gut sichtbar an den jeweiligen Orten aufgeklebt.
Am Aufführungstag wurden zwei Flaggen für das Literaturcafé angebracht – die eine flatterte im Schulhof, die andere im Eingangsbereich.

Die Aufführung In der Eingangshalle herrschte reges Treiben. Die Eltern bauten eifrig das Süßspeisenbuffet auf und dekorierten den Eingangsbereich. Eine Dame aus der Buchhandlung errichtete eine ansprechende, zu den Themen des Literaturcafés passende Büchertheke, die Helferinnen aus der Öffentlichen Bibliothek Gries richteten eine gemütliche, zum Lesen einladende Schmökerecke mit allerlei Neuerwerbungen ein.
Die Aula Magna war bis auf den letzten Platz gefüllt. Eltern, Geschwister, Verwandte, Freunde, die Lesepatenkinder aus dem Kindergarten und unsere besonderen Gäste Karin Dalla Torre, Leiterin des Kulturressorts, und Elmar Pichler Rolle, Vizebürgermeister der Stadt Bozen, waren gekommen. Der Kinderchor der Kantorei Leonhard Lechner, von

Erste Presseerfahrung

Die Kinder nahmen die Proben sehr ernst.

Laura Cazzanelli am Klavier begleitet, forderte mit seinem ersten Lied „Quasselitis" von Uli Führe das Publikum auf schmissige Art auf, ruhig zu werden und die Handys auszuschalten.

Direktor Gallmetzer begrüßte daraufhin alle Zuschauerinnen und Zuschauer und eröffnete das Literaturcafé. Die als Pinguine verkleideten Schülerinnen und Schüler der Klasse 5 C watschelten zum Lied „Ping, pong, Pinguin" von Fedrik Vahle langsam von hinten in den Saal. Vorne war der Leseplatz mit einer Leselampe, einem Mikrofon und dem Buch „Am Südpol, denkt man, ist es heiß" aufgebaut. An ihm nahmen die Schülerinnen und Schüler nun nacheinander Platz und lasen ihren Abschnitt des Textes vor.

Die an die Wand projizierten Bilder zum Text halfen den kleinen Zuhörerinnen und Zuhörern beim Verständnis schwieriger Passagen. Das Üben hatte sich gelohnt. Die Kinder waren zwar aufgeregt, aber sie ließen die Geschichte vom Leben am Südpol lebendig werden. Sie ließen sich Zeit, die Poesie des Textes auszukosten und demonstrierten durch ihren überzeugenden Vortrag ihre intensive Auseinandersetzung mit dem Inhalt dieser Erzählung.

Die Schülerinnen und Schüler genossen es sichtlich, im Rampenlicht zu stehen und hatten bald auch alle Scheu abgelegt.

Den Abschluss bildete das umgetextete Lied „Lesn isch insre Freid", das Kinderchor und Schulkinder gemeinsam sangen. Die Begeisterung der Gäste zeigte, dass die Veranstaltung trotz ihrer Länge kurzweilig genug gewesen war. Den Kindern standen Erleichterung, aber auch Befriedigung ins Gesicht geschrieben. Sie ernteten Lob von allen Seiten. [Sabine Egger]

_____*Veranstalter:* Grundschule „Antonio Rosmini", Bozen

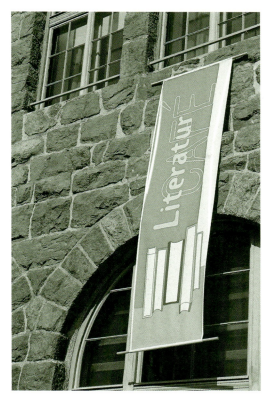

Eine Flagge kündigt das Literaturfest an.

Lesen mit Mikrofon, auch das will geübt sein.

Lesen – eine Kunst,
die man lernen kann

Wir schaukeln bloß

Viele Menschen sehen das Lesen als etwas Notwendiges, Sachliches oder Technisches. Nur wenige erkennen im Lesen eine Bereicherung oder spüren die Magie des Lesens. In dem schulstufenübergreifenden Projekt in Kaltern ging es um die Faszination des Lesens und um die Kunst des Vorlesens. Die Schülerinnen und Schüler sollten lernen, die eigene Stimme wahrzunehmen, den natürlichen Leseton zu erleben und die Sinnmelodie zu finden. Sie sollten lernen, sich mitzuteilen, die eigene Aussprache zu verbessern und Sicherheit im Auftreten vor Zuhörern gewinnen.

„Die Teilnahme an diesem Projekt ist eine einmalige Gelegenheit und bedeutet eine wertvolle Bereicherung, die weit über das schulisch Alltägliche hinausgeht", schrieb die Direktorin in einer Mitteilung an die Eltern der Schülerinnen und Schüler. Und damit auch möglichst viele das Angebot nutzten, wurde das Projekt in die Unterrichtszeit verlegt. Jeweils am Dienstag und Mittwoch konnte geübt werden. Und zwar in kleinen Gruppen und mehrere Monate lang. Jeweils drei bis vier Schülerinnen und Schüler arbeiteten mit Luis Benedikter, dem Lesetrainer, jeweils eine Schulstunde lang an unterschiedlichen Texten. Damit die Leserinnen und Leser nicht immer bei derselben Unterrichtsstunde fehlten, wurde ein aufwendiges organisatorisches Programm entwickelt, das natürlich auch von allen Lehrkräften mitgetragen wurde. Die Begeisterung der Teilnehmerinnen und Teilnehmer war so groß, dass diese auch an den Nachmittagen, außerhalb des Unterrichts, zum Lesetraining kamen.

Am Ende des Projektes stand die große Aufführung. Unter dem Motto „Wir schaukeln bloß …" luden die Leserinnen und Leser am 8. Mai 2007 zu einem literarisch-musikalischen Abend. Viele Zuhörerinnen und Zuhörer hatten sich in der Aula Magna der Grundschule Kaltern eingefunden, bedankten sich mit großem Applaus bei den Vortragenden und brachten ihre Anerkennung und ihren Respekt vor der großartigen Leistung zum Ausdruck.

[MThR]

*Veranstalter: Schulsprengel Kaltern,
Öffentliche Bibliothek Kaltern,
Volkshochschule Urania, Kaltern*

Ähnlich wie in Kaltern übten sich auch die Schülerinnen und Schüler der 2 B der Mittelschule Algund im Vorlesen.

Die Bibliothek Algund hatte zu einem kurzen Seminar mit dem Schauspieler Oswald Waldner eingeladen, dem die Deutschlehrerin Patrizia Notte mit ihrer Klasse gerne Folge leistete. Der Referent wies die Schülerinnen und Schüler auf die besondere Situation des Lesens vor Publikum hin und verriet ihnen Tipps und Tricks, wie man die Zuhörerinnen und Zuhörer fesseln kann.

Am Ende des Seminars zeigten auch sie ihr neu erworbenes Wissen und Können einer aufmerksamen Zuhörerschaft.

[MThR]

Veranstalter: Öffentliche Bibliothek Algund

Vorbereitungen für den Auftritt

Nach der großen Aufführung

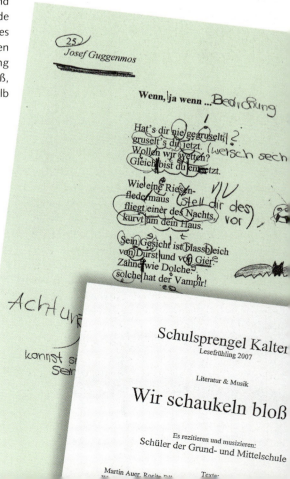

Das rote Sofa im Lesezelt

Ein Zeltdach, an dessen Rändern farbenfrohe Bänder flattern, wirbt auf dem Burgräflerplatz in Naturns für eine Vorleseaktion der öffentlichen Bibliothek, die unter dem Motto steht: „Naturns liest aus seinen Lieblingsbüchern". Neugierige Passanten bleiben stehen, verweilen und machen es sich auf Korbsesseln bequem, sitzt doch gerade der Bürgermeister des Dorfes in einem roten Sessel und liest aus einem Buch vor – sicher aus seinem Lieblingsbuch.

Schon Wochen vorher hatte ein Informationsblatt in der Bibliothek um freiwillige Leser und Leserinnen jeden Alters geworben. Sie sollten im Lesezelt aus ihren Lieblingsbüchern vorlesen. Der Andrang war unerwartet groß: Bürgermeister, Kulturreferent, Chronistin, eine bekannte Autorin, Senioren, Eltern der Kindergarten- und Schulkinder, Schülerinnen und Schüler trugen sich in die Liste ein.

Den ganzen Tag über wurde aus Kinder-, Jugend- und Erwachsenenbüchern vorgelesen, für jeden Geschmack und für jedes Alter war etwas dabei. Der Vormittag war der Kinderliteratur vorbehalten, mehrere Gruppen aus dem Kindergarten waren dazu eingeladen. Immer wieder gesellten sich Passanten dazu und hörten mit, wenn Schüler und Schülerinnen der Grund- und Mittelschulen für die Kindergartenkinder lasen. Mut und Können, selbstbewusstes Auftreten und flüssiges Lesen einiger Kinder der ersten Grundschulklasse beeindruckten und begeisterten das Publikum. Einzelne Lesende waren wohl über ihr Können selbst so erstaunt und glücklich, dass sie sich begeistert für das nächste „Lesezelt" vormerken ließen.

Nach einer kurzen Mittagspause ging es am Nachmittag weiter, nun wurden auch Texte für Erwachsene vorgetragen.

Das *Lesen am laufenden Band* und das Rahmenprogramm hielten die Gäste bei Laune und niemand dachte ans Weggehen. Alles in allem, eine wirklich gelungene Veranstaltung, die nicht nur die Erwartungen bei Weitem übertraf und das Bibliotheksteam mit Befriedigung und Stolz erfüllte, sondern auch der Bibliothek sehr viel Lob und Anerkennung von Seiten der Bevölkerung einbrachte.

[Gabi Hofer/Elfi Fritsche]

Checkliste:

- Details für den Ablauf festlegen
- Veranstaltungsort festlegen: um Platz bei der Gemeinde ansuchen
- Zelt organisieren (Leihgabe der Vereinsgemeinschaft)
- Stühle, Mikrofon, Sofa (roter Sessel), Tische, Dekoration besorgen
- Leser anwerben: Plakat für die Bibliothek, Bürgermeister, Kulturreferent, Autoren … ansprechen
- Kontakt mit Kindergarten, Grund- und Mittelschule aufnehmen; Kinder und Jugendliche als Vorleser und Zuhörer gewinnen
- Rahmenveranstaltung organisieren und Materialien besorgen für Stickerbastelecke, Schminkecke
- Helfer fürs Schminken und Basteln organisieren
- Getränke (Saft) bestellen
- Eisgutscheine für alle Leser ausstellen lassen
- Werbung: Plakate, Presse, Schaufenster Bibliothek,
- Liste der Vorleser und der ausgewählten Bücher aufhängen
- Liste der Vorleser in der örtlichen Buchhandlung aushängen
- Fotos
- Helfer für den Auf- und Abbau des Zeltes organisieren
- Kosten: Sponsoren ansprechen
- Nachbearbeitung: Artikel und Fotos in der Presse veröffentlichen

Veranstalter: Öffentliche Bibliothek Naturns

Das Lesezelt am Burggräflerplatz in Naturns

Geübte Vorleserinnen und Vorleser begeistern ihr Publikum.

Wie man ohne großen technischen Aufwand, nur durch kleine räumliche Veränderungen in der Bibliothek, verstärkt zum Vorlesen und Lesen animieren kann, zeigten die Mittelschule „Röd" in Bruneck und die Mittelschule St. Valentin auf der Haide.

Das literarische Café

Was ist heute in unserer Bibliothek los? Gemurmel, Gelächter, Geklapper? Dann Musik, und schon wurde es still in der Bibliothek. An den einladend gedeckten Tischen hatten Schülerinnen und Schüler der dritten Klasse der Mittelschule „Röd" Platz genommen. Das Programm – als Speisekarten gestaltet – gab Auskunft über den Verlauf der Veranstaltung. Während sich die Zuhörerschaft Fruchtsaft und kleine selbst zubereitete Leckereien schmecken ließ, lauschte sie den Texten, die ihnen von Gleichaltrigen vorgelesen wurden. Diese, bestens vorbereitet, legten sich mächtig ins Zeug, um ihren Gästen einen literarischen Ohrenschmaus bieten zu können. [EF]

Veranstalter: Mittelschule „Josef Röd", Bruneck

Die Leseoase

Sonnenschirm und Liegestuhl in der Bibliothek und dazu noch was Leckeres zum Trinken? Die zwei fleißigsten Leser jeder Klasse konnten eine Schulstunde lang ungestört im Liegestuhl mit einem Drink schmökern und die Oase ganz für sich genießen. Jede Menge neu angekaufter Bücher waren einladend ausgestellt und warben um alle Leserinnen und Leser, die sich noch nicht mit Lesestoff eingedeckt hatten.

[Susanne Punt/Elfi Fritsche]

Veranstalter: Mittelschule St. Valentin auf der Heide

Großer Andrang im literarischen Cafe

Von Lesekönigen und …
Lesequiz, Lesepass und Lesepreis

In die Wüste schicken

Das Team der Bibliothek des Pädagogischen Gymnasiums Meran hatte für den Lesefrühling ein ganz besonderes Projekt im Angebot. Redewendungen aus der Bibel sollten unter die Lupe genommen und ihre ursprüngliche Bedeutung sollte erforscht werden. Ziel war es, zum einen ein Gespür für die Sprache zu entwickeln – hier vor allem den Sinn oft verwendeter Redewendungen zu ergründen –, zum anderen ein Bewusstsein dafür zu schaffen, woher ein Teil unserer Kultur und Sprache kommt.

Redewendungen wie z. B. „auf Herz und Nieren prüfen", „zur Salzsäule erstarren" oder „in die Wüste schicken" wurden ausgewählt und den Schülerinnen und Schülern in Form eines Wochenquiz zur Verfügung gestellt. Eine Woche lang konnten sie recherchieren, ihre Erläuterungen aufschreiben und in eine Schachtel stecken, die eigens für das Quiz in der Bibliothek aufgestellt worden war. Am Ende jeder Woche wurden die Auswertungen vorgenommen, die Sieger ermittelt und die Preise vergeben. Zu gewinnen waren u. a. Bibeln auf CD-Rom und Bücher mit verschiedenen Redewendungen.

Deutsche Redewendungen aus der Bibel

Wochenquiz Nummer 1

in die Wüste schicken
zum Sündenbock machen

Schreib auf ein Blatt: (In der Bibliothek gibt es eventuell ein Formular)
1. **Nummer** des Wochenquiz
2. **Name** und **Klasse**
3. Kurze **Erläuterung** und **Zusammenhang** der oben angeführten Redewendung
4. Gib das Blatt innerhalb _____, den _____ in der Bibliothek ab (wirf es in den aufgestellten Karton)

Hinweise:
Bibel: 3. Moses, 16,21 (Levitikus)
Duden: Zitate und Aussprüche (S. 446)
http://alt.bibelwerk.de/bibel/
http://www.kathweb.de/bibel/

Am _____, den _____ während der Pause, erfolgt die Verlosung eines Preises!

Deutsche Redewendungen aus der Bibel

Wochenquiz Nummer 2

zur Salzsäule erstarren

Schreib auf ein Blatt: (In der Bibliothek gibt es eventuell ein Formular)
1. **Nummer** des Wochenquiz
2. **Name** und **Klasse**
3. Kurze **Erläuterung** und **Zusammenhang** der oben angeführten Redewendung
4. Gib das Blatt innerhalb _____, den _____ in der Bibliothek ab (wirf es in den aufgestellten Karton)

Hinweise:
Bibel: 1 Moses, 19,17 bis 26 (Genesis)
Duden: Zitate und Aussprüche (S. 563)
http://alt.bibelwerk.de/bibel/
http://www.kathweb.de/bibel/

Am _____, den _____ während der Pause, erfolgt die Verlosung eines Preises!

Deutsche Redewendungen aus der Bibel

Wochenquiz Nummer 3

auf Herz und Nieren prüfen

Schreib auf ein Blatt: (In der Bibliothek gibt es eventuell ein Formular)
1. **Nummer** des Wochenquiz
2. **Name** und **Klasse**
3. Kurze **Erläuterung** und **Zusammenhang** der oben angeführten Redewendung
4. Gib das Blatt innerhalb _____, den _____ in der Bibliothek ab (wirf es in den aufgestellten Karton)

Hinweise:
Bibel: Psalm 7,10
Duden: Zitate und Aussprüche (S. 55)
http://alt.bibelwerk.de/bibel/
http://www.kathweb.de/bibel/

Am _____, den _____ während der Pause, erfolgt die Verlosung eines Preises!

Deutsche Redewendungen aus der Bibel

Wochenquiz Nummer 4

wie Schuppen von den Augen fallen

Schreib auf ein Blatt: (In der Bibliothek gibt es eventuell ein Formular)
1. **Nummer** des Wochenquiz
2. **Name** und **Klasse**
3. Kurze **Erläuterung** und **Zusammenhang** der oben angeführten Redewendung
4. Gib das Blatt innerhalb _____, den _____ in der Bibliothek ab (wirf es in den aufgestellten Karton)

Hinweise:
Bibel: Apostelgeschichte 9, 18
Duden: Zitate und Aussprüche (S. 540)
http://alt.bibelwerk.de/bibel/
http://www.kathweb.de/bibel/

Am _____, den _____ während der Pause, erfolgt die Verlosung eines Preises!

Wochenquiz Nr. _____
Name: _____
Klasse: _____
Erläuterung und Zusammenhang der Redewendung (woher stammt sie und was bedeutet sie heute)

Wochenquiz Nr. _____
Name: _____
Klasse: _____
Erläuterung und Zusammenhang der Redewendung (woher stammt sie und was bedeutet sie heute)

Wochenquiz Nr. _____
Name: _____
Klasse: _____
Erläuterung und Zusammenhang der Redewendung (woher stammt sie und was bedeutet sie heute)

Wochenquiz Nr. _____
Name: _____
Klasse: _____
Erläuterung und Zusammenhang der Redewendung (woher stammt sie und was bedeutet sie heute)

Buchquiz

**Bernhard Schlink
Der Vorleser
Roman**

Der Vorleser

Neben dem Wochenquiz gab es am Pädagogischen Gymnasium auch das Bücherquiz, das vom Team der Bibliothek ausgearbeitet worden war.

Die Schülerinnen und Schüler ausgewählter Klassen hatten die Aufgabe, den Roman „Der Vorleser" von Bernhard Schlink aufmerksam zu lesen und sich auch ein wenig Hintergrundwissen anzueignen.

Der eigentliche Wettbewerb fand in der Bibliothek statt. Die Klasse wurde in zwei Gruppen eingeteilt; jede Gruppe ernannte einen Gruppensprecher.

Zunächst wurden den Schülerinnen und Schülern zwanzig Fragen vorgelesen. Die Gruppe, die sich als erste durch das Anschlagen ihrer Tischglocke meldete, durfte antworten. War die Antwort falsch, kam die andere Gruppe an die Reihe.

Im zweiten Teil mussten mehrere Aufgaben schriftlich gelöst werden. Unter anderem waren aus einem Textauszug des Romans Wörter gelöscht worden. Die Schülerinnen und Schüler sollten die Lücken füllen. Zudem sollten sie falsche von wahren Aussagen unterscheiden und ankreuzen. Für diese zweite Prüfung standen lediglich 15 Minuten zur Verfügung.

Im dritten Teil wählte die Gruppe mit den meisten Punkten einen von zwei geschlossenen Umschlägen aus und beantwortete die Fragen. Diesmal standen fünf Minuten zur Verfügung. Konnte eine Frage nicht schnell beantwortet werden, ging die Gruppe zur nächsten Frage über.

Am Ende zählte die Gesamtsumme der Punkte. Sieger waren die Schülerinnen und Schüler, die das Buch aufmerksam gelesen hatten und die meisten Fragen schnell und richtig beantworten konnten. Als Preis gab es Süßigkeiten.

[Margareth Ebner/Maria Theresia Rössler]

Veranstalter: Pädagogisches Gymnasium „Josef Ferrari", Meran

Teil 3 – Gruppe A
(12 Fragen zu je 2 Punkten)

- Es stehen 5 Minuten zur Beantwortung der Fragen zur Verfügung
- Wenn eine Frage nicht gleich beantwortet werden kann, geht die Gruppe zur nächsten Frage über
- Sind alle Fragen gestellt, werden die unbeantworteten Fragen ein zweites Mal gelesen, auch hier geht man zur nächsten über, wenn eine nicht beantwortet werden kann
- Es gibt nur zwei Durchläufe, dann werden die Punkte ermittelt

1.	Einen Abschnitt der Verhandlung erlebt der Erzähler nicht mit. Welchen?		
2.	Was war das wichtigste Beweismittel im Prozess?		
3.	In welcher Straße wohnte Hanna zur Zeit der Beziehung mit dem Erzähler?		
4.	Im Winter nach dem Prozess geht der Erzähler Schi fahren. Was passiert da? Warum glaubt der Erzähler, dass es passiert ist?		
5.	Wie waren die Mädchen, die Hanna im Lager für sich aussuchte?		
6.	Wie saß Hanna die meiste Zeit im Gerichtssaal?		
7.	Es gab beim Prozess zwei Hauptanklagepunkte. Welche?		
8.	Nach Wochen des Grübelns fällt dem Erzähler plötzlich im Wald ein, welches Geheimnis Hanna hütet. Welches?		
9.	Warum retteten sich Mutter und Tochter?		
10.	Warum badet der Erzähler das erste Mal bei Hanna?		
11.	Warum gibt Hanna zu, den Bericht geschrieben zu haben?		
12.	Bei der gemeinsamen Fahrradtour gibt es einen unliebsamen Vorfall. Nenne 3 Stichwörter		

Teil 3 – Gruppe B
(12 Fragen zu je 2 Punkten)

- Es stehen 5 Minuten zur Beantwortung der Fragen zur Verfügung
- Wenn eine Frage nicht gleich beantwortet werden kann, geht die Gruppe zur nächsten Frage über
- Sind alle Fragen gestellt, werden die unbeantworteten Fragen ein zweites Mal gelesen, auch hier geht man zur nächsten über, wenn eine nicht beantwortet werden kann
- Es gibt nur zwei Durchläufe, dann werden die Punkte ermittelt

1.	In welchen beiden Lagern hat Hanna gearbeitet		
2.	Welches Seminar besucht der Erzähler während seines Studiums?		
3.	Für welchen Beruf entscheidet sich der Erzähler nach dem Studium?		
4.	Was hat Hanna getan, als der Erzähler sie zum ersten Mal voller Begehren ansah?		
5.	Was tut der Erzähler am ersten Tag der Osterferien?		
6.	Der Erzähler beginnt zu schreiben. Was tut er, bevor er seine Manuskripte an den Verlag schickt?		
7.	Der Erzähler findet, dass es in den 60-Jahren schwierig war, sich das Leben im KZ vorzustellen. Heute ist es einfacher. Warum?		
8.	Welche Krankheit hatte der Erzähler mit 15 Jahren?		
9.	Bei der Urteilsverkündung erregt die Kleidung Hannas Aufsehen. Warum?		
10.	Wo arbeitete Hanna von 1943 bis 1945		
11.	Wem soll der Erzähler das Geld geben, das Hanna hinterlässt?		
12.	Was geschah in der Kirche, in der die Gefangenen eingeschlossen waren?		

Lesepraktikum in der Bibliothek

Lesen lernt man nur durch Lesen. Dieser Ansicht waren auch die Bibliothekarinnen der Bibliothek Ritten. Sie versuchten die Schülerinnen und Schüler durch die Einführung eines Lesepasses zum Lesen zu motivieren.

Jede Schülerin und jeder Schüler wurde angehalten die gelesenen Bücher oder Hörbücher mit Angabe des Titels, des Autors, der Signatur und des Rückgabedatums in den Lesepass einzutragen. Bei der Rückgabe eines Buches erhielten sie von der Bibliothekarin einen Stempel in ihren Lesepass. Zwar war es nicht immer möglich, genau zu kontrollieren, ob die Schülerinnen und Schüler das entliehene Buch auch tatsächlich gelesen hatten, doch eine gewisse Selbstverantwortung und Ehrlichkeit wurde ihnen zugetraut. Und dies mit Recht. In unzähligen öffentlichen Buchpräsentationen stellten die Schülerinnen und Schüler ihre Kenntnisse über den Inhalt der Bücher unter Beweis.

Anfang Juni wurden die einzelnen Lesepässe eingesammelt. Zwei Schülerinnen und ein Schüler hatten über 60 Bücher gelesen. Sie waren die absoluten Lesekönige und wurden mit einem kleinen Geschenkkorb sowie einem Buch für ihren Fleiß belohnt.

Kinderbetreuung Eine weitere Gelegenheit das Lesen zu praktizieren ergriffen die Schülerinnen und Schüler bei einem Elternsprechtag im März.
Sie boten den Eltern während des Sprechtages eine Kinderbetreuung an und lasen den rund 20 anwesenden Kleinkindern aus Bilderbüchern vor, sehr zum Vergnügen der Kleinen, die das Umsorgt-Werden sehr genossen. [MThR]

Veranstalter: Öffentliche Bibliothek Ritten

Kinderbetreuung beim Elternsprechtag

Krepsknödl und Mandl Durten
Alte Schriften gekonnt entziffern

Insgesamt 14 Personen haben im April an einem von der Stadtbibliothek Brixen und dem Stadtarchiv Brixen organisierten Lesekurs zur deutschen Kurrentschrift teilgenommen; einzelne Teilnehmer reisten sogar von außerhalb zu den Abenden an, z. B. aus Bozen und Bruneck. Die Referentin des Kurses, die geschäftsführende Direktorin am Südtiroler Landesarchiv Christine Roilo, bot den Teilnehmerinnen und Teilnehmern eine Einführung in die Geschichte der Schrift und die Eigenheiten der Kurrentschrift. Anschließend legte sie den Schwerpunkt auf praktische Leseübungen. Beginnend mit Texten aus dem frühen 20. Jahrhundert führte die Referentin die Kursteilnehmerinnen und Kursteilnehmer behutsam an Handschriften des 19., 18. und 17. Jahrhunderts heran. Die Lehrtexte stammten teils aus dem Südtiroler Landesarchiv, teils aus dem Stadtarchiv Brixen und wurden bewusst in thematisch breiter Streuung gewählt – darunter waren auch zwei Kochrezepte aus dem 17. Jahrhundert zur Herstellung von *Krepsknödln* und einer *Mandl Durten*. Die Rückmeldungen fielen ausgesprochen positiv aus. Die Teilnehmerinnen und Teilnehmer lobten die interessante und abwechslungsreiche Kursgestaltung und beschrieben den Lernerfolg als „sehr gut". Einzelne „Schülerinnen und Schüler" finden in ihrem Studium oder sogar im beruflichen Alltag Gelegenheit, ihre neue Lesefertigkeit einzusetzen, andere freuen sich einfach daran, jetzt alte Schriften entziffern zu können.

[Bruno Kaser]

Veranstalter: Stadtbibliothek Brixen

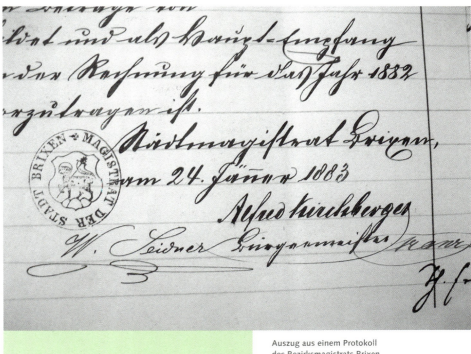

Auszug aus einem Protokoll des Bezirksmagistrats Brixen vom 14. Jänner 1883

Selbst gemacht
Bücher im Eigenverlag

Der Lesefrühling bot den Grundschülerinnen und Grundschülern der 5. Klassen eine gute Gelegenheit, über ein gemeinsames Buchprojekt Kontakt mit der nächsten Schulstufe aufzunehmen und schulstufenübergreifend ein Vorhaben zu realisieren. Die Idee zu einer Buchmacher-Werkstatt kam aus dem Bibliotheksrat des Schulsprengels Olang und die Organisation für diese große Veranstaltung wurde der Leiterin Christine Mutschlechner übertragen. Mit so vielen Autorinnen und Autoren ein Buch von Anfang bis Ende im Eigenverlag herzustellen, war kein leichtes Unterfangen.

Eifrig machten sich die Kinder der fünften Grundschulklassen und der ersten Mittelschulklassen des gesamten Schulsprengels daran, Ideen zu sammeln und zu ordnen, eine Geschichte zu entwerfen und zu schreiben. „Lotte Karotte, das könnte ein passender Titel für meine Abenteuergeschichte sein", entschied ein Schüler der Grundschule Geiselsberg. Ihm war klar, es sollte ja etwas Besonderes sein, denn daraus sollte schließlich ein Buch entstehen.

Buchmacher-Workshop

Im April 2007 trafen sich alle im Kongresshaus in Olang, die bereits geschriebenen Texte im Gepäck. In einem Mega-Workshop konnten nun die Kinder ihre eigenen Bücher herstellen. Die nach Schulstufen gemischten Gruppen machten sich eifrig ans Werk, knobelten gemeinsam an der Gestaltung der Geschichte, gaben sich gegenseitig Tipps und tauschten sich über das Layout aus.

Die fachkundige Leitung hatte die Illustratorin Maria Blazejovsky übernommen; eine gewaltige Herausforderung, wie sie selbst sagte. Unter ihrer Anleitung wurde geschnitten, geklebt, genäht, geleimt, geschrieben und gemalt. Nichts durfte fehlen, vom Buchdeckel bis zum Klappentext, vom Schmutztitel bis zur ISBN-Nummer musste alles perfekt ausgeführt werden. Und wie gestaltet man ein Vorsatzblatt, das Lust auf eine Bärengeschichte machen soll? Der Arbeitseifer war groß und die Kreativität grenzenlos. Mit der tatkräftigen Unterstützung der Lehrkräfte kamen alle zu einem eigenen Buch. Stolz, zufrieden und mit dem selbst gemachten Buch in der Hand verließen die Büchermacher ihre *Werkstatt*.

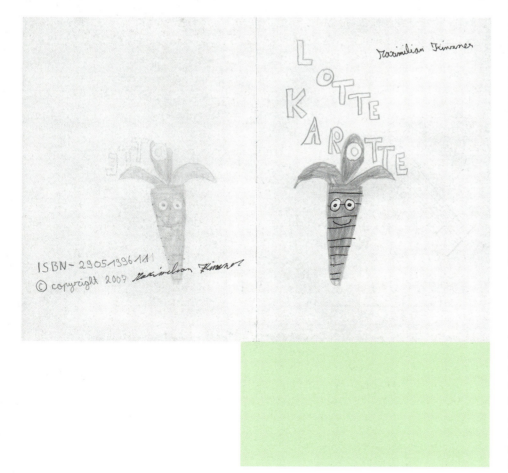

Gefällt euch mein selbst gemachtes Buch?

Riesen-Ritterbuch

Zusammen mit ihren Partnerklassen in Kartitsch/Osttirol, getragen von der Bezirksgemeinschaft Bruneck, arbeiteten die Schülerinnen und Schüler der 2., 4. und 5. Klasse der Grundschule Geiselberg an einem Buchprojekt zum Thema „Ritter". Nach einer gemeinsamen Fahrt ins Schloss Ambras und dem digitalen Austausch über das Leselabyrinth (Plattform des deutschen Pädagogischen Instituts) entstand die Idee zu einem großen Ritterbuch.

Ein Riesenformat sollte das Buch haben, das war der ausdrückliche Wunsch der Kinder. Die Riesenwimmelbücher dienten ihnen als Vorbild.

Von den Lehrkräften bekamen die Schülerinnen und Schüler grobe inhaltliche Vorgaben. Sie schlossen sich in Gruppen zusammen und setzten sich intensiv mit einem Teilbereich, z. B. Essen im Mittelalter, auseinander. In dieser Phase wurden Rezepte gesammelt und ausgetauscht, mittelalterliche Handwerksweisen ausprobiert, z. B. das Buttermachen. Dass dann auch „mittelalterlich" gekocht und gegessen wurde, liegt auf der Hand.

Einmal in der Woche wurde eine Stunde lang recherchiert, gesucht, zusammengetragen, ausgewählt und geschrieben. Waren diese Arbeiten abgeschlossen, wurden Zeichnungen, Bilder und Texte am PC verarbeitet und dann ins Riesenritterbuch geklebt. Die entstandenen Arbeiten wurden auch über das Leselabyrinth des Bildungsservers „blikk" des Pädagogischen Instituts ausgetauscht. So konnten die Meinungen und Tipps der anderen in die Arbeiten einfließen.

Das Riesenbuch steht jetzt in der Bibliothek und wird immer wieder gerne aufgeschlagen. [EN]

_____Veranstalter: Schulsprengel Olang_

Bücherwerkstatt

Das Leseschaf sitzt da und schaut. Es ist mit der Bücherfrau Martina Koler gekommen und sitzt jetzt als stummer Zuhörer im Kreis. Aber nicht nur das Schaf hört aufmerksam zu. Auch eine große Gruppe von Kindergarten- und Schulkindern der ersten und dritten Klasse sitzt auf Matten und Decken mitten in der Wiese des Bibliotheksgartens der Öffentlichen Bibliothek Sinich und lauscht gespannt der Geschichte „Wo der Pfeffer wächst". Mit viel Erzählkunst lässt Martina Koler ganz verschiedene Tiere aus dem Bilderbuch purzeln und fesselt ihre jungen Zuhörerinnen und Zuhörer mit bunten Bildern und lebhaften Szenarien. Die Fragen, die in diesem Sachbilderbuch stehen, fordern die Kinder auf, viele kreative und sachliche Antworten zu suchen.

Ein Buch schreiben Dann wurden die Kinder selbst zu Bücherschreibern. An den großen Tischen des Bibliotheksgartens saßen sie in altersgemischten Gruppen und jedes Kind schrieb und malte nun in sein eigenes Faltbuch all das, was es erfahren, erlebt und an Erkenntnissen aus diesem Buch gewonnen hatte. Die Schülerinnen und Schüler kamen dabei den Kindern vom Kindergarten gerne entgegen und übernahmen den Schreibdienst für sie, wo das Malen und Kleben nicht ausreichte. Zum Schluss wurden die Bücher noch liebevoll mit Bändern und Aufklebern verziert, weil das dem eigenen Werk noch eine besondere Note gab. Begleitet von Martina Koler konnten die Kinder des Kindergartens Sinich und der Grundschule Sinich eine ganz andere Art der Annäherung an ein Bilderbuch erleben. Sie waren dabei nicht bloß passive Zuhörer, sondern aktiv Schaffende und Gestaltende.

> *Patrick (6 Jahre) berichtet von der Bilderbuchwerkstatt:*
> „Martina hat uns drüben die Geschichte vorgelesen: Wo wächst der Pfeffer? Dann eine Minute rennen und dann haben wir gebastelt. Wir haben so Büchlein gemacht mit den Tieren und den Fragen drinnen, mit Bären, dem Wal, Schnecken, dem Fisch, Flamingo, Schafe und den Zugvögeln. Da haben wir zuerst gemalt, dann ausgeschnitten, dann auf das Buch hinaufgeklebt, dann ein Pickerle abgeschleckt, dann ein normales Pickerle. Dann macht man ein Loch und tut ein Bandl hinein."

Das Riesen-Ritterbuch aus dem Eigenverlag

Papageien-Lesezeichen Auch die Gruppe der Drei- bis Vierjährigen wurde in die Bibliothek geführt. Sie konnten, geschickt begleitet von der Buchexpertin, den Zugang zu Büchern anders und auf höchst interessante Weise erleben. Neugierig ließen sie sich auf die Geschichte „1, 2, 3, wo ist der Papagei" ein. Und als die Papageien im Buch ausflogen, verwandelten sich auch die Kinder in Papageien, die durch den Garten schwirrten und sich versteckten. Zum Glück wurden alle wieder gefunden, denn sonst hätten nicht alle das Ende der Geschichte erfahren. Voller Entdeckerfreude und Gestaltungslust kreierten die zurückverwandelten Papageien anschließend mit Unterstützung der Erwachsenen ihr persönliches Papageien-Lesezeichen. Mit dem Gefühl, etwas Schönes erlebt zu haben und dabei auch noch erfolgreich gewesen zu sein, trugen die Kinder ihre Schätze nach Hause.

[EN]

_____Veranstalter: Öffentliche Bibliothek Sinich,
Kindergarten und Grundschule Sinich_

Il libro parlante
Audiolibri da ascoltare comodamente

Finalità Il progetto *Il libro parlante* è nato con la finalità di realizzare degli audiolibri per il catalogo multimediale dell'Unione Italiana Ciechi e per il Centro Ciechi/Blindenzentrum di Bolzano, favorire l'ascolto degli audiolibri sia in generale che da parte di ragazzi che hanno difficoltà di lettura e incentivare così l'approccio al libro come fonte di piacere.

Descrizione dell'attività Agli insegnanti che aderiscono al progetto viene proposto un corso di formazione della durata di 12 ore sulla lettura ad alta voce, tenuto dall'attrice Paola Soccio. Il fine del corso è quello di rendere autonomo il lavoro dell'insegnante con la classe per quanto concerne la lettura ad alta voce e interpretativa.

A partire dalla lettura libera, mediata dai consigli di insegnanti e bibliotecari, o basata sulla bibliografia fornita dall'Istituto Pedagogico (in particolare riguardo ai libri di narrativa contemporanea) si invitano le classi al confronto e alla selezione di testi che risultino di particolare gradimento, adatti alla lettura ad alta voce e alla collocazione nel catalogo multimediale dell'Unione Italiana Ciechi.

La lettura del testo può essere svolta individualmente dagli studenti ma il più delle volte le classi lavorano con i propri insegnanti.

Si invitano quindi ragazze e ragazzi a frequentare un percorso formativo legato alla lettura ad alta voce e interpretativa. Lo scopo è dare ai ragazzi una preparazione di base per la lettura ad alta voce che permetta loro di affrontare successivamente la registrazione dell'audiolibro con una certa espressività.

Un tecnico del suono effettua la registrazione degli audiolibri portando la sua strumentazione nelle singole scuole coinvolte.

Gli audiolibri prodotti vengono raccolti dall'Istituto Pedagogico e consegnati all'Unione Italiana Ciechi e al Centro Ciechi/Blindenzentrum di Bolzano.

Destinatari Al progetto hanno partecipato 11 classi: 4 dell'Istituto Professionale per i Servizi Commerciali e Turistici "Claudia de' Medici", 3 dell'Istituto Professionale per l'Industria e l'Artigianato "Galileo Galilei", 1 classe del Liceo Artistico e Psicopedagogico "Giovanni Pascoli", 1 classe dell'Istituto Tecnico Commerciale "Cesare Battisti", 1 classe di studenti lavoratori del Corso di lingua e cultura italiana dell'Istituto Comprensivo Bolzano I e infine 1 terza media di Egna dell'Istituto Comprensivo Bassa Atesina. In totale sono stati coinvolti circa 200 studenti.

Organizzatori: Istituto Pedagogico per il gruppo linguistico italiano, Bolzano

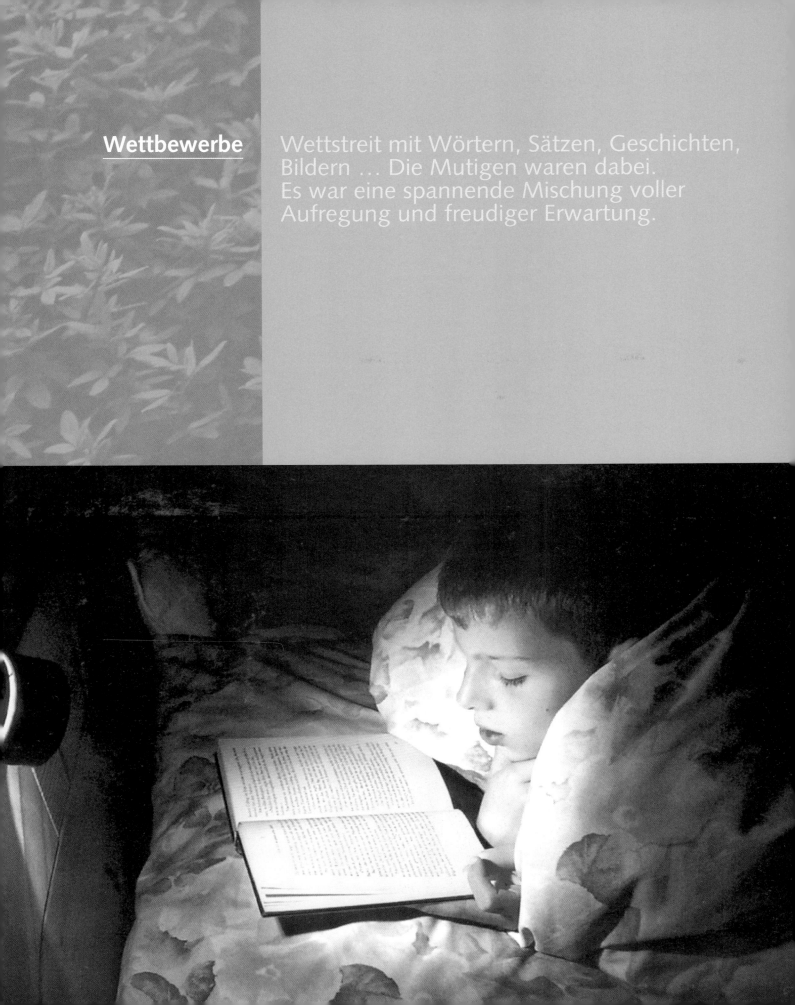

Wettbewerbe

Wettstreit mit Wörtern, Sätzen, Geschichten, Bildern … Die Mutigen waren dabei. Es war eine spannende Mischung voller Aufregung und freudiger Erwartung.

Wörterträume
Literarischer Wettbewerb

Er ist beinahe schon Tradition geworden: der literarische Wettbewerb der drei Oberschulen von Schlanders. „Wörterträume" war das Motto des heurigen Wettbewerbes, wohl in Anlehnung an den Titel des *Südtiroler Lesefrühlings*.

Wie jedes Jahr wollten die Veranstalter (Lehranstalt für Wirtschaft und Tourismus – Handelsoberschule, Gewerbeoberschule und Realgymnasium) bei den Jugendlichen auch heuer wieder die Lust am Schreiben fördern und ihnen die Möglichkeit bieten, ihre Texte von einer unabhängigen Jury begutachten zu lassen.

Die Teilnehmerinnen und Teilnehmer waren eingeladen, Prosatexte und Gedichte zu verfassen und bis zum 28. Februar 2007 in den Bibliotheken der veranstaltenden Schulen abzugeben. Die beiden Kategorien wurden getrennt bewertet. Den Lyrikerinnen und Lyrikern waren drei Arbeiten gestattet, die Verfasserinnen und Verfasser von Prosatexten konnten nur einen Text abliefern.

Alle Texte sollten mit dem Computer geschrieben und nicht länger als fünf Seiten sein. Die Texte mussten anonym, mit einem Kennwort versehen und in vierfacher Ausfertigung abgegeben werden. Der Name des Autors oder der Autorin wurde in einem beigelegten verschlossenen Umschlag, der mit demselben Kennwort versehen war, mitgeliefert.

56 Schülerinnen und Schüler hatten die Einladung angenommen und Texte zur Bewertung eingereicht. Die Juroren – Sepp Mall, Claudia Nagl Theiner, Erich Daniel – zeigten sich mit den Arbeiten sehr zufrieden und staunten, wie gewandt die Jugendlichen ihre Träume ausdrücken konnten.

Am 11. Mai 2007 fand die Siegerehrung in der Bibliothek der Gewerbeoberschule statt. Anna Pohl (2 Bn Realgymnasium), Theodora Kuntner (2 An Realgymnasium) und Julian Trafoier (4 A Handelsoberschule) hatten die besten Prosatexte verfasst; Marius Rieger (2 w Realgymnasium), Cindy Telser (2 An Realgymnasium) und Nadia Alber (2 A Gewerbeoberschule) waren die drei besten Lyriker.

Bei einer kleinen Feier wurden die Siegertexte einem interessierten und begeisterten Publikum vorgetragen. Die sechs Preisträgerinnen und Preisträger erhielten jeweils ein Preisgeld von 100 €, mit dem sich wohl der eine oder andere kleine Traum verwirklichen ließ.

Die Siegertexte wurden in einer Broschüre veröffentlicht. [MTR]

Veranstalter: Lehranstalt für Wirtschaft und Tourismus – Handelsoberschule, Gewerbeoberschule, Realgymnasium, Schlanders

Die Siegertexte wurden einem interessierten Publikum vorgetragen.

Zwischenspiel im Außensitz
Schreib, was dir gefällt

Wie wird Kunst lebendig? Was kann die Schule dazu beitragen?

Die Frage der Gestaltung des tristen Außensitzes der Handelsoberschule „H. Kunter" beschäftigte die Lehrkräfte schon lange. Im Rahmen der Kulturvermittlung an der Schule wurden, auf Anregung einiger Lehrkräfte und in Absprache mit dem Direktor, zwei Künstler, Arnold Mario Dall'O und Paul Thuile, kontaktiert. Sie sollten sich über das Erscheinungsbild des Außensitzes, der in zwei Gebäude unterteilt ist, Gedanken machen. Der Durchgang zwischen den beiden Gebäuden wird von den Schülerinnen und Schülern gerne genutzt. Er ist einerseits ein Ort der schnellen Begegnung, des Durchgehens, aber andererseits, vor allem in den Mittagspausen, auch ein Ort, an dem sich die Jugendlichen treffen und länger verweilen.

Schreib, was dir gefällt Bei der Umgestaltung eines Schulraumes sollten die Schülerinnen und Schüler immer mit einbezogen werden. Unsere Idee war, dass die Räume auch mit Texten geschmückt werden könnten. Deshalb wollten wir, begleitend zum Kunstprojekt an der Schule und passend zum *Südtiroler Lesefrühling*, einen Schreibwettbewerb durchführen.

„Schreib, was dir gefällt", lautete der Titel des Wettbewerbes. Dabei durften alle ihrer Fantasie freien Lauf lassen. Das Ergebnis: 50 selbst verfasste Texte über Liebe und Selbstfindung, Fußball und Meer. Große Gewinnerin war Sylvia Maffei. Einstimmig verliehen ihr die Juroren, zu denen Lehrkräfte der Schule, der Elternvertreter, die Schülervertreterin, der Schriftsteller Sepp Mall sowie die beiden Künstler Dall'O und Thuile gehörten, den ersten Preis für die Kurzgeschichte „Der Mann, das Meer und die Möwe". Auf zwei Seiten gelang der Schülerin eine bewegende Geschichte. Der Text ließ – so die Begründung – Charakterprofil erkennen und eine große Lust sich mitzuteilen. Hervorzuheben ist auch das Engagement der Schülerin: Sylvia Maffei hatte mehrere Texte eingereicht, Prosa und Lyrik.

Der zweite Preis ging an Verena Perkmann, die Verfasserin des Gedichtes „Glasklar".

Die Jury einigte sich darauf, auch einen dritten Preis zu vergeben. Der Text „Befreiung" von Nathalie Hassl verdiente laut Jurymitgliedern eine Sondererwähnung, weil das Gedicht durch die starken Bilder besticht und aufgrund des besonderen Rhythmus auch als Songtext gebraucht werden kann.

Im Anschluss an diesen Wettbewerb fand im April eine Dichterlesung mit Sepp Mall statt, zu der die Maturaklassen eingeladen waren. Er las aus seinem Buch „Die Wundränder".

In einem zweiten Schritt wurde dann die Idee der Künstler umgesetzt: Sie besorgten gebrauchte Stühle unterschiedlicher Herkunft und formten aus ihnen eine Stuhlkette, die in unterschiedlicher Weise miteinander verbunden und von den Schülerinnen und Schülern in immer neue Formsprachen übersetzt werden kann.

Die Künstler übertrugen ausgewählte Textpassagen auf Plaketten und befestigten sie an den Stühlen. Wer sich die Zeit nimmt, kann lesen, träumen, sich ärgern oder sich wundern. Auch die Wände des Durchgangs erhielten ein neues Kleid: Sie glänzen bis zum Abbruch in Rot und Gold. [Eva Gratl]

Paul Thuile und Arnold Mario Dall'O haben die Texte auf Plaketten übertragen und an den Stühlen befestigt.

> **Glasklar**
>
> *Verschwommene Umrisse meines ichs,*
> *ohne klare Konturen,*
> *ohne klaren Inhalt,*
> *verzerrte Linien meines Gesichts spiegeln*
> *meine Seele wider:*
> *ohne genaue Ziele,*
> *ohne jegliche Aussichten,*
> *verflossen sind all die Gedanken, die mein*
> *Leben gestern noch bestimmten,*
> *alles was einst so klar war wie Glas, ist jetzt*
> *nur noch verstaubt und*
> *undurchsichtig …*
>
> *Verloren in der Vergangenheit,*
> *ohne Zweifel,*
> *ohne Mut,*
> *verdorren von all der Alltäglichkeit,*
> *ohne geistige Arbeit,*
> *ohne Meinungsfreiheit,*
> *vergessen sind alle Momente, die mein Leben*
> *gestern noch bestätigten,*
> *alles was eins so klar war wie Glas, ist jetzt*
> *nur noch verstaubt und*
> *undurchsichtig …*
>
> [Verena Perkmann]

Veranstalter: Handelsoberschule „Heinrich Kunter", Bozen

Ein Pinguin kommt nach Südtirol
Fragen über Fragen

Warum ist der Postbote der stärkste Mann?
Warum lachen die Menschen?
Warum hat unsere Nase zwei Löcher?

So lauteten drei von 989 ungewöhnlichen und ausgefallenen Fragen, die Schülerinnen und Schüler der Südtiroler Grund- und Mittelschulen an das Jukibuz im Südtiroler Kulturinstitut geschickt hatten. Die Auswahl, die der Pinguin treffen musste, war nicht leicht: 15 Fragen durften es sein – 15 herrlich verrückte Fragen.

Um die Antworten zu finden, besuchte der Pinguin die 15 Klassen aus denen die Fragen stammten. Die Aufregung bei den Schülerinnen und Schülern war groß, als sich der Pinguin ankündigte. Wer sollte das sein? Was hatte das Ganze mit einem Pinguin zu tun und wer verbarg sich hinter dieser Figur?

Die Figur des Pinguins als geheimnisvoller Geschichtenerzähler wurde im deutschen Radio SW1 (Südwestrundfunk) geboren. Jeden Sonntag hieß es dort: „Pinguin – die Sendung mit Frack". Kinder wurden wie kaiserliche Hoheiten behandelt und mit *Euer Gnaden* angesprochen. Aus den vielen Briefen und Karten mit den vielen Fragen der Kinder wurde Sonntag für Sonntag eine herrlich dumme Frage ausgewählt. Frack, der Pinguin, beteuerte dann zwar, dass er „von diesen Dingen nicht die geringste Ahnung" habe, weil aber die „ahnungslosen" Geschichten die besten sind, ließ *Euer Gnaden* nicht locker: „Bitte Frack, eine Geschichte!" Und so war dann Sonntag für Sonntag im SWR1 eine Geschichte zu hören – eine fantastischer, skurriler, übermütiger, trauriger, romantischer oder absurder als die andere.

Hier in Südtirol war es nicht der Pinguin, der die Antworten auf die Fragen gab, sondern die Schülerinnen und Schüler fanden die Antworten selbst. Der Pinguin half ihnen lediglich, die Antworten in eine Geschichte zu verpacken.

Susanne Vettiger, Autorin aus der Schweiz, hatte darin große Übung, war sie es doch, die jahrelang hinter dem Pinguin für den SWR1 steckte und die Antwortgeschichten erfand. Mit einem Laptop, einem Beamer und einer „Sekretärin" betrat sie die Klasse und verwandelte das Klassenzimmer kurzerhand in eine Schreibstube. In jeder Klasse gelang es ihr, die Schülerinnen und Schüler zu lenken, hin zu einer lustigen oder nachdenklichen Antwort. Und weil die fleißige Sekretärin die Gedanken der Kinder und des Pinguins sofort mitschrieb und für alle sichtbar an die Wand projizierte, konnten sich die Kinder auf den Inhalt konzentrieren und am Ende eines Vormittages die fertige Geschichte in Händen halten. Da staunten so manche.

Dass ihre Kurzgeschichte dann im Rai Sender Bozen überall in Südtirol zu hören war, begeisterte die Kinder sehr. Christoph Pichler, Radiosprecher im Rai Sender Bozen, las drei Wochen lang – täglich von Montag bis Freitag – eine der Kurzgeschichten. Die erste wurde am 2. Mai um 10.45 Uhr ausgestrahlt. Die Veröffentlichung im Radio war für die Kinder „ein cooler Preis", die CD mit allen 15 Geschichten eine praktische Zugabe.

[MThR]

Gemeinsam nach einer Antwortgeschichte suchen

Die Antwortgeschichte auf die Frage: Warum lachen die Menschen?

„Euer Gnaden haben geläutet?"
„Habt ihr Fragen dabei, lieber Frack."
„Ja, wenn Euer Gnaden eine aussuchen wollt, bitte schön."
„Au, ja, das ist eine herrlich dumme Frage. Die 5. Klasse der Grundschule ‚Chini' möchte wissen, warum die Menschen lachen."
„Och, ich muss gestehen, dass ich von diesen Dingen nicht die geringste Ahnung habe."
„Bitte Frack, eine Geschichte!"
„Nun, Euer Gnaden –
Es gab einmal eine Zeit, da konnten die Menschen nicht mit Worten sprechen. Sie verständigten sich mit Handzeichen, schauten den Tieren zu, wie diese es machten. Die Tiere fauchten, blökten, brüllten, maunzten, bellten, wieherten, zwitscherten, grunzten, gackerten, muhten, knurrten und piepsten. Aber das gefiel den Menschen nicht so richtig. Sie beobachteten die Tiere, wie sie sich bewegten; einige schlugen mit den Flügeln, andere rissen ihr Maul auf oder scharrten und stampften mit den Füßen. Einige schlichen, krabbelten, schlängelten oder krochen, wieder andere schwammen, tauchten oder strampelten. Aber das gefiel ihnen auch nicht. Sie waren verzweifelt, ratlos und wurden immer trauriger.
Da hatte der Schöpfer ein Einsehen und eine Idee. Er dachte, dass die Menschen vielleicht etwas fröhlicher würden, wenn sie beim Begrüßen Nase an Nase reiben. Er schaute an sich herunter, sah seinen kugelrunden Bauch und dachte: „Vielleicht ginge auch Bauch an Bauch. Oder Po an Po. Oder Füße an Füße. Oder Hände an Hände."
Tatsächlich funktionierte es: Die Menschen wurden etwas fröhlicher, weil es so schön kitzelte, wenn sich die Nasen berührten oder die Füße trafen. So fingen die Menschen an, immer häufiger zu lachen. Das war eine tolle Erfindung. Sie gefiel dem Schöpfer ungemein. Aber etwas Kleines fehlte noch. Die Töne. Er wollte seine Idee erweitern. Die Menschen sollten sich unterhalten können.
„Hoi griaßt enk, wia geatsn enk?", was soviel heißt wie „Hallo, grüß euch, wie geht es euch?"
Die Menschen probierten es gleich aus, staunten, sahen sich an und brachen in schallendes Gelächter aus. Die erste Sprache war erfunden: Südtirolerisch.

Aber manche Menschen fühlten sich mit dieser Sprache überfordert. Sie gefiel ihnen nicht und sie begannen sie zu verändern. So entstanden nach und nach neue Sprachen: Spanisch, Französisch, Chinesisch, Griechisch, Englisch, Ladinisch, Italienisch, Deutsch, Russisch und Portugiesisch ...
Wenn allerdings heute ein Chinese Bozen besucht, versteht er trotz aller Sprachen der Welt nur „Bahnhof".
Eine einzige Sprache ist überall – egal wo wir sind – die gleiche: das Lachen.
Und Lachen ist die schönste Form der Sprache. Ein Lächeln ist für jeden Menschen ein großes Geschenk."

Veranstalter: Jukibuz im Südtiroler Kulturinstitut, Pädagogisches Institut für die deutsche Sprachgruppe, Stadt Bozen – Amt für Unterricht und Freizeit, Rai Sender Bozen

Von links nach rechts: Elisabeth Nitz, Susanne Vettiger, Maria Theresia Rössler

Wer liest, gewinnt!
Mehrsprachiger Lesewettbewerb

„Wer liest, gewinnt!", hieß es von November 2006 bis Mai 2007 in der Handelsoberschule in Bruneck. Dahinter verbarg sich ein Lesewettbewerb, zu dem die Mediothek KIWi eingeladen hatte. Vordergründig gab es verschiedene Sachpreise zu gewinnen; aber der Hauptpreis, den alle Teilnehmerinnen und Teilnehmer bekamen, war wohl die Steigerung der eigenen Lesekompetenz.

Mit dem Lesewettbewerb wollten die Veranstalterinnen nicht nur zum Lesen motivieren. „Lesen fördert neben der kognitiven auch die emotionale Intelligenz, das sich Einfühlen in die Lebenssituationen anderer Menschen, was zu mehr Toleranz gegenüber anderen Völkern, Religionen und Kulturen beitragen kann", so Frieda Oberhofer vom Mediotheksteam der Schule. „Außerdem fördert Lesen die Kommunikation untereinander, dadurch wiederum können soziale Beziehungen verbessert werden."

Das Besondere an diesem Lesewettbewerb war die Tatsache, dass alle Mitglieder der Schulgemeinschaft, also auch die Lehrkräfte und das Verwaltungspersonal, am Wettbewerb teilnehmen konnten und dass dieser mehrsprachig durchgeführt wurde, d. h., es waren auch Bücher in italienischer und englischer Sprache im Angebot. Mindestens vier deutschsprachige Bücher mussten gelesen werden; es genügten aber auch drei, wenn eines davon in der Zweitsprache oder einer Fremdsprache geschrieben war. Als Ausleihfrist wurde ein Monat festgesetzt, eine Verlängerung wurde nicht gewährt. Außerdem mussten sechs von zehn Fragen zum Buch richtig beantwortet werden. Nur so konnten Punkte für die Bewertung geholt werden. Ganz schön anspruchsvoll.

Vorbereitung Nicht weniger anspruchsvoll gestalteten sich die Vorbereitungen zum Wettbewerb. Zunächst musste ein vielfältiges Leseangebot erstellt und angekauft werden. Mehr als 220 Bücher, darunter auch italienische und englische Titel, wurden von den Lehrkräften und der Mediothekarin gelesen. Nur so konnte zu jedem Buch ein Arbeitsblatt mit zehn Fragen zum Inhalt ausgearbeitet werden. Zu jedem Arbeitsblatt gab es natürlich auch ein eigenes Lösungsblatt.
Dann wurden die Lesewettbewerbsbücher mit eigenen Etiketten gekennzeichnet und auf einem Regal präsentiert. Jedes Buch erhielt eine eigene Nummer, die jener auf dem Arbeits- und Lösungsblatt entsprach. Mit Plakaten und Handzetteln wurde für den Lesewettbewerb geworben. Die Lehrerinnen und Lehrer stellten den Wettbewerb in der Mediothek den Klassen vor.

Umsetzung Für jede Teilnehmerin und jeden Teilnehmer wurde ein eigener Lesepass erstellt, in dem fortlaufend die bereits *erlesenen* Punkte eingetragen wurden. Die Punktezahl der besten Teilnehmerinnen und Teilnehmer wurde immer wieder in der Mediothek veröffentlicht, was die Spannung und Motivation sehr steigerte.
Laufend wurde das Leseangebot erweitert, Lehrkräfte stellten die neu dazu gekommenen Bücher immer wieder vor.
Der Lesewettbewerb erstreckte sich über einen langen Zeitraum. Die Teilnahme war sehr groß, die Klasse 3 C beteiligte sich geschlossen am Wettbewerb, aber auch Schülerinnen und Schüler der anderen Klassen, Lehrkräfte und das Verwaltungspersonal ließen sich zum Lesen motivieren und füllten mit großer Begeisterung die Fragebögen aus.

Abschluss Am Mittwoch, den 30. Mai 2007 fand in der Aula der Handelsoberschule Bruneck die Preisverleihung statt.
Eingeladen waren neben dem Direktor alle Wettbewerbsteilnehmerinnen und -teilnehmer, die fleißigsten Leserinnen und Leser (sie wurden durch die Ausleihstatistik ermittelt), die Eltern und Elternvertreter, die Lehrkräfte und die Sponsoren.
Manuel Lanzinger, ein Schüler der Klasse 3 C, eröffnete die Preisverleihung mit einem heiteren Stück auf seiner Ziehharmonika, zwei Schüler der Klasse 2 C führten gekonnt durch das Programm.
Mit 393 Punkten für 41 gelesene Bücher holte sich Tabea Wolfsgruber aus der Klasse 3 C den Sieg, gefolgt von Nicol Craffonara (3 C) und Valentina Rottanara (1 B). Strahlend nahmen sie die Gutscheine entgegen, die von der Athesia Bruneck, der Raika Bruneck, dem ACS-Brixen und der Süßwarenhandlung Walde gesponsert worden waren.
Eine Tanz- und Theateraufführung von Schülerinnen und Schülern rundete den Festakt ab. [MThR]

Veranstalter: KIWi – Mediothek der Handelsoberschule Bruneck

Die Tanz- und Theatergruppe der Schule sorgte für das Rahmenprogramm.

Die Siegerin Tabea Wolfsgruber

211

Tag und Nacht und auch im Sommer
McCourt, Frank

1. Wovon träumte Nora?
   - Lehrerin zu werden
   - in einem Reisebüro zu arbeiten
   - Kinder zu bekommen

2. Pauls Mutter wirft dem Lehrer vor
   - er sei ein Betrüger
   - er sei homosexuell
   - er sei zu alt

3. Kevin wird
   - Anwalt
   - nach Vietnam geschickt
   - Lehrer

4. Der Busfahrer sagt zu Serena,
   - sie solle Friseuse werden
   - sie sei intelligent und könne aufs College gehen
   - sie solle weniger arbeiten

5. Bumbum lernt bei einem Japaner Kampfsport; dieser sagt ihm, er soll
   - die Toiletten putzen
   - regelmäßig üben
   - sich eine andere Sportart aussuchen

6. Warum wäre der Ich-Erzähler am ersten Tag seiner Lehrerlaufbahn fast entlassen worden?
   - weil er einen Schüler verprügelte
   - weil er das Pausenbrot eines Schülers aufaß
   - weil er zu spät zum Unterricht kam

7. Alberta sagte, sie habe es satt,
   - sich ständig Geschichten über die unglückliche Kindheit von ihrem Mann anzuhören
   - ständig allein zu Hause zu sein
   - immer zu wenig Geld zu haben

8. Worüber möchte Frankie am Trinity College eine Dissertation schreiben?
   - über die amerikanisch-irischen literarischen Beziehungen von 1889 bis 1911
   - über die irisch-amerikanischen literarischen Beziehungen von 1889 bis 1911
   - über die amerikanisch-italienischen literarischen Beziehungen

9. Wer stellt sich die Frage, ob es die Aufgabe eines Lehrers sei, Kanonenfutter für den militärisch-industriellen Komplex zu liefern?
   - Frankie
   - Alberta
   - Roger

10. Was rät Frank einer jungen Lehramtsanwärterin?
    - Besuchen Sie das Trinity College
    - Finden Sie heraus, was Sie wirklich lieben
    - Suchen Sie sich einen anderen Beruf

Lesewettbewerb — *Mediothek KIWi* — *Schuljahr 2006/07*

Zu jedem Buch wurde ein Arbeitsblatt mit 10 Fragen zum Inhalt erstellt.

Lesepass — KIWi hOD DRUNECK

Name: _____
Klasse: _____
Nr. | Titel des Buches | ___ / 10 Punkten

Laufend wurden die „erlesenen" Punkte eingetragen.

Vorlesen lohnt sich
LeseTheater

Die Mediothek KIWi der Handelsoberschule in Bruneck lud interessierte Schülerinnen und Schüler zu einem Vorlesewettbewerb ein.

Kurzgeschichten, Fabeln, Gedichte, Balladen … alle Arten von kurzen Texten konnten vorgetragen werden. Als Lesezeit standen drei Minuten zur Verfügung. Die Auswahl traf jede Teilnehmerin und jeder Teilnehmer selbst. Natürlich stellte auch die Mediothek Texte zur Verfügung oder unterstützte die Schülerinnen und Schüler bei der Textauswahl.

Die Teilnehmerinnen und Teilnehmer konnten sich mit der Sprechtrainerin Waltraud Staudacher auf den Vorlesewettbewerb vorbereiten. Eine Jury traf dann eine erste Vorauswahl und am Samstag, den 10. März 2007, stellten sich zehn Schülerinnen und Schüler einem großen Publikum. Schülerinnen und Schüler, Lehrkräfte, der Direktor, der Inspektor, Theaterfachleute, die Mediothekarin, Eltern, der Elternratspräsident, der Schulratspräsident, die Sponsoren und die Jurymitglieder hatten sich in der Aula versammelt. Auf den Sitzplätzen lagen Vordrucke, auf denen das Publikum nach der Lesung die Leistung jedes Teilnehmers bewerten konnte.

Das Ergebnis war überwältigend. Daniel Harrasser trug einen Text von Bertolt Brecht so gekonnt vor, dass er nicht nur die Jury überzeugte, sondern auch gleich den Publikumspreis erhielt. Auf Platz zwei folgte ihm Claudia Bachmann, Dritter wurde Julian Fischnaller.

Die Theatergruppe der HOB, unter der Leitung von Thomas Troi, und die Tanzgruppe mit Tanzpädagogin Karin Mairhofer sorgten für Abwechslung, Manuel Lanzinger und Alexander Pezzei spielten auf der Ziehharmonika. [MThR]

Veranstalter: KIWi – Mediothek der Handelsoberschule Bruneck

Daniel Harrasser holte sich auch den Publikumspreis.

Dabei sein ist alles
Verschiedene Wettbewerbe

Im Rahmen des *Südtiroler Lesefrühlings* wurden in verschiedenen Bibliotheken und Schulen Wettbewerbe durchgeführt. **Mein Lesezeichen** hieß es in der Schulbibliothek der Mittelschule in Eppan, **Dieses Buch hat mir besonders gut gefallen** in der Mittelschule St. Ulrich und **Neues Logo gesucht** in der Schulbibliothek Lana.
In allen Fällen war die Kreativität der Schülerinnen und Schüler gefragt.

Mein Lesezeichen

„Hast du Lust, dein Lesezeichen zu kreieren? Dann bastle, male oder zeichne eines und gib es in der Schulbibliothek ab!", war auf einer Einladung in der Schulbibliothek in Eppan zu lesen. „Der schönste Entwurf" – so hieß es weiter – „wird von einer Jury ausgewählt und als offizielles Symbol für die Schulbibliothek verwendet."
Alle Schülerinnen und Schüler waren teilnahmeberechtigt. Mal- und Basteltechnik waren freigestellt, auch Hilfestellungen der Fachlehrer waren erlaubt, vorgeschrieben war lediglich die Größe des Lesezeichens. Es durfte nicht länger als 15 cm sein und sollte als Lesezeichen für ein Buch verwendet werden können. Außerdem sollte es sich auf ein Buch beziehen, das besonders gut gefallen hat.
Im Rahmen eines Lesefestes wurden dann die Sieger-Lesezeichen vorgestellt. Es fiel den Jurymitgliedern nicht leicht, aus den über 30 abgegebenen Lesezeichen die drei besten zu ermitteln. Alle Schülerinnen und Schüler hatten viel Kreativität und Geschick bewiesen. Manuela Canestrini, Judith Donà und Vanessa Donat hatten die Nase vorn. Sie nahmen stolz die Büchergutscheine entgegen, die ihnen der Direktor überreichte. Sie genossen es auch sehr, ihre Lesezeichen noch einmal – diesmal in Plakatgröße – gestalten zu dürfen, während ihre Kolleginnen und Kollegen in der Klasse saßen und sich am Unterricht beteiligten. Die großen Lesezeichen wurden im Eingangsbereich der Schule ausgestellt und konnten von allen bewundert werden.

Lesezeichen in Plakatgröße

Der glückliche Sieger

Dieses Buch hat mir besonders gut gefallen

In der Mittelschule St. Ulrich gab es für alle Schülerinnen und Schüler der zweiten Klasse einen Wettbewerb. Sie waren eingeladen einen Aufkleber zu entwerfen, der jene Bücher kennzeichnen sollte, die als besonders lesenswert empfunden wurden. Passend zum Titel des Wettbewerbs „Dieses Buch hat mir besonders gut gefallen". Auch in St. Ulrich durften sich die Schülerinnen und Schüler Hilfen und Tipps von Fachkräften holen.

Eine Jury ermittelte den Sieger, der in einer gelungenen, von den Schülerinnen und Schülern selbst gestalteten Feier gekürt wurde.

Der Aufkleber steht nun allen Leserinnen und Lesern zur Verfügung, die ein Buch aus der Schulbibliothek weiterempfehlen möchten.

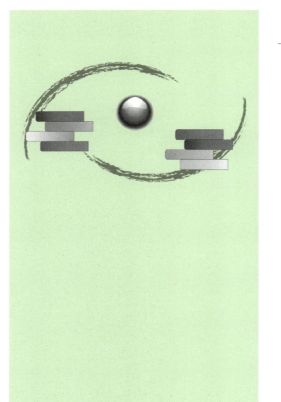

Neues Logo gesucht

In der Mittelschule Lana wurde ein neues Logo gesucht, das die Schulbibliothek nach außen hin repräsentieren sollte. Eine große Herausforderung für die Schülerinnen und Schüler, zumal bei einem Logo-Entwurf neben der Kreativität auch grafische Fähigkeiten notwendig sind. Doch die Schülerinnen und Schüler der Mittelschule Lana haben diese Herausforderung gerne angenommen und der Jury beeindruckende Entwürfe vorgelegt. Sieger wurde der Logo-Entwurf von Michl Egger aus der 3 C. Am 15. Mai wurde das neue Logo im Rahmen einer Feier dem interessierten Publikum vorgestellt.

Und so hat der Sieger sein Logo beschrieben: „Es gibt eine bunte Vielfalt an Büchern, die die Jugendlichen zum Lesen einladen sollen. Das Auge stellt das Wissen dar, das man nach der Lektüre erhalten hat. Die Halbkreise deuten auf das Miteinander und auf die Gemütlichkeit in der Bibliothek hin."

Bei der Schulleitung und im Lehrerkollegium fand das Logo so großen Anklang, dass der Entschluss gefasst wurde, es in leicht abgeänderter Form (derzeit in Ausarbeitung) als Schullogo zu verwenden.

[MThR]

Veranstalter: Mittelschule Eppan, Mittelschule St. Ulrich, Mittelschule Lana

Sogar das Glück braucht Geduld
Bücher aus aller Welt – und ein Satz, der mir gefällt

„Unser Lieblingssatz" hieß eine Leseaktion an der Mittelschule St. Felix. Alle Schülerinnen und Schüler waren aufgerufen, ein Buch zu lesen und den schönsten, frechsten, lustigsten oder ergreifendsten Satz aufzuschreiben.

Die Bibliotheksleiterin Rita Gruber sammelte die ausgewählten Sätze und listete sie auf einem großen Plakat auf.

Am 2. April 2007, dem Hans-Christian-Andersen-Tag, fand dann die Leseaktion an der Mittelschule statt. Alle Schülerinnen und Schüler der drei Klassen trafen sich am Vormittag in der Bibliothek, um die ausgewählten Sätze zu begutachten. Auf dem Plakat standen u. a.:

Ich weiß, dass ich es kann!
Sogar das Glück braucht Geduld
Und lasst uns guter Laune sein!
Haben Katzen Glatzen?
Wie kann man nur so schöne Ohren haben.
Dei spinnen, dei Röimer.
Behütet unsern Stern, die Erde, damit er nicht zum Müllstern werde ...

Die Schülerinnen und Schüler wählten aus diesen aufgelisteten Sätzen ihren Lieblingssatz aus und kreuzten ihn an. Alle Schülerinnen und Schüler erhielten ein weißes T-Shirt und schrieben einen der Sätze darauf. Im Pausenhof konnte man alle Schülerinnen und Schüler mit ihren neuen, kreativ gestalteten T-Shirts sehen. Nach der Pause versammelten sich alle in der Bibliothek, wo die Lehrkräfte dann endlich den Sieger der Lieblingssatz-Suche verrieten. „Dei spinnen, dei Röimer", war der Satz, der am häufigsten angekreuzt worden war. [MThR]

Veranstalter: Mittelschule St. Felix

Blick durch die Linse
Ein landesweiter Fotowettbewerb

„Ein Kind,
allein mit seinem Buch,
schafft sich irgendwo in den geheimen Kammern der Seele,
eigene Bilder,
die alles andere übertreffen."

[Astrid Lindgren]

Zu den besonderen Leckerbissen, die in der Publikation „Appetit auf Lesen" angeboten wurden, gehörte auch ein Fotowettbewerb. Er richtete sich an alle Südtirolerinnen und Südtiroler und wollte den Blick aufs Lesen schärfen und verschiedene Lesesituationen an den unterschiedlichsten Orten festhalten. Mit den Fotos sollte aber auch gezeigt werden, dass viele Menschen lesen.

Die Fotos konnten von Oktober bis Dezember 2006 an das Jukibuz im Südtiroler Kulturinstitut geschickt werden. 176 Fotos sind eingegangen, viele zeigten lesende Kinder. Die schönsten Bilder waren wohl jene, die die glücklichen Kindergesichter zeigten und vermittelten, dass Lesen Freude macht und keine Last ist und dass Lesen mit Freiwilligkeit und Lust verbunden ist.

Eine Jury, bestehend aus Fotografen und Journalisten, nahm die Bewertungen vor und wählte die 30 besten Fotos aus, die zwischen Februar und Mai 2007 zusammen mit einem passenden Lesespruch in der Tageszeitung „Dolomiten" veröffentlicht wurden.

Bei der Lesefrühling-Abschlussveranstaltung am 31. Mai 2007 wurden die drei besten Fotos prämiert. Die Preisträger erhielten verschiedene Büchergutscheine (siehe auch S. 166). [MThR]

Veranstalter: Jukibuz im Südtiroler Kulturinstitut, Tageszeitung Dolomiten, Bozen

Leseräume Wörterträume
Lesefrühling 07

"*Wer niemals heimlich beim Schein der Taschenlampe unter der Bettdecke las, weil Vater oder Mutter einem das Licht ausknipste, der wird wahrscheinlich nicht begreifen, was er verpasst.*"
(Horst Günther)

Täglich, aber nicht alltäglich

Foto eingesandt von Walter Mayr, Bozen, für den Fotowettbewerb „Blick durch die Linse", organisiert von der Tageszeitung „Dolomiten" in Zusammenarbeit mit dem Jukibuz

Alto Adige. Scopri e gioca la terra delle montagne

Finalità I temi proposti sono stati quelli contenuti nei cinque libri pubblicati dalla Provincia Autonoma di Bolzano, Ripartizione 15, in collaborazione con la Giunti Progetti Educativi:
Alto Adige, monti, magie e storie per giovani viaggiatori,
Alto Adige, terra di feste, riti e tradizioni,
Alto Adige, terra di masi, monti e acque,
Alto Adige, terra di uomini ed eroi,
Alto Adige, terra di arti e di mestieri.
L'obiettivo è stato quello di coinvolgere e appassionare i bambini alla scoperta delle informazioni e delle curiosità contenute nei suddetti testi con lo scopo di preparali alla partecipazione al gioco finale che si è tenuto presso la Biblioteca "Sandro Amadori" a Bolzano e che ha conferito al gruppo di Silandro il super diploma di "guida turistica onoraria dell'Alto Adige".

Descrizione dell'attività Si è trattato di un'attività di promozione alla lettura attraverso il gioco. Siccome i libri proposti erano di divulgazione e non di narrativa si è pensato di proporre una selezione di spunti, curiosità e argomenti tratti dagli stessi volumi, coinvolgendo i bambini nel gioco del riconoscimento degli oggetti attraverso il tatto.
Ai bambini, inoltre, è stata data la possibilità di intervenire integrando, con le loro esperienze dirette e con le conoscenze già in loro possesso, le informazioni e i racconti che sono stati loro proposti.
La tecnica del gioco e i materiali di lavoro scelti hanno dato ai bambini lo stimolo ad acquisire, leggendo, il maggior numero di informazioni, imparando nuove cose sulla storia e sulle tradizioni della terra in cui vivono.

Destinatari Bambini tra i 7 e gli 11 anni delle scuole elementari di Silandro, Appiano e Dobbiaco. Le letture, i commenti, le curiosità e il gioco "del riconoscimento degli oggetti" sono stati presentati da Maria Martometti. [Alessandra Sorsoli]

Organizzatori: Provincia Autonoma di Bolzano – Cultura italiana, biblioteche pubbliche di Silandro, Appiano e Dobbiaco

Ein Dorf liest

Wie schön, wenn sich eine ganze Dorfgemeinschaft zusammenfindet, um das Lesen zu feiern: Alle waren mit Eifer und Begeisterung dabei, als es darum ging, Texte zum Blühen zu bringen und Appetit auf Lesen zu machen – von den kleinsten Leserinnen und Lesern über die Schulkinder, die lesehungrigen Jugendlichen und Erwachsenen bis hin zu den Senioren.

Lesende Dörfer
Lesen ist ansteckend

Der Fantasie waren keine Grenzen gesetzt; ob Fotowettbewerb zu Lesesituationen und Leseorten, ob Textblüten, die aus Baumstämmen sprossen und Büchern mit grünen Schleifen, die auf Parkbänken lagen, ob Lesenächte, Bücherflohmärkte und Bücherbuffets, die Stimmung war prächtig und die Motivation, selbst ein Buch in die Hand zu nehmen und zu lesen, war ansteckend wie eine Epidemie. Das war auch das Ziel der Leute in den Bibliotheken, Kindergärten, Schulen, Kulturvereinen und Bildungsausschüssen, die in mehreren Südtiroler Dörfern den Höhepunkt im Lesefrühling mit einem Dorffest zelebrierten. Aber nicht nur die Bemühungen der Planer und Ausführenden sind zu honorieren; erst die eifrige Beteiligung der ganzen Dorfgemeinschaft hat diese Aktionen zu so einem großen Erfolg gemacht.

... und alle machen mit! (Olang)

Es ist ein wunderbarer Frühlingstag und es ist nicht zu übersehen, dass der Lesefrühling voll im Gange ist: In den Schaufenstern der Läden von Olang sieht man überall Fotos mit Lesesituationen – sogar eine *leseneugierige* Kuh hat sich in Pose gestellt. Von den Kindern gebastelte Bücher mit spannenden Detektivgeschichten sind zu sehen und Lesewürfel mit Reimen und Sprüchen, die sich die Kinder ausgedacht haben.

In dieser Woche des Lesefrühlings hätte sich von außen jeder Laden im Dorf als Buchladen verkaufen können. Da und dort hängen Wanted-Poster: von der Bibliothekarin bis zum Würstelstandbesitzer, von der Bürgermeisterin bis zum Pfarrer und manch anderen, zu denen sich die Grundschulkinder lustige Texte ausgedacht haben.

Texte im Park Im Park ist die Stimmung aber ganz besonders *lese-intensiv*. An den Baumstämmen sprießen Blüten, auf denen Zitate, Buchbesprechungen oder Titel von Büchern, die jemand empfehlen möchte, stehen. Elfchen, Countdowns, Haikus, Raps und Akrostichen baumeln von den Zweigen und winken den neugierigen Passanten. Da haben sich die Kinder der Grundschule Geiselsberg mächtig ins Zeug gelegt, um die Bürger von Olang zu überraschen. Denn außergewöhnlich sind nicht bloß ihre Texte, sondern auch die Form der Präsentation ihrer Werke. Das Wetter spielte wunderbar mit und störte die ganz eigen geschmückten Bäume eine Woche lang nicht. Überall auf den Parkbänken lagen Bücher mit grünen Schleifen. „Olang liest und alle machen mit. Zum Mitnehmen, Lesen und Weiterverschenken!", stand auf den Schleifen zu lesen. (Siehe auch „Lass die Bücher los", S. 38) [HH/EN]

Geschichten im Schaufenster „Die Frau des Metzgers hat mich angesprochen und gefragt, ob ich das bin, der diesen Text geschrieben hat." Florians Geschichte hing zwischen den Würsten im Schaufenster der Metzgerei. Andere hingen, wie auf einer Kette aufgereiht, links und rechts vom Eingang der Gärtnerei, wieder andere standen zwischen Nudelpackungen oder Schuhen. Viele Olanger Geschäfte präsentierten die Texte der Kinder und lenkten die Blicke der Kunden auf die Werke der jungen Autorinnen und Autoren. Kaum jemand kam an diesen Blickfängen vorbei, ohne sich lesend über dieses Kuriosum kundig zu machen. [EN]

Eine leseneugierige Kuh

Countdown

10 zehn zappelige Zitronen
9 neun neue nasse Netze
8 acht aalglatte Aale
7 sieben silbrige saftige Sägen
6 sechs silbrige Schultern
5 fünf frische Fische
4 vier volle Vorhänge
3 drei demütige Drachen
2 zwei zornige Zebras
1 ein einsames Einhorn

Nina Maria Burger, 2. Klasse Grundschule, Geiselsberg

> Nur eines ist vergnüglicher als abends im Bett, vor dem Einschlafen, noch ein Buch zu lesen - und das ist morgens, statt aufzustehen, noch ein Stündchen im Bett zu lesen.
>
> (Rose Macaulay)

Lesewettbewerb In der Bibliothek hatten sich Mütter, Väter, Omas, Opas und Geschwister eingefunden, um ihr Können als Vorleserinnen und Vorleser unter Beweis zu stellen und – man höre und staune – eine Kinderjury sollte den Sieger oder die Siegerin küren. Die Kinder entschieden sich für einen Lesepapi, und zwar für Christian Rieder aus Olang, der sie mit seiner Lesegewandtheit überzeugt hat.

Einblick in die Pfarrbibliothek Sogar das Pfarrarchiv und die ehrwürdige Pfarrbibliothek öffneten in diesen Tagen ihre Pforten und gewährten den Wissbegierigen Einblick in alte, wertvolle Bücher und in die älteste, mit einem echten Siegel versehene Urkunde des Dorfes. Es war unheimlich spannend zu hören, wie die Bücher früher in mühevoller Arbeit handschriftlich vervielfältigt wurden und dass ein Mönch oft bis zu einem Jahr dazu brauchte. Kaum vorstellbar in unserer schnelllebigen Zeit! [Doris Grüner/Helga Hofmann]

Veranstalter: Öffentliche Bibliothek, Gemeinde, Schulsprengel, Kindergarten, Pfarrgemeinderat, Seniorentreff, Eltern-Kind-Zentrum, Raiffeisenkasse Olang

PROGRAMM

MONTAG, 23.04.

Olanger Erzählkunstfestival
ErzählerInnen lesen und erzählen Geschichten an verschiedenen Orten in Olang
(frei für alle Kinder und Erwachsenen)

10.00 Uhr: Chorraum der Pfarrkirche Oberolang mit Pfarrer Michael

11.00 Uhr: Bahnhof mit Carmen Kofler und Ullrich Ingeborg

14.00 Uhr: Tharer Stadel mit Ullrich Ingeborg

15.00 Uhr: Gandler Bunker mit Heinrich Christa

16.00 Uhr: Sitzungssaal im alten Gemeindehaus mit Margarete Fuchs

17.00 Uhr: Abschluss im Park von Mitterolang mit allen ErzählerInnen und einer Überraschung.

DIENSTAG, 24.04.

15.00 Uhr: Lesung in der Bibliothek mit Frau Kammerer Maria: „Daheim am Honigberg" Das Leben einer Pustertaler Bergbäuerin. Ein gemütlicher Nachmittag bei Kaffee und Kuchen.

20.00 Uhr: Lesenacht in der Bibliothek mit der 5. Klasse der GS OO

DONNERSTAG, 26.04.

10.00 Uhr: „Mama Muh in der Bibliothek" Eine Mitmachgeschichte mit der 2. Klasse der GS OO.

18.00 Uhr: Prämierung der Sieger des Fotowettbewerbs in der Raiffeisenkasse Olang.

FREITAG, 27.04.

15.00 Uhr: Erzählzeit: Ges… Kleinen mit Ullrich Ingeborg

15.00 Uhr und
17.00 Uhr: Die wertvollen hist… Pfarrbibliothek, sowie das Pf… olang wurden in den vergange… sen und geordnet.
Pater Dr. Bruno Klammer und … fer werden Sie heute exklusiv… führen (Dauer ca. 1 Stunde). … Innenhof des Widums von Nie…

SAMSTAG, 28.04.

9.00 - 12.00 Uhr: Bücherfle… Mitterolang

16.00 Uhr: Wer gewinnt die … Vorlesewettbewerb für Mamis … mit einer Kinderjury

Nicht nur Literaturkakao (Terlan)

Und was stellen Sie sich unter einem Literaturkakao vor? Die Bibliothekarin von Terlan hatte schon alles vorbereitet; die Tische in der Bibliothek waren festlich mit Blumen dekoriert – es war ja Lesefrühling! –, Tassen und Kakao standen bereit. Schon seit Längerem hatte sie an der Tür mehrere Listen mit Buchtiteln ausgehängt: Mädchenbücher, Abenteuerbücher, Fantasiegeschichten, Fußballbücher und Krimis standen zur Auswahl. Heute nun wird der Literaturkakao präsentiert: Buben und Mädchen stellen jeweils ein Buch ihrer Wahl vor. Lisa erzählte von ihrer Leidenschaft für Tiere und hatte sich ein Buch über einen verlorenen Welpen ausgesucht. Julian, der ultimative Fantasy-Fan, schilderte seinen Zuhörern, wie ungemein spannend und vielseitig er „Eragon" findet. Aber auch Klassiker wie „Tom Sawyer" scheinen unter den Jugendlichen immer noch eine treue Leserschaft zu haben.

Mittelschülerinnen und -schüler stellen ihre Lieblingsbücher vor.

Kleine Leserinnen und Leser

Bilderbücher für den Kindergarten Der Literaturkakao war nur eine von mehreren Aktionen im Lesefrühling dieses Dorfes. Den Mitarbeiterinnen der Bibliothek ging es darum – wie auch bei den vielen anderen *lesenden* Dörfern –, möglichst die ganze Dorfgemeinschaft mit einzubeziehen. Mit einer Tasche voller Bilderbücher besuchte die Bibliothekarin die kleinen Leserinnen und Leser im Kindergarten. Ganz neugierig schauten die Kleinen, als sie die vielen Bücher auspackte. Als sie begann Geschichten zu erzählen und Bilder zu zeigen, waren alle wie gefesselt. Insgesamt 70 neue Bilderbücher stellte die Bibliothek dem Kindergarten für einen Monat zur Verfügung. Jedes Kind konnte täglich ein anderes Buch mit nach Hause nehmen.

Bücher in den Schaufenstern Aber wie kann man die Aufmerksamkeit im Dorf auf das Lesen lenken, sodass es keinem entgeht, auch nicht den Leuten, die nicht oft bzw. nur selten oder nie in die Bibliothek kommen? Alle sollten vom Lesefrühling erfahren, ob sie nun Bücher mögen oder nicht. Die Grundschulkinder hatten zu ihren Lieblingsbüchern Zeichnungen und Texte vorbereitet, die dann in den Schaufenstern der Geschäfte im Dorf ausgestellt wurden.

Buntes Treiben am Dorfplatz Ein Bücherflohmarkt sollte auf dem Dorfplatz für Stimmung sorgen, ganz nach dem Motto „Je mehr Bücher du kaufst, desto billiger werden sie". Da gab es neben günstigen Büchern auch Werkstätten, in denen Lesebrillen gebastelt oder sich Groß und Klein an mechanischen Schreibmaschinen üben konnten, eine Leseecke, in der Geschichten vorgelesen wurden sowie Mal- und Basteltische für all jene, die Spaß am kreativen Gestalten haben.

Abendliches Stelldichein Für die anspruchsvolleren Leserinnen und Leser gab es am Abend in der lokalen Sektkellerei bei einem Glas Sekt ein ganz besonderes Stelldichein: einen heiteren feministischen Abend mit der Frauenrechtlerin Heidi Hintner. Sie gab witzige, ernste, skurrile, satirische, politische und auch böse Frauentexte zum Besten. Für die italienische Leserschaft im Dorf gab es unter dem Titel „Letture al femminile" ebenfalls einen fraulich-ironischen Abend.

[Renate Mair Gasser/Helga Hofmann]

Veranstalter: Öffentliche Bibliothek, Kindergarten, deutsche und italienische Grund- und Mittelschule, Volkshochschule Urania, Kinder-Mütter-Treff, italienischer Kulturverein „Nova Domus", Terlan, Landesbeirat für Chancengleichheit, Bozen

Bildergalerie zum Lesefrühling „Unser Dorf liest" in Marling im Mai 2007

Märchenerzählen am Ex-Trimmdichpfad oberhalb von Marling: Mütter und Jugendliche lesen für Kinder an „märchenhaften" Plätzen.

Frühlingselfchen der Grundschüler am Marlinger Waalweg und als hübsches Tulpenplakat in der Bibliothek.

Plakate, gemalt von Grundschülern, weisen in Geschäften, Gasthäusern usw. auf die Aktion hin.

Senioren erzählen Kindern und Interessierten von Früher.

Elfchen am Marlinger Waalweg (Marling)

Mit einem bunten Programm von Märchen am ehemaligen Trimm-dich-Pfad, Frühlingselfchen am Marlinger Waalweg, Autorenlesungen und vielen anderen Aktionen wartete Marling im Lesefrühling auf.

Veranstalter: Öffentliche Bibliothek, Marling

Ein Führerschein, aber nicht fürs Auto (Tscherms)

Die Bibliothek und der lokale Bildungsausschuss von Tscherms hatten sich vorgenommen, der Dorfgemeinschaft einen Nachmittag zu bieten, bei dem das Bücherangebot ganz im Mittelpunkt steht und alle – von den Jüngsten bis zu den Ältesten – die Gelegenheit haben, dieses vielseitige Angebot kennenzulernen.
Einen Führerschein für die Bibliothek – nicht fürs Auto! – gab es für alle Kinder im Dorf. Dabei wurde den Kindern theoretisches wie praktisches Wissen abverlangt. Los ging es mit allerhand Begriffen wie Leihfrist, Fristzettel und der Frage, ob ein *Interessenskreis* eine Gruppe von Leserinnen und Lesern ist, die im Kreis sitzt und über Interessantes spricht. Gefragt wurde auch nach der Bedeutung der farbigen Etiketten auf den Buchrücken und wie die Bücher wohl in den Regalen angeordnet sind: Nach dem Zufallsprinzip oder sind sie vielleicht durchnummeriert? Dann ging es ans *Eingemachte*, und zwar um die Suche nach Informationen im Buch selbst.

Programm Lesefrühling vom 2. - 19. Mai 2007
Unser Dorf liest

Datum	Was?	Wer?	Wo?
2.5.2007 – 19.05.2007	Schaufenstergestaltung	Kaufleute	Geschäfte Dorfzentrum
	Mein Lieblingsbuch	Bibliothek	Baum Dorfplatz
	Geschichte zu den Bildstöcken im Dorf	3. Klasse GS	Im Dorf
	Märchen zeichnen	2. Klasse GS	In Geschäften ausstellen
	Frühlingselfchen	4. Klasse GS	Waalweg
	Leserucksack	2. Klasse GS	
Mittwoch 2.5.2007 15.00 Uhr	Senioren erzählen Kindern und Interessierten	Senioren	Seniorenstube oder Terrasse
Sonntag 6.5.2007 9.00 - 13.00 Uhr	Bücherflohmarkt	KFS (Andrea)	Dorfplatz
Dienstag 8.5.2007 9.00 Uhr	Märchenerzählen für Kindergartenkinder	Karin Grünfelder	Bibliothek
Dienstag 8.5.2007 20.00 Uhr	D'erzählt, gspielt und gsungen	Lanthaler Anna	Gasthaus Neu
Mittwoch 9.5. 2007 14.00 Uhr	Autorenlesung M. Innerhofer	Senioren	Seniorenstube
Donnerstag 10.5.2007 10.30 Uhr	Autorenlesung für Grundschüler	Barbara Kessler	Vereinshaus
Mittwoch 16.05.2007 19.00 Uhr	Reading English stories (für Mittelschüler)	Christl Strasinsky	Bibliothek
Mittwoch 16.05.2007 20.00 Uhr	Reading English stories (für Oberschüler und Interessierte)	Christl Stasinsky	Bibliothek
Freitag 18.05.2007	Märchenerzählen am EX-Trimmdichpfad	VKE	Trimmdich

Intensive Arbeit für den Bibliotheksführerschein

Die Kinder suchten beharrlich nach den gefragten Büchern, lasen Etiketten auf den Buchrücken und studierten sogar die sonst so unwichtige Seite mit den Informationen zu Verlag und Erscheinungsjahr, bemühten sich herauszufinden, für welches Lesealter ein Kinderbuch gedacht ist und entdeckten – vielleicht nicht zum ersten Mal – wo die Lexika aufgestellt sind. Hektisch ging es zu, weil jeder der Schnellste sein wollte. Nach der bestandenen *Führerscheinprüfung* gab es dann eine kleine Belohnung und freie Fahrt ins Bücherparadies.

Bücher am Kirchplatz Um alle Dorfbewohner an diesem Frühlingsnachmittag in die Bibliothek zu locken, gab es auf dem Kirchplatz ein Bücherbuffet mit Köstlichkeiten, einen Büchertisch unter dem Motto „Papa und Opa lesen vor", einen Zeitungsstand, der die männlichen Leser animieren sollte, Märchenerzählungen für die Kleinsten und eine Lesung mit der Autorin Waltraud Holzner in der Seniorenstube. Die lokale Theatergruppe sorgte mit kurzen Sketchen für humorvolle Abwechslung und gute Stimmung unter den Besucherinnen und Besuchern. [HH]

Veranstalter: Öffentliche Bibliothek, Bildungsausschuss, Katholischer Familienverband, Tscherms

Die Bibliothek lädt ein.

Bücherbuffet am Dorfplatz

Abheben in den Geschichtenhimmel (Vahrn)

„Wer einsteigt, fliegt durch das weite Land der Fantasie, erlebt die Faszination dessen, was zwischen zwei Buchdeckeln steckt und erfährt vielleicht das Alltägliche ganz neu", war das Motto des Tages. Alles drehte sich um Geschichten, ums Lesen und Erzählen, ein wahres Vorlese- und Erzählkarussell wurde hier inszeniert. Im ganzen Dorf gab es Vorlese- und Erzählstationen, die die Bibliothekarin sorgfältig in den Dorfplan eingetragen hatte. Dorfplan und Tagesprogramm lagen überall im Dorf auf. Die Besucherinnen und Besucher wählten sich eine Station aus oder gingen von Station zu Station: Die Kinderbuchautorin Priska Heidenberger stellte im Kindergarten ihr Bilderbuch „Paula und das Baggerloch" vor; am Dorfteich wurden Geschichten für Kinder erzählt und bei der nächsten Station gab es Überraschungsmärchen, die nicht nur für Kinder gedacht waren. Für Erwachsene wurde Unterhaltsames geboten: Zwei *mutige* Dorfbewohner trugen auf amüsante und humorvolle Art heitere und komische Gedichte von Christian Morgenstern, Eugen Roth, Wilhelm Busch u. a. vor.

C'era una volta a Varna Die italienischen Gäste lauschten aufmerksam den Erzählungen aus dem Buch „C'era una volta a Varna", einer Art Dorfchronik der italienischen Dorfgemeinschaft von Vahrn. Erzählt wurde unter anderem von außergewöhnlichen Persönlichkeiten unter den italienischen Dorfbewohnern, von Serafino („Il violino di Serafino") und von Odilla, der Hebamme – Dorffiguren, an die sich viele noch erinnern können.
Alles in allem gab es an diesem Tag viel Literatur im Grünen und viel Spaß!

[Roswitha Berger/Helga Hofmann]

Veranstalter: Öffentliche Bibliothek Vahrn und Circolo culturale e ricreativo di Varna

Lesestationen im Grünen

Festlicher Büchertisch

Festlicher Leseschmaus fürs ganze Dorf (Jenesien)

Mit einer zwölf Meter langen, mit farbenfrohen Faltblumen und Lesesprüchen geschmückten Tafel wurde an diesem sonnigen Maitag in Jenesien zum Festschmaus geladen. Auf den Sets, zwischen Messer und Gabel, stand kein Teller, sondern da lag ein Buch! Es sollte den Appetit aufs Lesen wecken!

Die Gäste trudeln ein, setzten sich an den gedeckten Tisch und labten sich an den geistigen Köstlichkeiten, tauschten sie untereinander aus und unterhielten sich über den Lesestoff. Die Dorfbibliothek hatte diese Gelegenheit wahrgenommen, um ihre Neuankäufe zu präsentieren und allen Leserinnen und Lesern das Kräuterbuch vorzustellen, das die Dorfschule erst kürzlich herausgegeben hatte.

Ötzi, Elfen und Feen Für die Kinder und Jugendlichen hatte man die Autorin Gudrun Sulzenbacher geladen, die von der Gleschermumie Ötzi erzählte und erläuterte, was es mit dem Büchermachen so auf sich hat. Unter den Erlen, Linden und Haselnusssträuchern im und ums Dorf herum gab es ein buntes Treiben, als Alexa Belutti mit einer Gruppe von Kindern einkehrte und ihre spannenden Geschichten von Feen, Elfen, Zwergen, Riesen und verzauberten Bäumen zum Besten gab.

Spektakuläre Mordfälle Auch für die Erwachsenen gab es Spannendes zu hören: Artur Oberhofer las aus seinen Büchern zu den spektakulärsten Mordfällen in Südtirol. Am Abend wurde für die Jugendlichen noch der Film „Die fetten Jahre sind vorbei" gezeigt. „Es ist gelungen, Lesen als schöne und nützliche Freizeitbeschäftigung weiter in den Mittelpunkt zu rücken", sagte der Vorsitzende des Bibliotheksrates zum Abschluss und bedankte sich bei allen Helferinnen und Helfern im Dorf.

[Sabine Weithaler/Helga Hofmann]

Märchenwanderung

Lesestationen im Schulhof

Im kleinen Nachbardorf Flaas feierte man ebenfalls den Lesefrühling. Mütter und Väter hatten sich im Schulhof eingefunden, um gemeinsam mit den Schulkindern Lesestationen vorzubereiten und zu betreuen. Nach einer köstlichen Jause mit selbst gebackenen Brötchen ging es schon los. An der ersten Station musste nach dem richtigen Autor bzw. Illustrator eines Buches gesucht werden. Dann mussten Bilder dem passenden Buch zugeordnet und ganze Buchreihen durchforscht werden, Rätsel und Quiz mussten gemeinsam gelöst werden. Zum Abschluss gab es statt einer Schatzsuche eine *Buchsuche*.

[HH]

Veranstalter: Öffentliche Bibliothek Jenesien, Öffentliche Bibliothek Flaas, Schulsprengel Tschögglberg

Verschiedene Leseaktivitäten in Flaas

Bücher unterwegs im Dorf

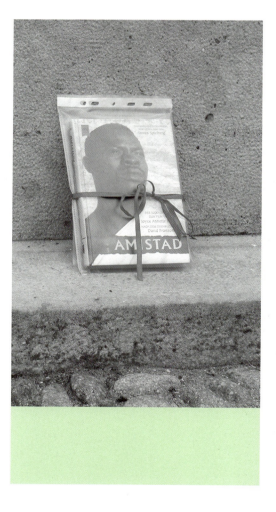

Mit Vollgas in die Welt der Bücher (Aldein)

Wie oft haben Sie schon unter der Linde am Dorfplatz, auf dem Spielplatz, bei der Tankstelle, an der Bushaltestelle oder an sonst einem ungewöhnlichen Ort ein Buch gefunden? Im Lesefrühling passierte dies den Bewohnern von Aldein des Öfteren. Viele Leute im Dorf sind der Einladung zur Teilnahme an der „Buchrallye" gefolgt und haben eines ihrer Bücher wetterfest und durchsichtig verpackt, mit einer roten Schleife versehen und auf die Reise geschickt. Die originellsten Startplätze für die Bücher haben sie fotografiert und mit ihren Fotos am Fotowettbewerb teilgenommen.

Abschlussfest Beim großen Fest zum Abschluss des Lesefrühlings wurde noch einmal das Lesen gefeiert und in den Mittelpunkt gestellt: Es gab einen „Tanz mit Büchern"; der Kindergarten stellte sein Jahresprojekt „Kleine Ohren, großes Glück" sowie das Malprojekt mit Reinhard Ploner vor; das Foto des originellsten Startplatzes für die Buchrallye wurde bekannt gegeben und prämiert; die Bibliothek Aldein verloste unter ihren Lesern Bücher.

[HH]

Veranstalter: Kindergarten, Öffentliche Bibliothek, Katholischer Familienverband, Katholische Jungschar und Katholische Jugend, Aldein, Kindergartendirektion Bozen

Ich habe Ruhe gesucht überall und habe sie am Ende gefunden in einem engen Winkel bei einem kleinen Buche.

Franz von Sales

Großes Fest zum Abschluss des Aldeiner Lesefrühlings

Lesefrühling
Bibliothek Aldein

21.03. - 21.06.2007

Volldeiner Buchrally
Mit Vollgas in die Welt der Bücher...

In Zusammenhang mit dem Lesefrühling 2007 findet in Aldein eine Buchaktion für die gesamte Dorfbevölkerung statt. Ziel der Aktion ist es, das Buch in den Mittelpunkt zu stellen und die Freude am Lesen bei Jung und Alt zu wecken. Jeder kann ein oder mehrere Bücher, die er **verschenken** möchte, zur Verfügung stellen. Diese werden an einen gut besuchten, originellen Platz hingelegt. Wer ein Buch findet, darf es mitnehmen und lesen. Danach kann es wieder an einem neuen Ort für andere Leser zugänglich gemacht werden. Am Ende dieser Aktion sollten alle Bücher in der Bibliothek abgegeben werden.

Beginn: 24.04.07 (Welttag des Buches)
Welche Bücher? Bilderbücher, Sachbücher, Romane usw.
Wo? Dorfzentrum (Ambulatorium, unter der Linde…)
Baderweg (Kindergarten, Schule, Spielplatz…)
Hauptstraße von der Tankstelle bis zur Feuerwehrhalle (Bushaltestelle, Bänke…)
Gewerbegebiet Neustatt (Geschäfte…)
Wichtig: Alle Bücher müssen mit einer **roten Schleife** versehen und eventuell **wetterfest**, aber **durchsichtig** verpackt werden.
Was geschieht mit den Büchern? Vom **8. bis 12. Mai** sollten alle Bücher in der Bibliothek abgegeben werden. In den Tagen nach dem Abschlussfest kann sich dort jeder Interessierte eines der Bücher aussuchen und behalten.
Das **Abschlussfest** der Volldeiner Buchrally findet am **12. Mai 2007 um 9.30 Uhr** im **Pfarrsaal** statt. Gleichzeitig stellt der Kindergarten sein Jahresprojekt zum Thema Buch „Kleine Ohren, großes Glück" vor.

Fotowettbewerb
Die **originellsten Startplätze** der Bücher werden beim Abschlussfest prämiert.
- Fotografiere dein Buch auf seinem Startplatz (keine Personen!) und schicke es entweder an buchrally@hotmail.com oder bringe es in den *Kindergarten*.
- Vergiss nicht, deinen **Namen** und deine **Adresse** anzugeben, denn es winken **VIELE TOLLE PREISE**
- **Einsendeschluss: 8. Mai 2007**

Auf interessante Bücher und eine rege Teilnahme freuen sich
der Kindergarten, der Katholische Familienverband und die Katholische Jungschar

Einladung zum Bücherfest

Autorenlesungen   Autoren und Autorinnen im Südtiroler Lesefrühling 07

Gerda Anger-Schmidt Salvatore Aquilino Hans Augustin Alessandro Bar
Battisti Thomas Benedikter Margret Bergmann Verena Bertignoll Ma
Marco Brando Claus Claussen Milena Cossetto Claudia Dander Maria
Jessica Dorfmann Demetrio Duccio Horst Eberhöfer Michaela Falkenstei
Fischnaller Konrad Fissneider Ettore Frangipane Peter Frey Enrico Gasp
Giudiceandrea Jacky Gleich Sabine Gruber Hans Haid Corinna Harde
Waltraud Holzner Alois Hotschnig Maridl Innerhofer Barbara Kessler Ma
Kofler Kurt Lanthaler Anna Lanthaler Michele Lettieri Christine Losso
Selma Mahlknecht Sepp Mall Ennio Marcelli Maurizia Mazzotta Reinh
Artur Oberhofer Josef Oberhollenzer Hans Perting Martin Pichler Manu
Pircher Uwe Pörksen Irene Prugger Lidia Ravera Paolo Renner Ju
Rognoni Maria Theresia Rössler Eva Rossmann Tarter Sandro Sandra Sa
Soganci Gudrun Sulzenbacher Leonie Swann Manfred Theisen Giorg
Martha Verdorfer Ada Vita Michael Wachtler Roland Walcher Adelin
Maria Willeit-Kammerer Roger Willemsen Elisabeth Zöller

Begegnungen mit Autorinnen und Autoren
aus dem Ausland

Begegnungen mit Autorinnen und Autoren verschaffen den Zuhörern ein hautnahes Erlebnis von Literatur: Sie veranschaulichen, dass sich hinter einem Buch ein Mensch verbirgt, der seine subjektiven Erfahrungen, sein Talent, seine Emotionen und Erlebnisse in eine schöne Sprache hüllt, der unterhalten oder provozieren will. Es ist der kreative Prozess des Schreibens, der für die Zuhörer bei Lesungen transparent und zugänglich wird. Durch die persönliche Begegnung werden Vielleser dazu bewegt, noch ein Buch zu lesen und so mancher Lesemuffel wird angeregt, wieder einmal ein Buch zur Hand zu nehmen. Ob es um Guantánamo oder Afghanistan geht, um die Verankerung von christlichen Werten in der Bildung, um das Leben eines Wilderers oder eines Extrembergsteigers, um den Alltag an der Dolomitenfront oder daheim am *Honigberg*, um Homosexualität oder Drogen, um spannende und gruselige Krimi-Momente – mit über 200 Autorenbegegnungen landauf, landab wurde im Lesefrühling eine einzigartige Vielfalt geboten.

Lesewochen in Südtirol
30 Jahre Autorenbegegnungen

Seit nunmehr 30 Jahren bereisen alljährlich im April und im Oktober fünf bis sechs Kinder- und Jugendbuch-Autorinnen bzw. -Autoren sowie Illustratorinnen und Illustratoren eine Woche lang Südtirol. Sie kehren in Grund-, Mittel- und Oberschulen sowie in den öffentlichen Bibliotheken ein, stellen ihre Bücher vor, erzählen aus ihrem Leben und beantworten die neugierigen Fragen der jungen Leute. Jahr für Jahr sind es 130 bis 140 Lesungen und bis zu 5500 Kinder und Jugendliche, die in den Genuss einer Autorenbegegnung kommen. Im Lesefrühling wurde speziell für Jugendliche ein zusätzliches Programm angeboten: die „Tiroler Literaturwoche" mit Tiroler und Südtiroler Autorinnen und Autoren, die für junge Erwachsene schreiben (siehe S. 154).

Im Rahmen der Autorenbegegnungen im April waren Helga Bansch, Martin Klein, Reinhard Michl, Manfred Theisen und Elisabeth Zöller zu Gast. Sowohl bei den Kindern und Jugendlichen als auch bei der Lehrerschaft ist die Begeisterung immer groß. [HH]

Ein Lesefest mit Martin Klein

Eine ganze Schule huldigte einen Tag lang dem Lesen und feierte ein großes Fest, zu dem der Kinderbuchautor Martin Klein als Ehrengast eingeladen war. Mit einem Lied begrüßten die Kinder der Grundschule „Albert Schweitzer" in Meran den Autor, der sich so freute, dass er zu tanzen begann. „Martin Klein war bei uns in der Schule und hat uns auch vorgelesen. Mir ist aufgefallen, dass er, wenn er den Text liest, gleichzeitig eine Rolle spielt", erzählt eine Schülerin. Martin Klein stellte den Kindern eine Ritter- und eine Fußballgeschichte vor. In seinen Tiergeschichten gab es lauter Tiere, die anders sind, z.B. einen Elefanten, der fliegen kann. „Das war toll", fanden Christian und Franziska.

Die ganze Schule wurde in einen Festplatz mit vielen interessanten Stationen verwandelt und im Hof standen an diesem Tag Zelte. In den Zelten gab es viele Bücher zum Schmökern. Beim Bücherflohmarkt konnten die Kinder ein mitgebrachtes Buch gegen ein anderes eintauschen. Bei der Station „Lesen macht stark" wurden den Kindern Dias zur Entstehung eines Buches gezeigt. Die Kinder konnten dann am Lesequiz teilnehmen. Zum Fest eingeladen waren auch Eltern, die den Kindern Geschichten vorlesen. Ein Vater las zum Beispiel die Geschichte „Ich bin einmalig" vor. Es gab eine Druckwerkstatt, in der die Kinder selbst Bilder

Autor/in	Mo. 16. April	Die. 17. April	Mi. 18. April	Do. 19. April	Fr. 20. April	Sa. 21. Ap
Helga Bansch 6 – 11 Jahre (max. 25 Ki)	10.00 GS St. Martin/Gsies 11.15 GS St. Martin/Gsies	9.00 Stadtbibliothek Brixen 10.30 Stadtbibliothek Brixen 14.30 GS Elvas	9.30 GS Eyrs 11.15 ÖB Reschen 14.30 ÖB St. Valentin a.d. Haide	9.30 ÖB St. Christina/ Gröden 11.00 ÖB St. Christina	9.00 ÖB Branzoll 11.00 GS Kaltern/ St. Josef am See	9.00 GS An
Martin Klein 6 – 11 Jahre 11 – 13 Jahre	9.30 GS Platt/Moos i. Passeier 11.15 ÖB Rabenstein	9.00 ÖB Siebeneich 11.00 KG Nals 14.30 ÖB Völlan	9.30 GS Bachlechner Bruneck 11.00 GS Bachlechner 14.30 GS Stegen	9.00 GS Schweitzer Meran 11.00 GS Schweitzer 14.30 GS Schweitzer	9.00 GS Jenesien 11.00 ÖB Afing	9.20 ÖB Jene
Reinhard Michl 7 – 11 Jahre	9.45 GS Prad 11.15 ÖB Stilfs 15.00 ÖB Tscherms	9.00 ÖB Terlan 10.30 ÖB Terlan	10.00 ÖB Toblach 11.15 ÖB Toblach	9.15 GS Staben 11.00 ÖB Goldrain 14.30 GS Tarsch	9.00 ÖB Wiesen 11.00 GS Gasteig/Ratschings	9.00 GS A. Lin Leifers
Manfred Theisen 12 – 13 J. 14 – 16 J.	9.00 MS Pacher Brixen 11.00 Päd. Gym. Brixen 14.30 FS Landwirtschaft Vahrn	9.00 Päd. Gym. Meran 10.35 Päd. Gym. Meran	9.15 MS Röd Bruneck 11.00 ÖB Welsberg	9.00 LEWIT Schlanders 11.00 MPB Schlandersburg 14.30 MS Laas	9.00 HOB St. Ulrich 11.00 MS Wolkenstein	9.00 OS Geome Bozen
Elisabeth Zöller 11 – 13 J. 14 – 16 J.	9.15 MS Kastelruth 11.00 MS Kastelruth Elisabeth 15.00 MS Schweitzer BZ	9.30 RG Bruneck 11.00 Hum. Gym. Bruneck	9.15 MS Fischnaler Sterzing 11.00 MS Raber 14.30 Vinzentinum Brixen	9.00 MS Franzelin Leifers 11.00 ÖB Terlan Elisabeth 14.15 HOB Bozen	9.00 MS Tramin 11.00 ÖB Salurn 14.00 FS Laimburg	8.30 ÖB BZ/Hasla

Autor Martin Klein bei einer Lesung in Jenesien

drucken konnten. Der Märchensack enthielt lauter Gegenstände und Figuren aus Märchen; jedes Kind erfand zum gezogenen Gegenstand einen Satz und aus den Sätzen entstand wieder ein neues Märchen. An einer anderen Station wurden Lesezeichen gebastelt und beim „Story-Teller" ging es nicht nur um den Teller, sondern auch ums Geschichtenerzählen: „Da nimmt man sich einen Pappteller mit einem Wort oder Gegenstand drauf und sobald man einen Teller hat, denkt man sich eine kurze Geschichte aus und erzählt sie dann den anderen", erklärte Sabine aus der Klasse 4 A.
„Dieser Tag hat uns sehr gut gefallen. Das war der abwechslungsreichste Schultag überhaupt. Wir möchten so ein Lesefest gerne noch einmal machen", hieß es am Ende bei den Kindern.

[Erna Pohl Blaas/Helga Hofmann]

Ein Vater liest vor.

Die Grundschule „A. Schweitzer" in Meran hat den Lesefrühling zum Anlass genommen, um die Schaufenster eines Buchladens mit den Arbeiten der Kinder zu dekorieren.

BÜCHER

Bücher
können
reden,
lachen,
weinen,
träumen,
reisen.

Irgendwann
braucht jedermann
ein Buch
mit dem er
reden,
lachen,
weinen,
träumen,
reisen
kann.

Hartmut Kulick

Leseräume
Wörterträume
Lesefrühling 07

Bibliotheksquiz
für die Bücherwürmer
der 1. und 2. Klasse

1. „Heute back ich, morgen brau ich, übermorgen hol ich der Königin ihr Kind. Ach wie gut, dass niemand weiß, dass ich _ _ _ _ O_ _OO_ _ _ heiß."

2. Wie heißt der Raum, in dem du dich jetzt befindest? _ _ _ _ _ _ _ _ _

3. Das Bilderbuch „Morgen komm ich in die Schule" ist dir sicher bekannt. Wie heißt der Junge, der nicht weiß, ob er sich auf die Schule freuen soll oder nicht? _ _ _ OOO_ O

4. Popcorn jongliert in der Schule mit _ _ OO_ _ _ _ _ _

5. Max und _ O_ _ _ _ _ sind 2 schlimme _ _ _ _ O

6. Wer lässt es im Winter auf der Erde schneien? Es ist _ _ _ _ _ O_ _ _

7. Pippi Langstrumpf hat viele Freunde. Einer davon ist Herr Nilson. Er ist ein _ _ _ O

Wie kommen deine Bilder ins Buch?

Der Besuch einer Buchillustratorin ist für Kinder ein besonderes Erlebnis. Helga Bansch ist eine Illustratorin, die nicht nur ansprechende Bilder für die Texte ihrer Bücher zeichnet und malt, sondern es sehr gut versteht, den Kindern zu zeigen, wie aus ihren Bildern und Geschichten ein Bilderbuch wird. Die Kinder der 3. und 4. Klassen der Grundschule in St. Christina/Gröden lernten mit Helga Bansch die Welt der Bücher von einer anderen Seite kennen. Sie vermittelte ihnen, warum sie bestimmte Figuren für gewisse Handlungen auswählt, warum sie bestimmte Farben verwendet, welche Stimmungen Figuren und Bilder ausdrücken können und wie sie Bild und Text aufeinander abstimmt. Sie zeigte den Kindern ihre Originalbilder, erklärte ihnen, welche Techniken möglich sind und schilderte ihnen den Weg vom Bild bis zum Buch. Die Kinder waren begeistert. Ein Junge meinte: „Eine Buchillustratorin persönlich zu kennen, ist etwas ganz Besonderes. Ich hätte mir nicht gedacht, dass es so spannend sein würde." Und ein Mädchen ergänzte: „Ich werde noch viele Bücher von dieser Autorin lesen!"

[Maria Cristina Senoner/Helga Hofmann]

Katze, Kuh oder Krokodil?

Hin und weg waren die Kinder, als sie Reinhard Michl zuschauten, wie mit nur wenigen, aber gekonnten Strichen eine Figur entstand. Ob es nun eine Katze, eine Kuh oder ein Krokodil wurde, sobald der Illustrator den Kindern den Rücken kehrte, um eine Illustration aus einem seiner vielen Bücher auf dem noch leeren, weißen Papier entstehen zu lassen, spekulierten die Kinder. „Was wird das jetzt? Eine Katze, eine Kuh, ein Krokodil oder vielleicht gar der Löwe Leo?"   [HH]

Helga Bansch bei einer Lesung in der Grundschule St. Martin in Gsies

Schwarzer, Wolf, Skin

Im Mittelpunkt einer Lesung mit der deutschen Jugendbuchautorin Elisabeth Zöller in der Handelsoberschule in Bozen stand das Thema Gewalt. Zöller stellte mehrere ihrer Werke vor. „Anton oder die Zeit des unwerten Lebens" erzählt die schicksalhafte und mitreißende Geschichte eines behinderten Jungen in der Zeit des Nationalsozialismus. „Ich schieße … doch!" handelt von einem gemobbten Schüler. In „Schwarzer, Wolf, Skin" schildert die Autorin die Erlebnisse von Jugendlichen in der rechtsradikalen Szene. Ganz gespannt hörten die Schülerinnen und Schüler zu, als ihnen Elisabeth Zöller erzählte, dass sie sich für „Schwarzer, Wolf, Skin" als Referentin in einem Neonazi-Ausbildungslager gemeldet hatte, um die rechtsextreme Szene kennenzulernen. Sie wurde jedoch enttarnt und erhielt Drohungen, sodass sie das Buch unter dem Pseudonym Marie Hagemann veröffentlichen musste. Die Jugendlichen waren von den sehr authentischen Ausführungen der Autorin beeindruckt.

[Günther Burger/Helga Hofmann]

Amoklauf und Checkpoint Jerusalem

Was geht in einem jungen Menschen vor, der plant, Schulkameraden und Lehrer kaltblütig zu erschießen? Wie lebt er und welche Misserfolge haben ihn zu einer derartigen Tat bewogen? Oder was geschieht, wenn sich ein palästinensischer Junge und ein jüdisches Mädchen ineinander verlieben?

Ungemein witzig und hinreißend erzählte der Kölner Jugendbuchautor Manfred Theisen über die Entstehungsgeschichte seiner Bücher. Nahostkonflikt und Amoklauf sind die Themen, mit denen er sich auseinandersetzt. Auf eine sehr lockere Art ließ er in seine Erzählungen immer wieder sein Wissen über die unbewussten und oft skurrilen Eigenheiten der menschlichen Psyche einfließen, was die Schülerinnen und Schüler wie auch die Lehrkräfte zu viel Gelächter veranlasste. Trotzdem gelang es ihm, Fakten und Hintergründe über so schwierige Themen wie Nahostkonflikt, Selbstmordattentate oder Amokläufe den Jugendlichen nahe zu bringen. Er sprach überaus aktuelle Themen an, erläuterte die Zusammenhänge und machte auf seine Bücher neugierig, ohne auch nur eine Seite daraus vorzulesen.

[Margareth Ebner/Helga Hofmann]

Veranstalter: Autonome Provinz Bozen – Südtirol/Amt für Bibliotheken und Lesen, verschiedene Grund-, Mittel- und Oberschulen, mehrere öffentliche Bibliotheken

Professor Berkley auf der Spur

Die 4. und 5. Klassen der Grundschule Innichen waren am 13. März 2007 zu einem Detektivseminar in der Gemeindebibliothek eingeladen. Die Aufregung und Freude bei den Schulkindern war an diesem Tag groß. In der Bibliothek erwarteten eine Autorin und ein Autor die Kinder und stellten sich vor: Corinna Harder aus Frankfurt und Jens Schumacher aus Mainz. Diese beiden Autoren haben insgesamt zehn Kinderkrimis geschrieben, in denen Professor Berkley Kriminalfälle löst. Drei davon stellten sie den gespannt wartenden Kindern vor. Besonders begeistert waren die Kinder, weil sie Detektiv spielen und mit raten durften. Sie erfuhren sehr viel über den spannenden und abenteuerlichen Beruf des Detektivs, sogar wie man Fingerabdrücke abnimmt! „Das war eine spannende Lesung! … Wir haben so viel über Detektive gelernt", stellte einer der Schüler zum Abschluss fest.

[HH]

Veranstalter: Grundschule Innichen,
Öffentliche Bibliothek Innichen,
Buchhandlung Athesia, Bruneck

Reinhard Michl zeichnet für die Kinder.

Jugendbuchautor Manfred Theisen

Elisabeth Zöller unterhält sich mit den Jugendlichen.

Corinna Harder und Jens Schumacher stellen Kinderkrimis vor.

Tiroler Literaturwoche
an Südtirols Oberschulen

AUTOR/IN	Mi 28. März	Do 29. März	Fr 30. März	Sa 31. März	Ins
Julia Rhomberg	09.45 Päd. Gymn. Bruneck 11.00 Päd. Gymn. Bruneck *Begleitung: Markus Fritz*	09.00 HG Bozen 10.30 HG Bozen	09.00 Päd. Gymn. Meran 10.35 Päd. Gymn. Meran *Begleitung: Markus Fritz*	09.00 RG Bozen	7
Sabine Gruber	10.00 HG Bruneck 11.30 HG Bruneck *Begleitung: Markus Fritz*	09.00 HG Meran 10.45 RG Meran 14.30 FOS Meran *Begleitung: Volker Klotz*	09.45 HOB Bruneck 11.15 Päd. Gymn. Bruneck *Begleitung: Helga Hofmann*	09.15 HG Bozen	8
Walter Klier	09.00 HOB Auer 11.00 OfL Auer *Begleitung Mathilde Aspmair*	09.45 HOB / LESO Mals 11.00 HOB / LESO Mals 15.00 RG Meran	09.30 RG Schlanders 10.45 RG Schlanders *Begleitung: Sabrina Frick*	09.15 GOB Bozen	8
Irene Prugger	09.00 LEWIT Brixen 11.00 HG Vinzentinum Brixen 14.30 Fachschule Salern *Begleitung: Manuela Kaser*	09.00 LEWIT Bozen 10.45 LEWIT Bozen	09.15 FOS Meran 10.45 FOS Meran	09.30 Päd. Gymn. Meran *Begleitung: Markus Fritz*	
Alois Hotschnig	09.30 HOB / RG Sterzing 10.45 HOB / RG Sterzing *Begleitung: Daniela Huebser*	09.30 RG B 11.30 ÖB / *Begleitung*	09.00 LEV 10.30 LEV		
Kurt Lanthaler	09.00 HOB Meran 10.30 HOB Meran *Begleitung: Maria Locher*		15.00 HO		
Hans Augustin	//////	09.30 LE 11.35 LE 14.30 H *Begleitung Aspmair*	//////		
Sepp Mall (fährt selbst)	//////		//////		

Stand: 15.03.07

Vorbesprechung der Autorenwoche am Dienstag, 27. März 0 Autorenvereinigung)

Abendlesung am Donnerstag, 29. März 2007 im Primopian

Julia Rhomberg
Sabine Gruber
Alois Hotschnig
Kurt Lanthaler
Moderation: Sepp Mall

Wie kann man Jugendliche für das Lesen begeistern? Eine schwierige Frage, die sich Lehrkräfte und Fachleute in den Verlagen und in der Leseförderung immer wieder stellen müssen. Der *Südtiroler Lesefrühling* war Anlass und Ansporn, sich wieder mit dieser Fragestellung auseinanderzusetzen. Man wollte den Jugendlichen nicht nur interessanten und herausfordernden Lesestoff bieten, sondern ihnen auch die Möglichkeit geben, Autorinnen und Autoren kennenzulernen und mit ihnen Gespräche zu führen.

Mit 56 Lesungen und knapp 1700 Jugendlichen, die daran teilnehmen konnten, war es möglich, das Angebot an Lesungen für Jugendliche stark zu erweitern. Folgende acht Tiroler und Südtiroler Autorinnen und Autoren lasen aus ihren Werken und stellten sich im Rahmen der Tiroler Literaturwoche den Fragen der jungen Leute: Hans Augustin, Sabine Gruber, Alois Hotschnig, Walter Klier, Kurt Lanthaler, Sepp Mall, Irene Prugger und Julia Rhomberg. [HH]

Wundränder

Der Südtiroler Autor Sepp Mall besuchte unsere Schule, um uns aus seinem Roman „Wundränder" vorzulesen und Fragen zu seiner Person und seinen Werken zu beantworten.

Der aus Graun im Vinschgau stammende Autor ist auch über die Grenzen Südtirols hinaus bekannt und hat von der „Neuen Zürcher Zeitung" für diesen 2004 erschienen Roman eine äußerst positive Kritik erhalten.

Sepp Mall las verschiedene Abschnitte aus dem Werk, dessen Handlung im Jahr 1966 spielt. Zwei Handlungsstränge verlaufen parallel nebeneinander, doch zwischen den Personen bestehen mehre-re Verbindungen. Kernthema sind die Bombenanschläge in Südtirol in den späten 60er-Jahren, zu deren Drahtziehern Alex, eine der frei erfundenen Figuren im Roman, gehört. Schauplatz des Romans ist ein Italienerviertel. Sepp Mall hat diese Zeit selbst miterlebt, doch er erzählte uns, dass sein Informationsstand niedrig war. „Ich konnte die Ereignisse damals als 11-jähriger nicht verstehen." Trotzdem konnte er sich aufgrund seiner damaligen Situation schnell in die Rolle des 11-jährigen Paul, eine der Hauptfiguren im Roman, hineinfühlen, wie er den Schülerinnen und Schülern erklärte. „Es war viel schwieriger, mich ir die Lage der Frau im Roman zu versetzen als ir die des Kindes", so Sepp Mall. Besonders interessant war, wie Sepp Mall den Weg der Entstehung eines Buches beschrieb und die Zusammenarbeit mit den Lektoren und Mitarbeitern seines Verlags. Gedanken für seine Werke begleiten ihn nach eigener Aussage ständig, zurzeit arbeitet der Autor an einem Lyrikband.

[Isabel Berteotti, Schülerin
an der Handelsoberschule Bruneck]

Über Nacht

Im Rahmen des Lesefrühlings war Sabine Gruber zu Gast an unserer Schule. Mit im Gepäck hatte die Autorin ihr neues Buch „Über Nacht", das die Geschichte von zwei Frauen, Irma aus Wien und Mira aus Rom, erzählt. In zwei Handlungssträngen, die sich überkreuzen und überschneiden, erhält man Einblick in deren Leben. Dass die beiden Frauen in Verbindung stehen, wird eigentlich schon durch die anagrammatische Anordnung der beiden Namen – Irma/Mira – ersichtlich. Um uns mit ihrem Roman vertraut zu machen, las Sabine Gruber zuerst einige Textauszüge daraus vor. Anschließend konnten wir unsere Fragen an sie richten, wobei sie sich sehr offen zeigte, auch Fragen persönlicher Natur zu beantworten. So erzählte sie, dass sie schon früh ihre Heimat Südtirol verlassen habe und zuerst in Venedig und dann in Wien eine neue Heimat gefunden habe. Sie sprach auch über ihre Nierentransplantation, die sicherlich eine große Rolle in ihrem Privatleben spielt und sich auch in ihren Romanen niederschlägt. So schreibt sie beispielsweise in ihrem Roman „Die Zumutung" über das Organversagen, in „Über Nacht" spielt die Organtransplantation eine zentrale Rolle.

Für uns Schülerinnen und Schüler war diese Autorenbegegnung einmal mehr ein Höhepunkt des Schuljahrs. Es war für uns sehr interessant, die Autorin kennenzulernen, die sich hinter dem Roman verbirgt.

[Ebenkofler Stefanie, Schülerin an
der Handelsoberschule Bruneck]

Julia Rhomberg liest Lyrik

Die Tiroler Lyrikerin Julia Rhomberg hat in verschiedenen Oberschulen, unter anderem auch im Humanistischen Gymnasium „Walther von der Vogelweide" in Bozen, ihre Lyrik vorgestellt. Sie las Gedichte aus den Bänden „grashalme statisten" und „zuletzt seife und", die von den Schülerinnen und Schülern begeistert aufgenommen wurden. „Von der Autorin gelesen, wirken ihre Gedichte ganz anders, irgendwie lebendiger", bemerkte eine Schülerin nach der Lesung. Am Pädagogischen Gymnasium „Josef Ferrari" in Meran hatten einige Schülerinnen und Schüler als Vorbereitung auf die Lesung Gedichte von Julia Rhomberg illustriert. Auf diese Weise hatten sie einen sehr persönlichen Zugang zu den Gedichten dieser Autorin gefunden. Was das junge Publikum sehr schätzte, war – neben der Auseinandersetzung mit Lyrik – auch das persönliche Gespräch mit der Autorin, in dem sie bereitwillig die zahlreichen Fragen beantwortete. [HH]

Irene Prugger

Die Autorin Irene Prugger aus Innsbruck besuchte im Rahmen der Tiroler Literaturwoche die Klassen 4 A und 5 D des Pädagogischen Gymnasiums „Josef Ferrari" in Meran. Irene Prugger schilderte sehr unterhaltsam, aber untermauert vom Wissen einer Insiderin, den heutigen Literaturbetrieb. Da sie unter anderem auch Werbetexterin ist und für Zeitschriften schreibt, konnte sie viele interessante Fakten aus ihrem Berufsalltag erzählen. Sie las einige Episoden aus ihren Kurzgeschichten, die sich vor allem mit dem Alltag der Frauen beschäftigen. [Margareth Ebner]

Veranstalter: verschiedene Südtiroler Oberschulen, Autonome Provinz Bozen – Südtirol/Amt für Bibliotheken und Lesen

Sepp Mall

Sabine Gruber

Julia Rhomberg

Irene Prugger

Leben, um davon zu erzählen
Jungen zum Lesen motivieren

Dass manche Jungen das Lesen nicht unbedingt zu ihrer Lieblingsbeschäftigung zählen, ist ein offenes Geheimnis. Zu oft haben sie das Gefühl, die Romane und Erzählungen hätten nichts mit ihrem Alltag, mit ihrer konkreten Lebenserfahrung zu tun. Warum nicht auf Authentizität und Lokalbezug setzen, dachte sich das Bibliotheksteam der Oberschule für Landwirtschaft in Auer. Getreu dem Motto von Gabriel Garcia Marquez „Leben, um davon zu erzählen" wurde eine Reihe von Autorenbegegnungen der etwas anderen Art organisiert. Im Laufe des Lesefrühlings besuchten verschiedene Südtiroler (auch Hobby-) Autorinnen und Autoren sowie interessante Zeitgenossen die Schülerinnen und Schüler und erzählten aus ihrem bewegten Leben.

An der Dolomitenfront

Begeistert lauschten die Jugendlichen den Ausführungen von Michael Wachtler, der ihnen den Alltag an der Dolomitenfront im Ersten Weltkrieg schilderte. Seine Lektüre aus dem Tagebuch eines Jugendlichen, der sich freiwillig zum Krieg gemeldet hatte, begleitete er mit vielen Bilddokumenten und interessanten Erzählungen.

Bäuerlicher Alltag

Das traditionelle bäuerliche Leben mit seinen Licht- und Schattenseiten stellte Maria Willeit-Kammerer, die Pustertaler Bergbäuerin und Autorin des Buchs „Daheim am Honigberg", vor. Manche der teilnehmenden Schülerinnen und Schüler erinnerten sich bei ihren Erzählungen an Berichte der eigenen Großeltern.

Tirggn und Plent

Auch bei der Lesung von Roland Walcher ging es um eine alte bäuerliche Tradition aus dem Unterland, die Verarbeitung des *Tirggn* (Mais). Er zeigte nicht nur einen interessanten Film über Brauchtum und Kultur des Maisanbaus, sondern zum Abschluss der Lesung gab es ein gemeinsames *Plent*-Kochen über einer offenen Feuerstelle und eine Verkostung.

Extrembergsteiger und Landwirt

Dass der Extrembergsteiger Reinhold Messner viel zu erzählen haben würde, war den Schülerinnen und Schülern von vornherein klar. Sein Interesse an der Landwirtschaft, am ökologischen, nachhaltigen Landbau und am Klimaschutz war für viele Zuhörerinnen und Zuhörer hingegen eine neue Erfahrung. Die Fragen konzentrierten sich trotzdem mehr auf die abenteuerlichen, sportlichen Erlebnisse in seinem Leben.

Der Wilderer

Für viele Schüler bildete die Begegnung mit dem ehemaligen Wilderer Horst Eberhöfer das Highlight der Veranstaltungsreihe. Mit seiner direkten, unverblümten Art verstand er es, die Jugendlichen mitzureißen und zu faszinieren.

Planung und Durchführung Jede der fünf Begegnungen dauerte etwa zwei Schulstunden lang. Die Zielgruppe der Veranstaltungen waren die Schüler und Schülerinnen der zweiten Klassen, die sich – je nach persönlichem Interesse – freiwillig zu einer der Begegnungen anmelden konnten. Der große Zuspruch unter den jungen Leuten übertraf alle Erwartungen der Organisatoren. Es war offensichtlich, dass der lokale Bezug, die Unmittelbarkeit und Authentizität der Erzählungen beim Publikum eine starke Identifikation und ein persönliches Engagement ausgelöst hatten. Auch die Autorinnen und Autoren stellten anerkennend fest, dass durch das große Interesse der Jugendlichen eine ganz besondere Atmosphäre entstanden war. Aufgrund der positiven Resonanz werden auch im kommenden Jahr wieder Autorinnen und Autoren zur Neuauflage von „Leben, um davon zu erzählen" eingeladen. [Margot Schwienbacher]

Veranstalter: Oberschule für Landwirtschaft, Auer

Reinhold Messner und
Maria Willeit-Kammerer zu
Besuch in der Oberschule
für Landwirtschaft, Auer

Crime Tour
Krimitage

Es muss nicht immer Edgar Allen Poe – der Urvater des Kriminalromans – sein oder Sir Arthur Conan Doyle mit Sherlock Holmes und Dr. Watson. Seit jeher ist die Faszination des Bösen unumstritten und wer, wenn nicht die Literatur, könnte dieses Phänomen am besten schön verpacken und den Lesern gruselig schmackhaft präsentieren? Ob es sich nun um einen Krimi, einen Detektivroman oder einen blutrünstigen Psychothriller handelt, die Kriminalliteratur mit all ihren Schattierungen gehört heute zu den beliebtesten Genres des geschriebenen Wortes und hat eine breite Leserschaft. Mit der Idee, allen Krimifans – und solchen, die es noch werden möchten – einen besonderen Leckerbissen zu servieren, hatte sich die Planungsgruppe – Ferruccio Delle Cave vom Kreis Südtiroler Autorinnen und Autoren, Markus Fritz vom Amt für Bibliotheken und Lesen, Max Malleier von der Stadtbibliothek Meran und Robert Huez von den Bücherwürmern – zusammengefunden, um eine Veranstaltungsreihe, die sie *Crime Tour* nannten, auf die Beine zu stellen. Auf dem Programm fand sich dann allerhand Skurriles für alle gierigen Krimileserinnen und -leser: Schafe, die einen Mordfall lösen, eine Wiener Journalistin, die gerne kocht und gemeinsam mit ihrer Putzfrau Kriminalfälle löst und ein waschechter Kommissar aus Bayern, mit einem *kriminell* guten Abendprogramm.

Schafe in Aktion

Auf leisen Sohlen kam sie daher, zart und unscheinbar wirkte sie. Ihre leise Stimme brachte eine gespannte Ruhe in den Leseraum des Theaters in der Altstadt in Meran. Leonie Swann, ihres Zeichens junge Münchner Krimiautorin, die 2006 mit dem Preis für den besten Kriminalroman des Jahres ausgezeichnet wurde, begann aus ihrem Schafskrimi „Glenkill" zu lesen. Es geht um eine Herde Schafe und um ihren Schäfer George Glenn, der eines Morgens ermordet im Gras liegt. Mit einem Spaten in seiner Brust! Die Schafe beginnen sich zu fragen, wer wohl so eine Gräueltat begangen haben könnte. Miss Marple, das klügste Schaf der Herde und wohl der Welt, lässt ihrer kriminalistischen Leidenschaft freien Lauf. Nachdem George seinen Schafen oft Kriminalromane vorgelesen hat, haben Miss Marple und die anderen Herdentiere schon eine gewisse Erfahrung gesammelt, die sie jetzt in die Praxis umsetzen können. Zwischen ihrer Weide, dem Schlafwagen des Schäfers, der Dorfkirche und der Steilklippe warten ungeahnte Abenteuer auf Miss Marple und die Schafherde und es gelingt ihnen tatsächlich, die Umstände von Georges Tod aufzuklären.

Die Idee zu diesem Roman, erzählte die Autorin, entstand in Paris, wo sie sich manchmal nach dem Landleben sehnte – und nach Schafen, mit denen sie auf einer Irlandreise Bekanntschaft geschlossen hatte.

Leonie Swann liest im „artcafé" in Toblach.

Krimi und Kochrezepte

Von Beruf ist Eva Rossmann Verfassungsjuristin, aber schon seit Längerem lässt die Wienerin ihrer Leidenschaft für das Schreiben und Publizieren freien Lauf. Sie hat mit ihren acht Kriminalromanen beträchtliche Erfolge eingefahren. Im Rahmen der *Crime Tour* stellte sie den zahlreichen Zuhörerinnen und Zuhörern in der Bibliothek Naturns ihren neuesten Roman „Verschieden" vor. Rossmanns Hauptfigur Mira Valensky – eine Journalistin – hat schon mehrere Kriminalfälle gelöst. In ihrem neuesten Abenteuer kommt Mira einer Kollegin zu Hilfe. Ihr gelingt es auch diesmal, den Fall zu lösen. Mira hat – wie auch Eva Rossmann selbst – neben dem Schreiben noch ein Steckenpferd, nämlich das Kochen. Sehr zur Freude vieler Leserinnen und Leser lässt die Autorin ihre Romanfigur immer wieder schnelle und interessante Gerichte zubereiten und die Rezepte in den Text einfließen. Es ist auch schon vorgekommen, dass die Autorin bei ihren Lesungen das Publikum nicht nur mit ihren Texten, sondern auch mit kulinarischen Leckerbissen überraschte.

Mörderisches Bayern

Krimi einmal anders, und zwar nicht im Buch oder im Fernsehen, sondern auf der Bühne, mit musikalischen Zwischentönen und einem echten Kommissar als Vorleser. Udo Wachtveitl, im deutschen Sprachraum allerorts als „Tatort"-Kommissar Franz Leitmayr bekannt, las aus den Krimis des Krimibuchautors Robert Hültner vor. Der Schauspieler Hans Kriss – der Erzähler des Abends – ist ein Meister seines Faches; er verstand es wunderbar, die Zusammenhänge zu erklären und aus den verschiedenen Episoden des Inspektor Kajetan ein buntes Potpourri entstehen zu lassen. Für die musikalische Begleitung sorgten die Musiker Sebastiano Tramontana, Erwin Rehling und Andreas Koll, die mit Posaune, Akkordeon und Schlagzeug gekonnt die Stimmung der Texte auffingen und die Spannung bis ins Unerträgliche steigerten. Über 120 Schau- und Hörlustige waren in das Kulturhaus von Schlanders gekommen, um sich das *Mörderische Bayern* anzuhören. Alles in allem ein Bombenerfolg und ein Mordsspaß! [HH]

Veranstalter: Kreis Südtiroler Autorinnen und Autoren, Stadtbibliothek Meran, Bibliothek Schlandersburg, Bibliothek Naturns, Bibliothek und artcafé Toblach, Autonome Provinz Bozen – Südtirol/Amt für Bibliotheken und Lesen, Bücherwürmer Lana

Ferruccio Delle Cave stellt Eva Rossmann vor.

„Afghanistan" und „77 Wertsachen"
Zwei namhafte Autoren zu Besuch

Keinen Geringeren als Roger Willemsen hatten das Südtiroler Kulturinstitut und das Buchhaus Athesia Bruneck im Rahmen des Lesefrühlings nach Südtirol eingeladen. Der beliebte deutsche Autor, Journalist und Moderator berichtete von seiner Reise durch Afghanistan und erzählte von seinen Interviews mit ehemaligen Guantánamo-Häftlingen. Eineinhalb Stunden lang sprach Willemsen vollkommen frei und begeisterte das Publikum durch seine einzigartige Redegewandtheit und seine Fähigkeit, ein ernstes Thema wie die derzeitige Lage in Afghanistan nicht nur in Moll-, sondern auch in Dur-Tönen zu schildern. Rappelvoll waren sowohl das Bozner Waltherhaus als auch das Buchhaus Athesia in Bruneck. Willemsen signierte mit großer Geduld unzählige Exemplare seiner Bücher; in Bozen war der Ansturm auf den Büchertisch so groß, dass die Bücher gar nicht reichten. Auch die Medien rissen sich um Willemsen als Interviewpartner. Den Veranstaltern bleibt ein Gast in Erinnerung, der sich nicht nur durch seine außerordentliche Redekunst, sondern auch durch ein auffallend freundliches und unkompliziertes Wesen auszeichnete.

Passend zur aktuellen Diskussion über das Für und Wider der Verankerung von christlichen Werten in der Bildung, präsentierte der ZDF-Journalist Peter Frey im *Südtiroler Lesefrühling* sein Buch „77 Wertsachen – Was gilt heute?" Frey berichtete über seine ganz persönliche Auseinandersetzung mit dem Thema Werte und stellte sich den Fragen des Publikums. Dabei blieb er nicht bei Allgemeinheiten, sondern es ging um ganz konkrete Fragen aus dem Alltag, die uns alle angehen. Es entspann sich eine lebhafte Diskussion. Peter Frey überzeugte nicht nur durch seine souveräne Redekunst, sondern auch durch seine offene Art. Er zeigte keinerlei Scheu vor schwierigen Fragen, etwa ob man sein erwachsenes Kind durchfüttern muss, wenn es beruflich scheitert, oder ob Kinder ihre Eltern ins Altersheim abschieben dürfen. [Monika Obrist]

Veranstalter: Südtiroler Kulturinstitut, Bozen Buchhaus Athesia, Bruneck

Roger Willemsen

Peter Frey signiert

Und noch mehr Lesungen
Autorinnen und Autoren aus Südtirol

Buchvorstellung, einmal ganz anders!

Im Rahmen des *Südtiroler Lesefrühlings* fand in der Mediothek der Handelsoberschule Bruneck eine außergewöhnliche Autorenlesung statt. Der Bozner Autor Martin Pichler stellte sein neuestes Buch „Störgeräusche" vor.

Martin Pichler

Die eingeladenen Klassen, die darauf gefasst waren, dem lesenden Autor nur zuzuhören, wurden positiv überrascht. Im Mittelpunkt der Veranstaltung stand nämlich nicht das Buch, sondern die Hauptakteure der Veranstaltung waren die Schülerinnen und Schüler mit ihren Fragen und ihrer Neugier.
Um jenen, die noch kein Buch von Pichler gelesen hatten, einen Eindruck von seiner Schreibweise zu geben, las der Autor eine seiner noch unveröffentlichten Erzählungen vor. Anschließend durften die Jugendlichen den Autor auch mit sehr persönlichen Fragen bombardieren. Martin Pichler, der seine Homosexualität in seinen Werken geoutet hat, antwortete darauf mit überraschender Offenheit und Humor. Er erzählte von den Schwierigkeiten als Autor, dass er z. B. nicht vom Schreiben alleine leben könne. Er erzählte auch private Anekdoten und musste nie um Aufmerksamkeit bitten.

[Sofia Schuen/Elisabeth Valentin, Schülerinnen der Handelsoberschule Bruneck]

Veranstalter: Mediothek der Handelsoberschule, Bruneck

Ötzi und das Sachbuch

Gebannt starrten die Kinder auf die Leinwand. Was die Schülerinnen und Schüler so faszinierte, war ein Bild der Gletschermumie Ötzi, die wie in einem Krankenhaus auf einem OP-Tisch lag: klapperdürr, mit leerem Blick und seltsam gestrecktem Arm. Über der Mumie stand ein Fotograf mit weißen Handschuhen und von Kopf bis Fuß wie ein Chirurg gekleidet. „Vier Wochen hat es gedauert, bis die paar Fotos gemacht waren, die ich für das Buch benötigte", erklärte Gudrun Sulzenbacher, Autorin des Sachbuchs zur Gletschermumie. Die Kinder staunten: So viel Aufwand, um eine tiefgekühlte Mumie in einem verdunkelten Raum mit keimfreier Luft zu fotografieren!
Gudrun Sulzenbacher erklärte anschaulich und mitreißend, welche Arbeitsschritte nötig sind, um aus Gedanken Bücher zu machen. Anhand ihres Buches „Vom Büchermachen – Wie Ötzi ins Buch kam" erläuterte sie die Arbeit zahlreicher Fachleute, die zur Entstehung einer solchen Publikation beitragen. Doch nicht nur um die spannende Geschichte des Mannes aus dem Eis ging es bei dieser Autorenbegegnung, die Schülerinnen und Schüler bekamen auch einen Einblick in die Branche der Büchermacher. Gudrun Sulzenbacher erklärte ihrem Publikum, wie viel Aufwand mit einer guten Recherche verbunden ist und was genau ein Verleger bei der Veröffentlichung eines Buchs entscheidet. Anhand vieler Schnappschüsse zeigte sie den Anwesenden auch, wie einst das Musterbuch aussah, wie die Grafikerin Bilder und Texte zusammengefügt hatte oder wie die Vertriebsfrau die Reise des fertigen Buches in die Buchhandlungen vorbereitete.

[HH]

Veranstalter: Öffentliche Bibliothek, Grundschule und Mittelschule, Innichen, Öffentliche Bibliothek, Schulsprengel, Ritten

Gudrun Sulzenbacher gibt Einblick in das Büchermachen.

Mitmachtheater zum Buch „Tausche Theo"

Barbara Kessler in der Grundschule Schluderns

Tausche Theo

Wer möchte nicht gerne manchmal seinen Bruder oder seine Schwester gegen einen anderen oder eine andere austauschen. Mehr oder weniger alle Kinder der 1. und 2. Klasse der Grundschule Schluderns hatten schon mit diesem Gedanken gespielt. Sie gestanden das auch offen ein, als die Kinderbuchautorin Maria Theresia Rössler dieses Thema aufwarf. Anhand eines Mitmachtheaters und der Figuren aus ihrem Bilderbuch „Tausche Theo" erzählte sie den Kindern von Theo, den seine kleine Schwester am liebsten loswerden möchte. Sie erklärte den Kindern, wie wichtig es ist, dass Bild und Text in einem Bilderbuch aufeinander abgestimmt werden. „Sowohl die Lesung als auch das Buch ‚Tausche Theo' hat bei den Kindern viel Begeisterung geweckt", erzählt die Lehrerin. „So viel Begeisterung, dass das Bilderbuch ausgeliehen und weiter und weiter verliehen wurde, dass es den Weg zurück in die Bibliothek nicht mehr gefunden hat." [HH]

Veranstalter: Öffentliche Bibliothek, Grundschule, Schluderns

Der verflixte Liebesbrief

Verliebt sein ist bei den neun- bis zehnjährigen Grundschülern ein Dauerbrenner. Wenn die Kinderbuchautorin Barbara Kessler mit ihrem Buch „Der verflixte Liebesbrief" auf Lesereise geht, weiß sie auch, dass es einen Unterschied zwischen den Mädchen gibt, für die das Verliebtsein sehr wohl ein Thema ist, und den Jungen, die darüber nur lachen können. Es gelingt der Autorin wunderbar, beide Gruppen in ihren Bann zu ziehen. Lebendig und mit viel Humor erzählte sie den Schülerinnen und Schülern der 3. und 4. Klasse der Grundschule Schluderns die Geschichte von einem Mädchen, das in einen Klassenkameraden verliebt ist und beschließt, ihm einen Liebesbrief zu schreiben. Sie unterschreibt den Brief aber nicht mit ihrem Namen, sondern versieht ihn nur mit ihren Initialen. Ganz zufällig gibt es in der Parallelklasse ein Mädchen mit denselben Initialen, das auch in diesen Jungen verliebt ist. In der Folge entstehen eine ganze Serie von Irrungen und Verwirrungen. Die Autorin erzählte nicht nur, sondern ließ die Kinder auch ihre eigenen Erfahrungen einbringen. Immer wieder wollte sie von ihnen wissen: „Wie könnte die Geschichte eurer Meinung nach jetzt weitergehen?" [HH]

Veranstalter: Öffentliche Bibliothek, Grundschule, Schluderns

Ich ging durch die Hölle

So nennt sich das Buch des Brixner Autors Konrad Fissneider. Es befasst sich mit der erschütternden Geschichte eines Drogenabhängigen. Die Schülerinnen und Schüler waren von der persönlichen Art, auf die ihnen der Autor das Thema Drogen und Alkohol näher brachte, sehr ergriffen. Nach der Lesung entwickelte sich eine angeregte Diskussion zwischen dem Autor und den Jugendlichen. Es zeigte sich einmal mehr, dass auch ein Thema, das mittlerweile unter Jugendlichen nicht mehr *up to date* ist, durch die persönliche Begegnung mit dem Autor auf Interesse trifft. [HH]

Veranstalter: Lehranstalt für Wirtschaft und Tourismus „Peter Mitterhofer", Meran

Konrad Fissneider stellt sein Buch vor.

Südtiroler Dienstmädchen in italienischen Städten

„Wie die Schwalben fliegen sie aus …", so lautet der Titel eines Buches, das drei Südtiroler Historikerinnen – Ursula Lüfter, Martha Verdorfer und Adelina Wallnöfer – verfasst haben. Gekonnt und sprachgewandt erläutern sie, wie es 70 jungen Frauen aus Südtirol in den Jahren zwischen 1920 und 1960 erging, die in italienischen Städten als Dienstmädchen Arbeit fanden. Auf ganz lebhafte und einfache, aber keineswegs banale Weise zeichneten die Autorinnen ein reales Bild der damaligen Zeit. Sie vermittelten den Sachverhalt ganz ungezwungen, aber dennoch fundiert und überzeugend. Lebendig schilderten sie die unterschiedlichen Lebensbereiche und Umstände der jungen Frauen, die von Bergbauernhöfen in die Stadt kamen und dort auf ganz unterschiedliche Realitäten trafen und ihren Rückblick auf die damalige Zeit. Manche kamen zu noblen Herrschaften und genossen das bunte Leben dieser reichen Leute. Ihnen war es möglich, ganz neue Welten kennenzulernen – und sie genossen das. Andere wiederum kamen in Familien, in denen es knauserig zuging und in denen die Arbeitgeber eher unfreundlich zu den Neuankömmlingen waren. Bei der Vorstellung ihres Buches in der Öffentlichen Bibliothek Algund erzählten die Autorinnen auch spannende Geschichten über die Dienstmädchen, die teilweise noch leben und die sie im Zuge ihrer Nachforschungen besucht und interviewt hatten. Die Zeitzeuginnen Martha Brunner aus Algund und Maria Stecher aus Dorf Tirol waren zu Gast in der Bibliothek und bereicherten den Abend mit ihren authentischen Schilderungen.

„Ich kann die Erfahrungen und Erlebnisse dieser Mädchen sehr gut nachempfinden", sagte eine Besucherin. „Die Lesung war für mich auch deswegen sehr spannend, weil die Autorinnen zu den gezeigten Dias nicht einfach das erzählten, was im Buch steht, sondern es mit vielen interessanten Details und Hintergrundinformationen ergänzt haben, die nicht im Buch zu finden sind." [HH/EN]

Veranstalter: Öffentliche Bibliothek Algund

Dolores – Die Geschichte meiner Schwester

Als Christine Losso mit ihrem letzten Buch „Dolores – Die Geschichte meiner Schwester. Ein Leben zwischen Liebe, Drogen und Tod" in der Bibliothek in Montan gastierte, hatten sich sicherlich rund 50 Frauen und einige Männer versammelt, die der Lesung, die grandios von der Schauspielerin und Sängerin Ingeborg Esposito Bliem aus Bozen vorgetragen wurde, lauschten. Es geht in diesem Buch um das Leben von Dolores, die mit nur 37 Jahren am Drogenmissbrauch starb. Obwohl sich Christine Losso seit dem Sterben ihrer Schwester intensiv mit dem Tod beschäftigt hatte, betonte sie: „Nicht dem Tod ist diese wahre Geschichte gewidmet, sondern dem Leben in all seinen Facetten und seiner Farbenprächtigkeit, das für die Hinterbliebenen weitergehen muss und soll." In diesem bislang persönlichsten Buch geht die Autorin zurück in ihre eigene Kindheit und die ihrer Schwester Dolores. „Es ist dies mein schmerzhaftestes, mein persönlichstes, auch mein emotionalstes Werk", betonte sie.
Beim anschließenden Buffet kam noch eine angeregte Diskussion in Gange, die sich berührend, aber auch ermutigend gestaltete.

[Ulrike Pernter]

Christine Losso erzählt die Geschichte ihrer Schwester.

Veranstalter: Öffentliche Bibliothek Montan

Immagini di un territorio in parole e musica
Mi invento una storia

Finalità Cogliere il bello e il piacere della lettura e della narrazione, non solo in biblioteca, ma anche in altri contesti. Realizzare un'opera che ispirandosi al nostro territorio, lo rappresenti attraverso un racconto basato su immagini e musica.

Descrizione dell'attività Per ritrarre alcuni aspetti di Laives con l'ausilio di immagini, parole e musica, è stato contattato lo scrittore Aquilino, autore di libri per ragazzi, ospitato a Laives dal 16 al 24 marzo 2007. Durante questa settimana Aquilino ha conosciuto i bambini, i ragazzi, i docenti, gli operatori scolastici e i rappresentanti delle associazioni culturali del territorio nel corso di momenti di lettura e di colloqui informali che sono stati documentati anche con riprese video. Aquilino ha poi incontrato i cittadini di Laives e ascoltato le loro storie, le loro esperienze di vita vissuta e, perché no, anche quelle di vita sognata. Al termine del soggiorno lo scrittore ha esaminato il materiale raccolto e ne ha ricavato un racconto supportato da un filmato con commento musicale. L'opera è stata presentata pubblicamente nel corso del mese di ottobre 2007.

Destinatari Alunni e docenti degli Istituti Scolastici di Laives.

[Wilma Venturato]

Organizzatori: Biblioteca Interscolastica di Laives con il patrocinio della locale Amministrazione Comunale

Expertinnen und Experten zum Thema
Vorträge und Seminare

Fachliches zum Thema Lesen und Sprache, so lautete ein Programmpunkt, der im *Südtiroler Lesefrühling* nicht fehlen durfte. Verschiedene Institutionen nahmen sich dieses Themas an und organisierten verschiedene Fachvorträge und Seminare.

Eva liest gern, Adam weniger?

So lautete die einleitende Frage eines Vortrages im Bozner Waltherhaus, zu dem die Sprachstelle im Südtiroler Kulturinstitut, das Amt für Bibliotheken und Lesen, der Verband der Volkshochschulen und das Jukibuz eingeladen hatten.
Die Salzburger Kommunikationswissenschaftlerin Margit Böck gab Eltern und Interessierten Tipps, wie eine Leseförderung aussehen kann, die nicht an alten Rollenklischees festhält und beiden Geschlechtern gerecht wird.
Ein ganztägiges Seminar für all jene, die es genau wissen wollten, gab es am darauffolgenden Tag.
Margit Böcks Broschüre „Gender & Lesen. Geschlechtersensible Leseförderung" kann von der Internetseite www.bmbwk.gv.at/publikationen heruntergeladen werden.

Lust auf Sprache wecken

Wie man Kinder auf spielerische Art lange vor Schuleintritt an die Buch-, Erzähl- und Schriftkultur heranführen kann, darüber sprach die Freiburger Medienpädagogin und Buchautorin Sylvia Näger in ihrem Vortrag „Lust auf Sprache wecken". Zu Abendvortrag und Tagesseminar hatte die Sprachstelle im Südtiroler Kulturinstitut eingeladen, in Zusammenarbeit mit dem Verband der Volkshochschulen, dem Amt für Bibliotheken und Lesen, dem Eltern-Kind-Zentrum und dem Jukibuz.
Näger betonte in ihren Ausführungen vor allem die Wichtigkeit des Vorlesens, des gemeinsamen Betrachtens von Bilderbüchern im Dialog, aber auch den Stellenwert von Reimen, Fingerspielen oder Abzählversen. Diese fördern die sogenannte phonologische Bewusstheit, die eine Grundlage für den Spracherwerb darstellt.

Leser und Sammler

So lautete der Titel eines Vortrages von Uwe Pörksen, zu dem die Oberschule für Landwirtschaft in Auer eingeladen hatte. „Schrift und Lesen ermöglichen kulturelles Gedächtnis, einen Ausgriff in Vergangenheit, Gegenwart und Zukunft, die Auseinandersetzung mit Fremdem und Eigenem. Lesekulturen haben deshalb eine ganz eigene, erfolgreiche Kulturgeschichte", hieß es in der Einladung. Und weiter: „Lesen orientiert in der Vielfalt der Erfahrungen und öffnet Fantasiewelten. Es ist ein Werkzeug zur Bewältigung der praktischen Welt. Der Mensch ist Sammler und ist dies auf vorteilhafteste Weise als Leser."

Lesen im Medienzeitalter

Gerhard Falschlehner sprach in seinem Vortrag „Lesen im Medienzeitalter" über Mediennutzung und Lesekompetenz der Network-Generation. Längst haben sich vor unsere primäre Welterfahrung künstliche Medienwelten geschoben. Wir leben und lesen zunehmend in simulierten Räumen, von Disneyland über Pseudotiroler Skihallen im Ruhrgebiet oder in Dubai bis zu den künstlichen Karibiklandschaften in Loipersdorf.
Welche Konsequenzen sich für das Leseverhalten der Jugendlichen und für die Leseförderung ergeben, war Thema des Vortrages. [MThR]

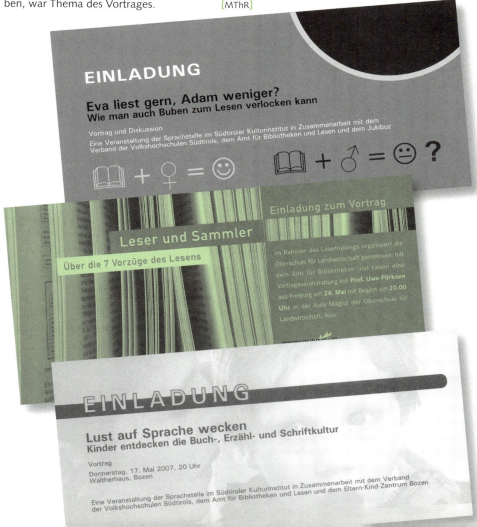

Danke. Grazie
Lust aufs Lesen geweckt

Die Organisatorinnen und Organisatoren wollten sich bei allen Menschen bedanken, die sich am *Südtiroler Lesefrühling* beteiligt hatten und luden zu einem besonderen Abschlussfest.

„Die Samen, die wir gesät haben, treiben und tragen Früchte. Ohne euer Zutun wäre das nicht möglich gewesen", so stand es in der Einladung.

Gemeinsam sollte der Erfolg gefeiert werden. Und ein Erfolg war er schließlich, der *Südtiroler Lesefrühling*. In einem Zeitraum von vier Monaten waren 602 Veranstaltungen, Aktionen und Feste zum Thema Lesen und Sprechen durchgeführt worden.

„Im ganzen Land, in Schulen, in Bibliotheken, auf Dorfplätzen, in Bahnhöfen, auf Straßen, in Gasthäusern oder auf Lesefesten wurden viele Samen gesät, die inzwischen aufgegangen sind", so der Schulamtsleiter Peter Höllrigl.

Am 31. Mai 2007 endete der *Südtiroler Lesefrühling*. Die Kindergartendirektionen feierten ihren Abschluss des Lesefrühlings in der Fortbildungsakademie in Tramin mit einem Festakt und einer Ausstellung besonders gelungener Arbeiten zum Lesefrühling. Für die Abschlussveranstaltung des Leseforums hatten die Organisatorinnen – ähnlich wie bei der Eröffnungsfeier – einen öffentlichen Platz gesucht. Der Innenhof des „Happacherhofs" der landwirtschaftlichen Schule in Auer bot den gewünschten Charme und die richtige Atmosphäre für eine ungezwungene Abschlussfeier und wurde vom Direktor des Hauses, Franz Tutzer, gerne zur Verfügung gestellt.

Der Innenhof eignete sich gut für eine kleine Ausstellung der Ergebnisse und Fotos aus dem Lesefrühling; auch das *Lesewohnzimmer* passte gut hinein.

Natürlich waren die bunten Männer wieder da. Sie hießen die vielen Gäste willkommen und boten ein Glas Wein oder Wasser an. Wieder zogen sie alle Aufmerksamkeit auf sich und amüsierten zunächst durch ihre verlangsamten Bewegungen, später durch ihre nonverbale Programm-Moderation.

Gleich zu Beginn waren die Gäste gebeten worden, einen Satz zu ihren Leseträumen aufzuschreiben und in den bereitgestellten Korb zu legen.

Zur Unterhaltung trugen flotte Rhythmen der Gruppe Jazz Fantasy und die Improgruppe der Bozner Kleinkunstbühne Carambolage mit Kathrin Hirber, Brigitte Knapp und Susan La Dez bei. Themen ihres Improvisationstheaters waren – wie sollte es anders sein – Bücher und Lesen und eben die abgegebenen Leseträume-Sätze. Sehr zur Erheiterung der Gäste.

Durch Blickkontakt werden die Redner aufs Podium gerufen.

Flotte Rhythmen

Im Rahmen der Abschlussfeier wurden auch die Preise des Fotowettbewerbes „Blick durch die Linse" (siehe auch S. 134) verliehen, den das Jukibuz zusammen mit der Tageszeitung Dolomiten organisiert hatte. 176 Fotos waren eingegangen, davon waren 30 in der Tageszeitung Dolomiten veröffentlicht worden. Aus diesen 30 wurden schließlich drei Sieger ermittelt.
„Wer niemals heimlich beim Schein der Taschenlampe unter der Bettdecke las, weil Vater oder Mutter einem das Licht ausknipste, der wird wahrscheinlich nicht begreifen, was er verpasst." Diesen Spruch trug das Siegerbild. Aufgenommen hatte es Walter Mayr aus Bozen. Der zweite Preis ging an Beatrix Holzer Bernhart aus Natz/Schabs, Platz drei an Margit Steiner aus Olang.
Eine weitere Preisverleihung nahmen die Kolleginnen der italienischen Abteilung vor. Sie prämierten die Sieger des Spiels „Alto Adige! Scopri e gioca la terra delle montagne."
Stärken konnten sich die Gäste am Buffet der Sarner Bäuerinnen. Bei lauen Temperaturen wurde lange gefeiert, diskutiert und geplant.

[Die Herausgeberinnen]

Die stolzen Gewinner

Für Unterhaltung sorgte die Improgruppe.

Auch für das leibliche Wohl war gesorgt.

Die Organisatorinnen und Organisatoren auf einen Blick